Alejandro E. Rodríguez-Sánchez

Redes neuronales artificiales

Principios y aplicaciones

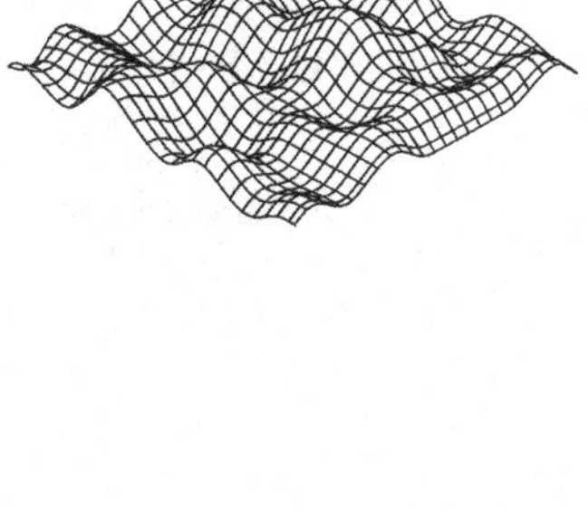

Redes neuronales artificiales: *principios y aplicaciones.*

Alejandro Esteban Rodríguez Sánchez.

Diseños de portada y cubierta: Alejandro Esteban Rodríguez Sánchez.

alejandro@neuronal.red

Prefacio

La intención de este libro es presentar a los lectores una revisión de las redes neuronales artificiales bajo dos objetivos en concreto: (i) hacer un repaso a la teoría que las describe formalmente, es decir, a su matemática, y (ii) presentar el código de programación que permita poner en práctica el diseño y el desarrollo de las redes neuronales artificiales en un entorno computacional. Con esto se pretende ofrecer una obra que contenga el material y los elementos que puedan ayudar al estudiante, al profesional de la ingeniería, así como al científico a lograr las competencias para la construcción y uso de este tipo de modelos (especialmente si es de su particular interés implementarlas en alguna situación que le beneficie). Por esta principal razón el libro está dividido en dos partes: principios y aplicaciones.

La primera parte de este libro está dedicada a llevar a cabo una revisión de los fundamentos, y de los principios matemáticos que se usan para definir a las redes neuronales artificiales. El propósito es presentar los fundamentos teóricos que dan lugar a un modelo de red neuronal artificial básico. De esta manera se hace un repaso a las estructuras de datos, al álgebra lineal, al cálculo, así como a otros conceptos básicos de la probabilidad y la estadística que son muy relevantes para el entendimiento de teoría de redes neuronales artificiales básicas. Dentro de esta parte, también se presentan los algoritmos que articulan a dichos modelos. Además, se presenta la construcción de un modelo de red neuronal artificial desarrollado desde cero, sin necesidad de utilizar librerías o códigos especializados en redes neuronales en particular.

La segunda parte presenta las aplicaciones más comunes y esenciales de las redes neuronales artificiales: (i) la regresión, (ii) la clasificación, y (iii) las redes neuronales convolucionales. Esta revisión se apoya en el uso de una librería de acceso libre especializada en la creación de modelos basados en redes neuronales artificiales, la cual es robusta y bien mantenida por una comunidad y empresas tecnológicas de gran renombre como Google. Aunque estas tres aplicaciones son base de tecnologías más avanzadas y relativas a aplicaciones de la inteligencia artificial, la segunda parte culmina con la mención e introducción de redes neuronales más sofisticadas.

Estos dos pilares que se han descrito arriba, sobre los cuales se sustenta esta obra, pertenecen en gran medida a un esfuerzo y trabajo que he realizado para poner a disposición de los lectores las bases, los fundamentos y los principios de las redes neuronales artificiales. Por esto, el presente trabajo bien puede servir a quienes estén interesados en iniciar o dar repaso a nociones fundamentales de las redes neuronales artificiales. Con estas intenciones, espero que en esta obra se encuentre lo suficiente para una exitosa iniciación al mundo de las redes neuronales artificiales, las cuales, sin lugar a duda, ya dominan muchas de las aplicaciones tecnológicas que hoy día son fundamentales en la vida de las sociedades del siglo XXI.

Alejandro E. Rodríguez-Sánchez

Acerca del autor

Alejandro E. Rodríguez-Sánchez ha sido investigador y profesor universitario de programas de ingeniería en diversas universidades e instituciones públicas y privadas de México, entre las que se destaca la Universidad de Guanajuato.

Alejandro cuenta con el grado de Doctor en Ingeniería Mecánica con mención *Summa Cum Laude* por la Universidad de Guanajuato, es miembro del Sistema Nacional de Investigadores, Nivel I, del Consejo Nacional de Ciencia y Tecnología en México, y en el año 2021 obtuvo la certificación de *Desarrollador de TensorFlow* de la empresa tecnológica Google. Actualmente es investigador en el área de la ingeniería y el análisis de materiales, y ha contribuido a la misma mediante el uso de métodos de inteligencia artificial para modelado y análisis de materiales complejos.

Ubi scientia, illūminātiō et lībertās

Índice general

Notación general

x	escalar
$\mathbf{x}$	vector
$\mathbf{X}$	tensor de segundo orden (*matriz*)
$\mathscr{X}$	tensor de tercer orden
$\mathcal{C}$	conjunto de datos
$\mathbf{x}^{(i)}$	i-ésimo vector de características
$\mathbb{R}$	conjunto de los números reales
$x_j^{(i)}$	j-ésimo elemento de un vector $\mathbf{x}^{(i)}$
$\hat{y}$	predicción (regresión)
$\hat{\mathbf{y}}$	vector de estimaciones (clasificación)
μ	promedio de una población
$\bar{\sigma}$	desviación estándar de una población
$\bar{x}$	promedio de una muestra
$\bar{s}_x$	desviación estándar de una muestra
$\mathbb{E}$	esperanza matemática
$\mathcal{N}$	distribución gaussiana
$\sigma(\cdot)$	función sigmoide
$SoftMax(\cdot)$	función softmax

Introducción

> *«Hemos creado un modelo muy detallado. Compramos datos de todos tus seudónimos y procesamos la información por un programa militar. Ese modelo ha predicho que, si sigues a este ritmo, te queda un mes como mucho».*
>
> William Gibson, *Neuromancer* (1984).

En 1984, el famoso escritor William Gibson, uno de los padres del género literario *cyberpunk*, planteó en su galardonada novela *Neuromancer* cómo algunos de sus personajes utilizaban una tecnología ficticia capaz de predecir las acciones y el comportamiento de un individuo basándose en el historial de la información que éste vertía en la red (Gibson, 1984). En esa época, la existencia de un modelo informático con tales capacidades de predicción era solo parte de la fantasía y de las extraordinarias novelas que surgían a partir de ello. Esto ya no es así en el siglo XXI, pues gracias al avance en inteligencia artificial, se ha posibilitado la creación de sistemas sofisticados capaces de analizar y procesar grandes cantidades de información para generar predicciones precisas como las que una vez sólo existieron en esos albores.

Además, las obras de ciencia ficción rara vez están encargadas de describir científicamente qué es un modelo, el cual es un término central en sistemas de inteligencia artificial, y tampoco mencionan sus límites y capacidades. Son los filósofos y científicos, en cambio, quienes deben definir las fronteras de los modelos en la ciencia y la tecnología de la vida real. Esto se debe a que tales cuestiones requieren demarcar y aclarar todo aquello que es de particular interés y utilidad para un grupo específico de personas. Más aún, estrictamente, los términos como *modelo* o *predicción* se ven inmiscuidos en serios análisis que se hacen desde la filosofía con el propósito y objeto de un mayor entendimiento de éstos. La intención desde esa óptica es también conocer cuál es su encuadre de los modelos en la sociedad, así como saber cuál es su desempeño frente a problemas de las ciencias naturales o de las ciencias sociales.

Lo cierto es que los modelos de inteligencia artificial en la ficción de Gibson hoy día no están muy alejados de las tecnologías y de las aplicaciones bancarias que usan datos históricos de consumo para determinar, por ejemplo, los hábitos de un cliente. Es justo decir que, aunque la realidad de hoy no es un espejo de la ficción de Gibson, sí que realmente se está construyendo un camino que quizás en la incertidumbre del futuro pueda sobrepasar a sus presagios. De hecho, muchos de los modelos que están detrás de aplicaciones informáticas y computacionales sofisticadas son los llamados *modelos de redes neuronales artificiales*.

Este libro se dedica a describir qué son este tipo de modelos. Las preguntas, como ¿qué elementos constituyen las redes neuronales artificiales?, ¿por qué son importantes? y ¿cómo se construyen?, se responden aquí. Un primer abordaje es conocer sus orígenes, así como saber quiénes son en realidad los creadores detrás de estos modelos.

Breve historia de las redes neuronales artificiales

De acuerdo con la historia, fueron dos científicos, McCulloch y Pitts, los primeros en haber reportado los cimientos de las redes neuronales artificiales modernas (McCulloch y Pitts, 1943). Ellos hicieron esto en trabajos donde definieron nuevos objetos de la informática a los que denominaron *unidades computacionales basadas en redes neuronales biológicas*. Estas unidades, en realidad, eran elementos de procesamiento de información que se alimentaban de datos y emitían una salida cuando detectaban ciertos valores límite de estos. Es decir, según estos científicos, por su funcionamiento, dichas unidades eran símiles a las neuronas del cerebro humano, pues su funcionamiento se regía por la recepción y procesamiento de señales, y la emisión de respuestas en función de ciertos umbrales de activación, de manera similar a cómo las neuronas biológicas interactúan entre sí.

Más adelante, Donald Hebb propuso lo que se denominó el *aprendizaje hebbiano*, el cual describía los mecanismos de interacción entre neuronas basándose en las observaciones que él realizó, considerando una perspectiva biológica, en la relación entre dos neuronas. Esta sinapsis se fortalece si ambas neuronas están activas simultáneamente (Hebb, 1949). Esta teoría sirvió de fundamento para describir también cómo una red de neuronas artificiales puede aprender a partir de valores llamados *pesos*, de manera análoga a las sinapsis en neuronas biológicas.

Luego, en un siguiente paso en la historia y con base en las descripciones de McCulloch y Pitts, Frank Rosenblatt presentaría su perceptrón (Rosenblatt, 1957), el cual denominó como un algoritmo de procesamiento para clasificar datos basado en neuronas artificiales.[1] El perceptrón de Rosenblatt, era un modelo neuronal sencillo, que podía utilizarse para clasificar datos. Sin embargo, este modelo tenía una carencia, pues no podía clasificar correctamente la compuerta de disyunción exclusiva XOR, la cual es bien conocida en la electrónica (Rosenblatt, 1963).

Se puede decir que las unidades computacionales de McCulloch y Pitts, y el perceptrón de Rosenblatt vienen a ser parte esencial y fundamento de lo que hoy conocemos como redes neuronales artificiales. No obstante, durante las décadas posteriores a la primera aparición del perceptrón, estos dos elementos fueron muy cuestionados e incluso criticados por no poseer funcionamiento adecuado para algunos problemas. Lo que faltaría era un método o algoritmo capaz de producir aprendizaje en el perceptrón a través de las unidades de neuronas artificiales.

El científico estadounidense Kelley (1960) introduciría las primeras bases e ideas del *algoritmo de retropropagación* el cual es imprescindible para entrenar y producir aprendizaje en las unidades y modelos de Rosenblatt. Sería Werbos en 1975, quien crearía el *algoritmo de retropropagación*, que podía entrenar con éxito los perceptrones e introdujo varias aplicaciones nuevas de las redes neuronales artificiales (Werbos, 1975). Esta innovación provocó un resurgimiento de la investigación de dichos modelos y popularizó el método para resolver problemas reales más allá de aquellos que inicialmente formaron parte de la prueba de ácido del perceptrón. Todas estas ideas, modelos y trabajos, luego serían

---

[1]McCulloch y Pitts reportarían primero sus ideas en 1943 en un artículo científico en la revista *The bulletin of mathematical biophysics*, el cual lleva por nombre «*A logical calculus of the ideas immanent in nervous activity*»; luego, Rosenblatt haría lo propio en 1957, en un reporte del *Cornell Aeronautical Laboratory, INC.* titulado «*The Perceptron: A Perceiving and Recognizing Automation*».

refinadas, popularizadas y redefinidas en los trabajos de los científicos estadounidenses Rumelhart, Hinton y Williams (Rumelhart et al., 1986).[2] Son estos trabajos los que finalmente da descripción formal y arquitectura a las redes neuronales artificiales modernas. Estos autores aún son muy influyentes y sus más recientes obras tienen un peso significativo no sólo en la tecnología, sino en la parte académica de la disciplina que subsume a las redes neuronales artificiales.

Por todo lo mencionado, es justo decir que las neuronas artificiales, el perceptrón y el algoritmo de retropropagación son hoy día los elementos esenciales de una red neuronal artificial, y gracias a ellos se tienen los modelos que permiten predecir cómo se ve un agujero negro (Akiyama et al., 2019), o los que forman parte de la base de tecnologías de punta en la robótica (Bartolozzi et al., 2022), así como de las aplicaciones que permiten traducir frases como *«me gusta aprender»* del castellano al latín.[3] Estos tres elementos, desarrollados a lo largo de varias décadas del siglo pasado, son en realidad la base de modelos de redes neuronales modernas. Por esto, y como antesala a lo que se presenta en el libro, se puede decir que las redes neuronales artificiales son, efectivamente como lo definieron Rosenblatt, McCulloch y Pitts: *modelos computacionales*.

Las redes neuronales artificiales, por su alto nivel de abstracción y porque se expresan y determinan en un lenguaje riguroso y exacto, es decir, por medio de algoritmos que a su vez encierran matemáticas que precisan su funcionamiento, también se consideran modelos formales (Diáz, 2005). No es el objetivo de esta introducción precisar a detalle y con suficiencia esto último, pero es muy importante no perder estas definiciones, pues constituyen parte del lenguaje que un buen practicante y diseñador de las mismas debe poseer.

---

[2]Estudio titulado «*Learning representations by back-propagating errors*», y publicado en la prestigiosa revista *Nature*.

[3]*En latín, «ego amo discere»*.

Modelos en la ciencia y en la tecnología

Si las redes neuronales artificiales son modelos, y si se tiene la intención de abordarlas desde una perspectiva formal, vale la pena entonces aclarar qué es un modelo, al menos en lo que concierne a la ciencia y la tecnología. Esto es importante, pues a lo largo de todo el libro se empleará la palabra *modelo* para referirnos a las redes neuronales, por lo que no debe de existir ambigüedad en su uso.

El proceder científico tradicional al interior de muchas disciplinas, por cuanto a la construcción de un modelo es primero recurrir a las teorías y a los principios de las mismas con el fin de revisar qué fenómenos pueden abordar para atacar una problemática de interés. Estas bases son en realidad guía y conocimiento que ha sido colegiado, refinado y logrado a través de la observación cuidadosa y detenida por grupos de investigadores; o bien, pueden constituir también bases revolucionarias que pueden describir mejor un fenómeno (por ejemplo, la relatividad de Einstein). Como sea el caso, el primer paso para construir un modelo, al menos de la manera clásica, es revisar conocimientos previos depositados en las teorías científicas.

Por ejemplo, suponga que un grupo de estudiantes de ciencia están interesados en conocer la velocidad vertical en el tiempo $v_y(t)$ de una roca después de que ésta se suelta desde una altura h. Así, en un caso hipotético, una estudiante de dicho grupo toma la decisión de asegurarse con un arnés, y ulteriormente se aproxima a la orilla de un acantilado para dejar caer una roca mientras es grabada por una cámara de alta velocidad. Aquí en este caso hipotético, es importante destacar que, con ayuda de la cámara es posible conocer la velocidad de la roca al hacer medición de los fotogramas y el tiempo que tarda la roca en caer, por lo que la pregunta inicial que hace referencia a conocer su velocidad es plausible de responderse. Sin embargo, una pregunta fundamental e importante para este experimento sería: ¿cómo se podría representar $v_y(t)$ para no tener que repetir el experimento? Pues bien, en este escenario, el profesor del grupo de estudiantes los confronta por primera vez con la mecánica newtoniana, la cual es una rama de la física de Newton (teoría), y a la cual se puede recurrir a para describir el movimiento de la roca; esto es, su posición, su velocidad, y su aceleración.

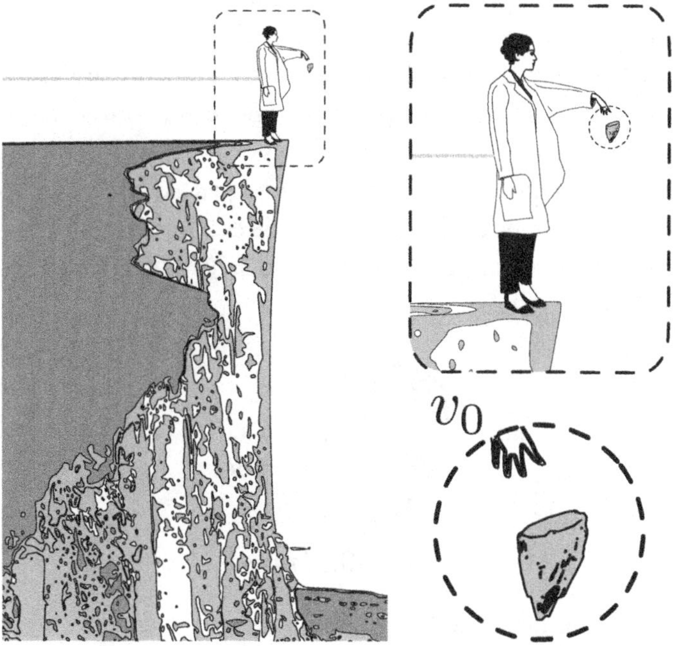

Figura 1: Una estudiante se sujeta a un arnés y se acerca a la orilla de un acantilado para medir la velocidad de una roca que deja caer desde el reposo; es decir con una velocidad inicial $v_0 = 0$ (m/s).

Los estudiantes encuentran entonces que gracias a la mecánica de Newton es posible conocer $v_y(t)$ ya que entre los postulados de ésta, se implica la velocidad inicial a la que se deja caer la roca v_0, la aceleración de la gravedad g y el tiempo t como elementos esenciales para conocer el movimiento de la roca para cualquier instante de tiempo antes de que impacte contra el suelo. Dicho de otra forma, en matemáticas esto se escribe como sigue:

$$v = v_0 - at. \qquad (I.1)$$

Quizás en este punto Usted se pregunte qué tiene que ver esa roca con una red neuronal artificial. Pues bien, la Ecuación I.1 es el modelo de un fenómeno. En este caso, modela el movimiento de la roca. Así, esta ecuación nos permite conocer su comportamiento, por lo que sólo basta sustituir los valores de la velocidad inicial (si se suelta desde el reposo, se considera como igual a cero), y la gravedad terrestre para entender el movimiento de ese objeto a lo largo de su trayectoria antes de impactar contra el suelo (un diagrama de esto se muestra en la Figura 2).

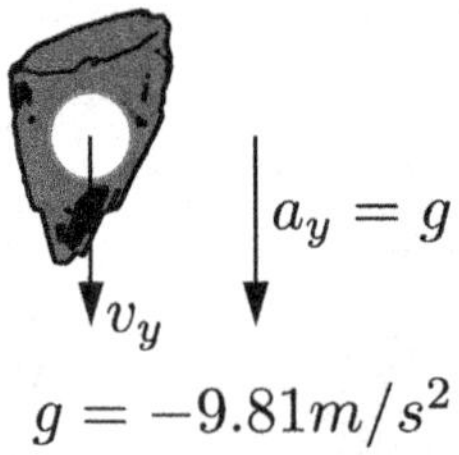

Figura 2: Diagrama e idealización de las variables que involucran un modelo de la velocidad v_y de la roca en caída libre. Donde: a_y es la aceleración en sentido vertical y; g es la aceleración de la gravedad terrestre.

¿Qué se puede entonces aducir del modelo de la roca previamente mostrado? Pues bien, hay varios elementos a resaltar:

- Es una expresión matemática que muestra la relación entre el tiempo, la aceleración y la velocidad inicial de la roca. Por esta razón es un modelo de la clase formal y, reiterando, este nos ayuda a entender el movimiento de dicho objeto bajo las condiciones anteriormente descritas.
- Con ello es posible predecir qué tanta velocidad se puede alcanzar si es que se varía, por ejemplo, la velocidad inicial a la que se lanza la roca.[4]
- Así mismo, con dicho modelo se puede, dada una observación durante el movimiento de la roca, *retrodecir* un estado previo de la misma; es decir, dado un estado presente, es posible conocer un instante previo de movimiento de la misma.
- El modelo permite estimar estados de las velocidades de la roca antes de que ésta impacte contra el suelo.

El modelo en cuestión, si bien proporciona una representación simplificada del fenómeno estudiado, no puede garantizar la precisión en todos los escenarios posibles. Al analizar la trayectoria de una roca en movimiento, diversos factores, como la dirección del viento, la forma de la roca y las condiciones atmosféricas, pueden influir en el resultado. En este punto, es fundamental reconocer que todos los modelos son aproximaciones idealizadas de los sistemas que intentan representar. La observación directa y la experimentación son insustituibles en la validación de estos modelos, ya que se basan en condiciones simplificadas de las variables que entrañan.

[4]Una situación alternativa sería disparar hacia abajo la roca con algún dispositivo, lo que implicaría tener una velocidad inicial distinta de cero.

Así mismo, la profundidad y el alcance de un análisis determinarán la necesidad de incorporar variables adicionales y aumentar la complejidad de un modelo. Por lo tanto, en el caso de la roca en movimiento, es importante considerar factores como la resistencia del aire, que no se incluyen en el modelo básico. A medida que se requiera mayor precisión y fidelidad con la realidad (sí es posible), será necesario refinar el modelo y ajustarlo a las condiciones específicas del entorno en estudio.

Se podrá aducir, entonces, que un modelo en las ciencias nos sirve para representar aquello que nos interesa (generalmente un comportamiento o un fenómeno natural), y ello simplemente es una idealización de tal cosa. Esto nos lleva afirmar que un buen modelo es aquél que se apega a la realidad y por muy complejo que sea, representa bien ese fragmento de la misma. Para cerrar este caso hipotético, es aceptable decir que la Ecuación I.1 es un modelo físico, lo que seguramente resultaría interesante para todo estudiante dedicado a las ciencias.

Por otra parte, es importante dar una definición aceptable, formal de *modelo*. De acuerdo con Bailer-Jones *et al.* (2008):

> «*Un modelo es una descripción interpretativa de un fenómeno que facilita el acceso al mismo*».

Esto significa que un modelo describe y permite interpretar los elementos de un fenómeno, lo que a su vez también posibilita el conocerlo desde la lógica que entraña (usualmente matemática). De esta manera, el contar con un modelo puede proveer a sus usuarios la información para tomar decisiones sobre el fenómeno o las consecuencias de éste. Así, se podría decir que diseñar modelos es importante tanto en las ciencias y en la tecnología, puesto que con ello es posible entender y transformar el mundo que nos rodea.

Las redes neuronales artificiales son modelos también del tipo formal, pero del subtipo computacional, ya que se construyen a partir de algoritmos y datos que permiten llevar a cabo simulaciones acerca de un fenómeno con complejidad suficiente e inabordable por modelos matemáticos convencionales. En este sentido, se pueden entender a las redes neuronales como *modelos computacionales*. Sobre esto, es importante resaltar que las redes neuronales artificiales han ganado popularidad porque a través de ellas es posible modelar fenómenos considerando múltiples condiciones y características de los mismos, algo que en el proceder clásico de las ciencias tiende a ser arduo y tardío, ya que cada una de éstas podría implicar modelos matemáticos muy sofisticados.[5]

Finalmente, dado que esta obra se ocupa de las redes neuronales artificiales, y ya que éstas son modelos, vale la pena entonces revisar a qué universo pertenecen.

Machine Learning

El **Machine Learning**, en castellano *Aprendizaje Automático*, es una rama de la Inteligencia Artificial (IA) dedicada, esencialmente, a trabajar e investigar la construcción de algoritmos y modelos computacionales para representar un conjunto de datos mediante ejemplos u observaciones (Murphy, 2012). Esta rama se ocupa del estudio de algoritmos informáticos para convertir datos empíricos en modelos utilizables, para que éstos puedan ser explotados con un fin en concreto (Alpaydin, 2010).[6]

[5] Sobre una definición más amplía del uso y conceptos de modelos en la ciencia, así como la clasificación en la que se ubican las redes neuronales artificiales, véase Diáz (2005, Cap. 1), y Frigg y Hartmann (2007).

[6] Los modelos del Machine Learning se usan para llevar a cabo estimaciones a partir de datos de un problema, véase Shalev-Shwartz y Ben-David (2014).

En el Machine Learning el término **aprendizaje** hace referencia, *grosso modo*, a la capacidad que un modelo tiene de reproducir, con un error aceptable, un conjunto de datos al mismo tiempo que también sea capaz de generar datos sintéticos que sean útiles y afines al fenómeno que representan. Desde luego, entre los modelos que resaltan en el uso e investigación cotidianos del Machine Learning se pueden encontrar las redes neuronales artificiales. Esto quiere decir que el Machine Learning es una subdisciplina de la IA que contiene a las mismas.

En la literatura es muy común encontrarse un diagrama similar al de la Figura 3 (a),[7] donde se ilustra el hecho de que la IA subsume al Machine Learning, y éste, a su vez, al denominado **Deep Learning** —en castellano *Aprendizaje Profundo*—. Este es, además, un diagrama bien aceptado al interior de la comunidad de las ciencias computacionales y la informática en general, por lo que en la Figura 3 (b) se muestran algunos de los tipos de modelos más comunes en el Machine Learning. Este libro sólo trata de las redes neuronales artificiales, pero es importante que el lector esté enterado que fuera de éstas, hay otros modelos en dicha rama de la IA.

Adicionalmente, el concepto de Deep Learning se fundamenta en la utilización de modelos basados en redes neuronales artificiales. Una característica destacable de este enfoque es que involucra la implementación de redes neuronales compuestas por millones de neuronas artificiales. Aunque se abordará este concepto con mayor profundidad en secciones posteriores, es esencial reconocer en este punto que las redes neuronales artificiales se encuentran inmersas tanto en el ámbito del Machine Learning como en el del Deep Learning.

---

[7] Véase, por ejemplo, el primer capítulo del libro de Goodfellow et al. (2016).

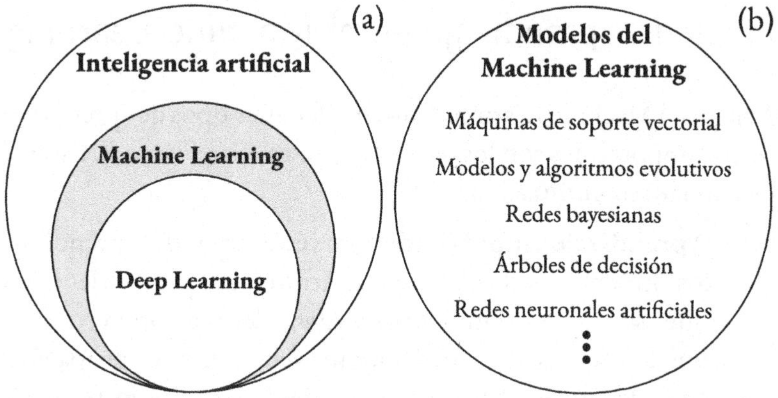

Figura 3: (a) Diagrama de Venn que muestra algunas ramas de la IA, (b) ejemplos de modelos del Machine Learning.

Es importante reconocer que dentro de las ciencias y la ingeniería, el Deep Learning ha emergido como una subdisciplina del Machine Learning, ofreciendo avances significativos en áreas como el reconocimiento de imágenes, el procesamiento del lenguaje natural y la toma de decisiones autónomas. Además, cabe destacar que el Machine Learning engloba diversos tipos de aprendizaje, como el aprendizaje supervisado, no supervisado y por refuerzo. El Deep Learning, por su parte, se aplica en cada uno de estos tipos de aprendizaje, lo que demuestra su versatilidad y potencial en la resolución de problemas complejos en múltiples aplicaciones de ingeniería.

Tipos de aprendizaje en el Machine Learning

Dentro del Machine Learning existen diferentes tipos de aprendizaje, los más importantes son los que se muestran en la Figura 4. Éstos se mencionan a continuación:

- **Aprendizaje supervisado.** En este tipo de aprendizaje, los modelos del Machine Learning aprenden de datos que se encuentran *estructurados*, de tal forma que se pueden representar mediante un vector $\mathbf{x}$ que agrupa a las variables independientes de los datos de estudio (es decir, las **características**); mientras que las variables dependientes, las de estudio y de interés en un experimento, se pueden representar por un vector $\mathbf{y}$ (también llamadas **objetivos**). Así, en el aprendizaje supervisado lo que realmente se pretende es encontrar las regularidades que dan lugar a la relación entre $\mathbf{x}$ y $\mathbf{y}$.[8] Las dos principales tareas o problemas que se resuelven con el aprendizaje supervisado son la *clasificación* y la *regresión*. A lo largo del texto se profundizará sólo en este tipo de aprendizaje y se trabajarán por capítulos separados cada una de estas tareas.
- **Aprendizaje no supervisado.** En este aprendizaje, un conjunto de datos está compuesto sólo de características, pues los objetivos o etiquetas están ausentes del mismo (es decir, no se tiene $\mathbf{y}$ definido). Así, los modelos y algoritmos del Machine Learning para este tipo de aprendizaje lo que tienen que *resolver* es precisamente encontrar la estructura que da lugar a

[8] Ni la matemática, ni la palabra *vector* han sido explicados a suficiencia hasta este momento; todo esto se verá más adelante, la idea clave es entender qué es el aprendizaje supervisado, es decir, qué trata de encontrar un modelo que describe la relación entre $\mathbf{x}$ y $\mathbf{y}$.

estos datos. Un ejemplo de ello es encontrar la distribución de probabilidad que les caracteriza, o encontrar clases entre los mismos a través de técnicas de *agrupamiento* (por ejemplo, dada una señal de un electrocardiograma, determinar si la misma estaría relacionada a algún padecimiento en un paciente).

- **Aprendizaje por refuerzo.** En esta clase de aprendizaje, un modelo podría no aprender precisamente de un conjunto de datos fijo, y lo que hacen, en realidad, es aprender de un *entorno* para recoger datos que varían de acuerdo con esa interacción; por lo que estos algoritmos se caracterizan por un *bucle de retroalimentación*. Un ejemplo de ello son los algoritmos y modelos empleados para la conducción autónoma de vehículos, en el que una serie de sensores toman información de un ambiente (carretera) para tomar una decisión.

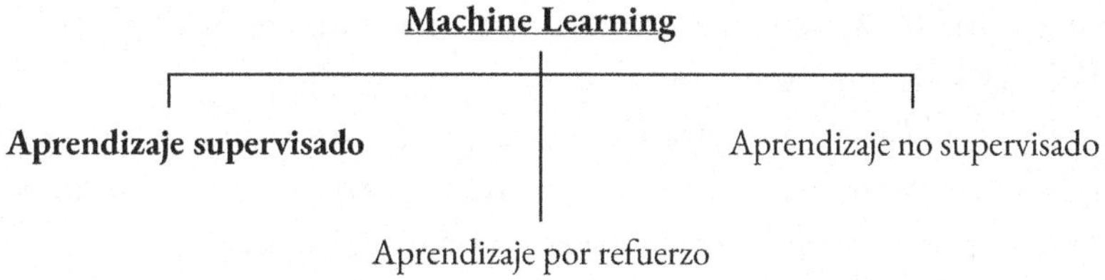

Figura 4: Tipos de aprendizaje dentro del Machine Learning. Se muestra en negritas el tipo de aprendizaje que se verá en este libro.

En la enseñanza del Machine Learning y en los cursos de redes neuronales artificiales es común que se parta del aprendizaje supervisado usando datos estructurados de entradas/salidas (es decir, mediante un esquema de características/objetivos). Esto encuentra su razón en que el aprendizaje supervisado, contrario a los otros tipos de aprendizaje, ha sido y es el más empleado en la historia, y sus fundamentos están bien definidos y han madurado a lo largo del tiempo, lo que viene a conferirle la propiedad de base sobre la cual emprender el estudio de la rama del Machine Learning.

Objetivo del libro

Se ha dicho que las redes neuronales artificiales son modelos, que pertenecen al Machine Learning, y que dependiendo del tipo de modelo de red neuronal, pueden estar circunscritas a la subdisciplina llamada *Deep Learning*. Así, ante la taxonomía previamente mencionada, se está entonces en buen momento para decir que a través de un *conjunto de datos estructurados*, esto es $\mathcal{D}$, con características $\mathbf{x}$ bien definidas a las que se les corresponden sus objetivos $\mathbf{y}$, es posible aprender de las regularidades que dan lugar entre sí mediante redes neuronales artificiales. Sucintamente, este es el objetivo de la presente obra.

En este libro se presentan los pasos para la construcción de redes neuronales artificiales partiendo de datos estructurados. Como se verá, en realidad ello entraña diversos procedimientos y algoritmos que en una primera revisión a detalle desencantarían a alguien que pensó que estos modelos tienen un *toque mágico*. Así, este trabajo sólo está dedicado al estudio de los modelos basados en redes neuronales artificiales sobre ejemplos de datos estructurados, y sólo se estudiará aquí el caso de aprendizaje supervisado, el cual, en realidad, es el más usado en la actualidad.

Además, debido a su popularidad y con el objetivo de facilitar las prácticas, ejemplos y ejercicios del libro, se utilizarán tanto el lenguaje de programación *Python* como la biblioteca *TensorFlow*. Ambos son de uso libre y abierto para estudiantes, investigadores y para el público en general. Se usarán además como soporte algunas librerías de Python, como lo son *NumPy* y *Pandas* para realizar operaciones. Debo acotar que no se verá a profundidad ninguna de estas tecnologías, pero sí se explicará, por ejemplo, qué propósito tiene una línea de código que invoque alguna de sus funciones cuando así se lo requiera.[9]

Estructura del libro

El libro se estructura en dos partes principales: (i) teoría esencial, que presenta los principios y fundamentos matemáticos, así como los algoritmos esenciales de las redes neuronales artificiales, y (ii) las aplicaciones base de estas (regresión y clasificación).

En la primera parte se definen e introduce la teoría más esencial de las matemáticas del Machine Learning, mismas que apoyan para la construcción de los modelos basados en redes neuronales artificiales. Esta primera parte concluye con la construcción *desde cero* de una red neuronal artificial para problemas de regresión, la cual entraña los pasos generales que apoyen a los lectores a comprender el funcionamiento de estos modelos. La segunda parte se dedica a la presentación y estudio de los métodos existentes en la librería de TensorFlow, los cuales tienen la suficiente madurez tecnológica para construir modelos más sofisticados, como los que existen para la aplicación de clasificación de objetos en imágenes, o en procesamiento de series temporales. Así, esta segunda parte da una introducción a aplicaciones avanzadas, usando TensorFlow.

[9] Se sugiere revisar el Apéndice A para ver cómo instalar y correr las librerías de Python, ya que éstas se se usan en los siguientes capítulos.

¿Cómo leer este libro?

Dado que algunos lectores pueden tener experiencia previa en Machine Learning, conocimientos avanzados de matemáticas, o estar comenzando desde cero en el mundo de las redes neuronales artificiales, se proponen los siguientes tres caminos para la lectura del libro:

- *Experiencia en matemáticas y ciencias*. El lector que pueda pertenecer a este perfil quizás esté más interesado en aprender las tecnologías para programar redes neuronales artificiales. Para este caso, se recomienda la lectura de los capítulos 3 a 7 (en ese particular orden), ya que éstos contienen códigos para programar modelos por medio de la librería TensorFlow.
- *Experiencia de programación de modelos de Machine Learning con librerías especializadas*. Los lectores de este perfil podrían estar más interesados en entender los fundamentos y los principios matemáticos que rigen a las redes neuronales artificiales, que no están explícitos en librerías e interfaces de programación. Por esta razón, se recomienda la lectura de los capítulos 1, 2 y 7, pues contienen información de la matemática de algunos de los modelos más populares y básicos de las redes neuronales artificiales.
- *Empezar desde cero*. Para este perfil de lector se sugiere iniciar con los capítulos 1 a 4, pues presentan la teoría de las redes neuronales, así como la tecnología TensorFlow, la cual le permitirá abordar más rápidamente la construcción de modelos y realizar práctica sobre los mismos. Luego, se recomienda seguir con los capítulos 5, 6 y 7. Es quizás este perfil para el que está pensado el libro.

El capítulo octavo puede considerarse como una introducción a aplicaciones avanzadas de las redes neuronales artificiales, por lo que cualquiera de los perfiles mencionados podría encontrarlo útil como referencia. Por supuesto, estos perfiles, como cualquier clasificación, pueden ser idealizados, así que es probable que muchos lectores encuentren útil la lectura de solo un capítulo en particular, o quizás todos ellos.

En el libro se presentan fragmentos de código en color gris tenue delimitados por líneas continuas en `tipografía monoespaciada` como el ejemplar que se muestra a continuación:

```
Preámbulo del código

Cuerpo de código
```

Ya que se hará uso del lenguaje Python, generalmente estos códigos se componen de dos partes principales:

- `Preámbulo del código`. Esta parte tiene como función cargar las librerías que se van a utilizar. Es común, por ejemplo usar la palabra reservada `import` seguido del nombre de una librería y su seudónimo. Un ejemplo de preámbulo sería el siguiente:

```
import numpy as np
```

- `Cuerpo de código`. Esta parte del código presenta todas las operaciones que se llevan a cabo para lograr un fin específico. Aquí es común ver asignación y declaración de variables, así como el mandar a llamar una función o declarar un objeto.

Habrá ocasiones en que dentro del mismo código se explique qué efecto tendrá una línea del mismo (sobre todo en la primera parte del libro). Esto se hace mediante el uso del símbolo *hashtag* `#`, el cual le dice al intérprete de Python que ignore el resto de la línea. Por ejemplo, el siguiente código imprime en pantalla la palabra `'Hola'`, aun cuando en él existen líneas que son ignoradas por consecuencia de iniciar con su debido *hashtag*:

```
# Esta linea es ignorada por el interprete
# Esta tambien
print('¡Hola!')
```

El uso del *hashtag* debe tenerse muy en cuenta, pues hay explicaciones de código que sólo pueden comprenderse dentro del mismo. Además, también se hará uso de este símbolo para titular cuando sea necesario algunos programas y fragmentos de código principales. Por ejemplo:

```
# Introduccion - programa 1
print('¡Hola!')
```

Obsérvese que en el fragmento de código anterior, el nombre del programa está dado por la línea `# Introduccion - programa 1`.

Además, todas las palabras dentro del cuerpo del texto que estén en **negritas**, y que además no pertenezcan a símbolos matemáticos, son palabras o expresiones que se consideran claves respecto de conceptos que aquí se presentan, las cuales se listan al final de este libro en el *índice analítico*.

Finalmente, es importante resaltar que existen únicamente tres categorías principales de algoritmos que sirven como base de referencia para las instrucciones empleadas en programas de redes neuronales artificiales. Estos algoritmos se describen en los siguientes términos:

1. **Inicio**.
2. Instrucción 1...
3. Instrucción 2...
4. ...
5. **Fin**.

El ejemplo del algoritmo anterior, indica que los algoritmos están bien delimitados por un recuadro y se describen con una fuente distinta al texto principal del libro, y no abarcan más allá de lo que contienen.

Recursos y sitio web del libro

Todos los ejercicios del libro, así como los recursos que refieren a código pueden ser consultados en la siguiente liga: `https://www.neuronal.red`. Este sitio contiene cuadernos *Jupyter* y el código necesario para llevar a cabo los ejercicios y problemas que aquí se presentan.

Parte I:

Principios

Capítulo 1

Fundamentos matemáticos

«La matemática es la ciencia del orden y de la medida, de bellas cadenas de razonamientos, todos sencillos y fáciles de comprender».

René Descartes (1596 - 1650).

El Machine Learning es una rama y círculo dentro del campo de la Inteligencia Artificial, y en un sentido más amplio, de las ciencias de la computación, el cual recurre al álgebra lineal, a la teoría de conjuntos, la probabilidad y la estadística, así como al cálculo para satisfacer la construcción de modelos y la consecuente estimación o predicción de un fenómeno. Aunque el Machine Learning como subdisciplina abarca diversos tipos de modelos, este capítulo sólo trata de las bases y de los principios matemáticos que sirven para la construcción de los modelos basados en redes neuronales artificiales para aprendizaje supervisado. Se verán las estructuras de datos más esenciales para poder iniciar la construcción de modelos de redes neuronales artificiales, así como su notación; también definiciones importantes de la estadística y de la probabilidad, además del cálculo, las cuales servirán para explicar conceptos más avanzados de este tipo de modelos en capítulos posteriores.

Es importante mencionar y acotar que los conceptos que aquí se presentan tienen la perspectiva de las ciencias de la computación, pues el análisis tensorial y la teoría de probabilidad, así como el análisis estadístico, representan en sí mismos cuerpos enteros de conocimiento que tienen un desarrollo y una profundidad propios, por lo que para abarcarlos cabalmente sería necesario un estudio más detallado. Como tal, el objetivo de este capítulo es proporcionar sólo lo esencial para iniciar a construir redes neuronales artificiales con una librería como TensorFlow, y sólo si al lector conviene profundizar en algún concepto, se le sugiere entonces revisar las referencias que aquí se hacen a otras obras especializadas en dichos temas.

1.1. Estructuras de datos

Un requisito esencial para poder trabajar con cualquier modelo en las ciencias computacionales consiste en conocer los tipos de datos con los cuales éste se alimenta y, a su vez, qué tipos de datos produce. Por esta razón, es básico conocer qué son las estructuras de datos, pues estas significan, de alguna manera, el combustible que requiere un modelo para realizar su trabajo. Así, un modelo de red neuronal artificial no es diferente en este aspecto y su estructura —o arquitectura[10]— depende de la forma de los datos con la cual se construye.

[10]La arquitectura de una red neuronal artificial es la forma, tamaño y número de neuronas artificiales que ésta tiene para cumplir un propósito dado; generalmente estimación o predicción.

Las **estructuras de datos** son colecciones de datos en forma de números, almacenados en espacios de memoria dentro de una computadora. En el Machine Learning estas estructuras se basan, a su vez, en objetos matemáticos. Para el objetivo del libro los que interesan son los siguientes: (i) *escalares*, (ii) *vectores*, (iii) *tensores*, y (iv) *conjuntos*.

1.1.1. Escalares

A las expresiones que se utilizan para definir cantidades que pueden representarse por un sólo número se les llama **escalares**. Ejemplos de un escalar pueden ser la temperatura promedio de una ciudad en un día invernal, la masa de un pequeño cubo de titanio o la densidad de una moneda de oro. Es decir, todas estas cantidades pueden representarse por medio de un número. Además, dos o más escalares, medidos en un mismo sistema de unidades, obedecen a las operaciones de la aritmética (*adición*, *sustracción*, *multiplicación*, y *división*).

En este texto, a menos que se indique lo contrario, un escalar se representa por medio de una letra minúscula del abecedario latino o del abecedario griego en itálicas. Por ejemplo, a corresponde a un escalar el cual representa el valor de la unidad:[11]

$$a = 1.0. \tag{1.1}$$

Para programar un escalar en Python se debe declarar primero una *variable*. Por ejemplo, en el siguiente código se tienen dos escalares, los cuales pertenecen a un mismo sistema de unidades y éstos son declarados a través de las variables a y b; luego su adición se guarda en un tercer escalar c:

[11] Esta asignación es puramente arbitraria y no guarda relación con alguna cuestión más allá de un ejemplo.

```
a = 5.0             # escalar
b = 3.0             # escalar
c = a + b

print("La suma de a y b es", c)
```

El código anterior corresponde simplemente a la suma de dos escalares:

$$c = a + b = 5 + 3 = 8, \tag{1.2}$$

así, lógicamente, el resultado del Programa 1.1 es el siguiente: "`La suma de a y b es 8.0`".

1.1.2. Tipos de datos en Python

A propósito, se ha mencionado la palabra **variable**. Este término se suele asociar a un símbolo matemático que constituye una proposición, en este caso, un valor numérico. Al ser Python un lenguaje de programación orientado a objetos,[12] requiere que todos los objetos, incluidas las variables, deban tener un tipo asignado. La Tabla 1.1 muestra los tipos de datos más usados en Python y el tipo que se les asigna en el mismo.

Los tipos de datos que se muestran en la tabla anterior serán usados en los códigos que se presentan a lo largo del libro. Particularmente se trabajará con arreglos de datos que alojan escalares de tipo flotante. Estos arreglos son estructuras de datos y tienen su propia definición tal como se describe en esta sección.

Habrá datos como las tuplas que están sujetas a propiedad de inmutabilidad. Esto quiere decir que una vez que han sido declarados

[12]El Apéndice B explica más sobre éste paradigma de programación.

en código no pueden modificarse sus valores. Por esto, se trabajarán en este libro sólo datos que sean mutables, o sea, que pueden modificar sus valores tras una operación.

Tipo	Nombre	Descripción
Entero	`int`	Números enteros: `1, 50`
Flotante	`float`	Números decimales: `2.3, 32.1`
Booleano	`bool`	Valor lógico: `True, False`
Cadena de texto	`str`	Palabras o caracteres ordenados: `"Hola", '250'`
Lista	`list`	Secuencia de objetos: `['uno', 2, 3.0], [4, 5, 6]`
Tupla	`tuple`	Secuencia inmutable de objetos: `(1, 2), ("tres", 4)`
Diccionario	`dict`	Colección de pares *clave-valor*: `{'A':1.0, 'B': 2.0}`

Tabla 1.1: Tipos de datos más comunes en Python.

1.1.3. Vectores

Los **vectores** son arreglos de números unidimensionales y se usan cuando se requiere representar varías **características** de un fenómeno en específico, o cuando una variable no puede representarse con un sólo número (como lo es el caso de una fuerza que tira de un objeto). A menos que se indique lo contrario, aquí se indicarán los vectores con letras minúsculas del abecedario latino o griego en negritas:

$$\mathbf{a}, \boldsymbol{\gamma}, \mathbf{l} \qquad \text{... (vectores).}$$

Además, matemáticamente, los vectores se representan en arreglos verticales de la siguiente manera:

$$\mathbf{x} = \begin{bmatrix} x_1 \\ x_2 \\ x_3 \end{bmatrix}, \tag{1.3}$$

o bien, también pueden representarse de manera horizontal:

$$\mathbf{x} = \begin{bmatrix} x_1 & x_2 & x_3 \end{bmatrix}. \tag{1.4}$$

En matemáticas, siempre se prefiere la notación vertical para un vector. Al estar descritos de ésta forma, los vectores tienen su propio nombre, a los cuales se les llama *vector columna*. No es el caso en la programación, pues en lo que se refleja a través de un código, un vector casi siempre se declara de manera horizontal (por ejemplo, `a = [1, 1, 1]`). No obstante, si así es requerido, puede modificarse su orientación sin mayor problema.

Por otra parte, los elementos individuales de un vector se llaman **atributos**, los cuales se identifican por un índice. Por ejemplo, en un vector $\mathbf{x}$ de tamaño n, sus elementos se identifican en orden por índices del 1 al n-ésimo como sigue:

$$\mathbf{y} = \begin{bmatrix} y_1 \\ y_2 \\ \vdots \\ y_n \end{bmatrix}, \tag{1.5}$$

donde y_1 y y_2 son, respectivamente, el primero y el segundo elemento de $\mathbf{y}$. Es fácil darse cuenta que los atributos de un vector son escalares. En este libro siempre se trabajarán vectores que contienen escalares del tipo flotante.

Por ejemplo, los siguientes dos vectores representan una fuerza $\mathbf{f}$ en el espacio 3D euclidiano con bases x, y y z, y un arreglo $\mathbf{a}$ que contiene la edad a, el peso w, la estatura h y presión arterial p de una persona:

$$\mathbf{f} = \begin{bmatrix} f_x \\ f_y \\ f_z \end{bmatrix}, \tag{1.6}$$

y

$$\mathbf{a} = \begin{bmatrix} a \\ w \\ h \\ p \end{bmatrix}. \tag{1.7}$$

En Machine Learning, a cada elemento o atributo de un vector se le llama **característica**. Por ejemplo, x_i es la i-ésima característica del vector $\mathbf{x}$. Así, en términos conceptuales, una característica es una cualidad de un fenómeno que se pretende modelar para llegar a cierto resultado (generalmente una predicción o una estimación de una categoría). Esto es muy importante, porque a lo largo del libro se usará dicho término para referirse a los componentes o los atributos de un vector. Así, a los vectores que contengan dichas cualidades se les llamará **vectores de características.**[13]

[13]En la literatura de Machine Learning en inglés, el uso del término *feature vector* es predominante, de ahí que sea común verle en libros y revistas de la disciplina.

1.1.4. Orden, tamaño y forma de una estructura de datos

Es relevante definir algunas propiedades de los vectores que se puedan generalizar y usar en estructuras más complejas. Los conceptos de orden, tamaño y forma son propiedades que definen a un vector y, a su vez, también a una estructura de datos. Por esta razón se tiene que:

- Se define como **orden** a los grados de libertad o ejes que tiene un arreglo para alojar datos (ver Figura 1.1). Entiéndase como **eje** a la dirección en la que se ordenan los elementos de un arreglo. Así, un escalar tiene orden igual a cero (porque no posee ejes), mientras que un vector es una estructura de datos de orden igual a la unidad.
- El **tamaño** es el total de elementos de una estructura o arreglo de datos.
- La **forma** es una tupla que índica el número tamaño de cada uno los ejes de una estructura de datos (o también puede entenderse como el número de elementos en cada eje).

Estas tres propiedades, aunque no son las únicas, se aplican y se presentan en ejemplos de código en las siguientes secciones, tanto para definir variables como para construir modelos (de ahí su relevancia e importancia). Además, es importante resaltar que un escalar no tiene un orden ni forma definidos; en realidad, un escalar es el elemento más básico de una estructura de datos, por lo que carece de dichas propiedades desde una perspectiva informática.

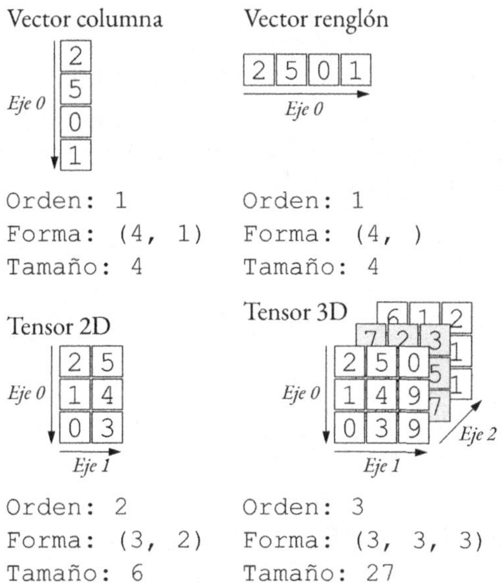

Figura 1.1: Cuatro ejemplos de estructuras de datos y algunas de sus respectivas propiedades. Notése la forma de los dos tipos de vectores que se muestran.

1.1.5. Tensores

Los tensores son una generalización de un arreglo de datos en lo que refiere al número de ejes que éste pueda tener (la segunda y la tercera estructura de datos de la Figura 1.1 corresponden a dos tipos diferentes de tensores). En matemáticas, los tensores se consideran objetos que obedecen a reglas de transformación del álgebra lineal y proporcionan un marco matemático conciso para formular y describir problemas en áreas de la física como la mecánica de fluidos, la elasticidad y la relatividad general. A lo largo de este libro, se adoptará la noción de tensor como un objeto computacional que aloja datos a lo largo de dos o más ejes para describir algún problema en específico.

Un tensor muy recurrido en el Machine Learning es el *tensor de segundo-orden*, o tensor 2D, también llamado *matriz*. Éste refiere a una estructura con los grados de libertad suficientes para alojar datos a lo largo de dos ejes (véase Figura 1.1). Por ejemplo la matriz $\mathbf{A} \in \mathbb{R}^{m \times n}$ de valores reales[14] está dada por:

$$\mathbf{A} = \begin{bmatrix} a_{11} & a_{12} & \cdots & a_{1n} \\ a_{21} & a_{22} & \cdots & a_{2n} \\ \vdots & \vdots & \ddots & \vdots \\ a_{m1} & a_{m2} & \cdots & a_{mn} \end{bmatrix}, \quad \text{para cada} \quad a_{ij} \in \mathbb{R} \tag{1.8}$$

$$\text{donde:} \quad i = 1, \ldots, m; \quad j = 1, \ldots, n.$$

La Ecuación 1.8 es un arreglo rectangular de m renglones y n columnas, es decir, su forma es (m, n) donde estos pertenecen al conjunto de los números naturales, es decir, $m, n \in \mathbb{N}$,[15] por lo que su orden es igual a 2 y por ello se le denomina como tensor de segundo orden. Así, por ejemplo, el tercer elemento del primer renglón de $\mathbf{A}$ es a_{13}. Aquí se usarán los términos de *tensor de segundo orden* y *matriz* de manera indistinta.

Los tensores de segundo orden se indicarán con letras mayúsculas del abecedario latino o del griego en negritas:

$$\mathbf{A}, \mathbf{B}, \mathbf{F} \qquad \text{... (tensores de segundo orden).}$$

[14] Es decir, con atributos que pertenecen al conjunto de los números reales $\mathbb{R}$.
[15] $\mathbb{N}$ es el conjunto de los números naturales.

Así mismo, y cuando se lo requiera, se hará distinción de los tensores de **tensor de tercer orden** con letras tipo caligráfica formal como se ilustra a continuación:

$$\mathscr{A}, \mathscr{B}, \mathscr{C} \qquad \text{... (tensores de tercer orden).}$$

Para crear vectores o tensores de cualquier orden se pueden usar las librerías de TensorFlow y NumPy. Por ejemplo, considérese los arreglos de datos descritos por las siguientes ecuaciones:

- Un vector $\mathbf{x}$ de números decimales:

$$\mathbf{x} = \begin{bmatrix} 3.0 \\ 4.5 \\ 7.0 \end{bmatrix}. \tag{1.9}$$

- Una matriz $\mathbf{X}$ de números enteros:

$$\mathbf{X} = \begin{bmatrix} 3 & 7 & 9 \\ 1 & 5 & 10 \\ 7 & 1 & 2 \\ 7 & 5 & 1 \end{bmatrix}. \tag{1.10}$$

Los arreglos descritos por las ecuaciones 1.9 y 1.10 se pueden almacenar en computadora con el uso de la librería NumPy y objetos de tipo tipo `array`, tal como se muestra en el siguiente programa:

```
# Cap. 1 - Programa 2
# La siguiente linea importa NumPy como ((np))
import numpy as np

# vector x
x = np.array([3.0, 4.5, 7.0])
print("Propiedades del vector x")
print("El tama~no de x es:", x.size)
print("La dimensi´on de x:", x.ndim)
print("La forma de x es:", x.shape)

# matriz X
X = np.array([
[3, 7, 9],
[1, 5, 10],
[7, 1, 2],
[7, 5, 1]
])

print("Propiedades de la matriz X")
print("El tama~no de X es:", X.size)
print("La dimensi´on de X:", X.ndim)
print("La forma de X es:", X.shape)
```

De un análisis detenido del Programa 1.2, toda vez que se crea una variable con qué operar, se puede observar que el tamaño de un arreglo se accede mediante la función `size()`; la dimensión y la forma, por su parte, se obtienen mediante las funciones `ndim` y `shape` de la librería NumPy. Si se corre el Programa 1.2, se obtiene el siguiente resultado en consola:

```
Caracteristicas del vector x
El tamaño de x es: 3
La dimensión de x: 1
La forma de x es: (3,)
Caracteristicas de la matriz X
El tamaño de X es: 12
La dimensión de X: 2
La forma de X es: (4, 3)
Process finished with exit code 0
```

Vale la pena resaltar que cuando se construye un arreglo con NumPy se debe tener especial cuidado en el uso de los corchetes. Como se puede observar en el Programa 1.2., en la declaración de **X**, cada renglón va entre un corchete principal y, además, se inscriben en cada uno de ellos sus elementos encerrados por su correspondiente corchete (esto es, `[[], [], []]`), seguidos de una coma al final.

Por otra parte, también se puede usar TensorFlow para crear estructuras de datos. Por ejemplo, el siguiente código es un equivalente al Programa 1.2, salvo que se usa la librería TensorFlow para crear el tensor **X** y el vector **x**:

```
# Cap. 1 - Programa 3
# La siguiente linea importa TensorFlow como tf
import tensorflow as tf

# vector x
x = tf.constant([3.0, 4.5, 7.0])
print("Caracteristicas del vector x")
print("El tamaño de x es:", tf.size(x))
print("La dimensión de x:", x.ndim)
print("La forma de x es:", x.shape)

# matriz X
X = tf.constant([
[3, 7, 9],
[1, 5, 10],
[7, 1, 2],
[7, 5, 1]
])
print("Caracteristicas de la matriz X")
print("El tamaño de X es:", tf.size(X))
print("La dimensión de X:", X.ndim)
print("La forma de X es:", X.shape)
```

TensorFlow emplea la función `constant()` para crear variables de su propio tipo (tensores). Sobre esto último, el entendimiento de la declaración de tensores en código computacional, ya sea a través de NumPy o TensorFlow, es esencial y fundamental para crear las variables necesarias con las cuales subsecuentemente se construye un modelo de red neuronal artificial. Por esta razón, siempre es importante comprender la correspondencia entre lo que se declara a través del código y su representación matemática.

1.1.6. Operaciones de indizado, rebanado y reducción de tensores

Dos operaciones muy importantes en Python son el **indizado** y el **rebanado**.[16] En Python *indizar* significa obtener un elemento de un arreglo por su posición dentro del mismo (a través de sus índices). Así mismo, *rebanar* significa obtener un subconjunto de elementos de un arreglo en función de sus índices.

Tomando como ejemplo la matriz $\mathbf{X}$ del Programa 1.3, supóngase que se desea seleccionar al tercer elemento del segundo renglón y almacenarlo en una nueva variable a. Esto se hace indexando dicho elemento de la siguiente manera:

```
a = X[1, 2]
print(a)
```

Lo que en efecto da 10. Ya que toda numeración de índices en Python inicia con 0, entonces se usa el índice 1 para referirse al segundo renglón, y el índice 2 para el tercer elemento. Ahora, suponga que desea seleccionar sólo el segundo renglón de $\mathbf{X}$ y posteriormente almacenarlo en una nueva variable b. Esto se hace como sigue:

```
b = X[1, :]
print(b)
```

[16] Estas son *indexing* y *slicing*, y se han traducido directamente del inglés.

El anterior código asegura la existencia de un vector **b** con los elementos del segundo renglón de **X**. Sobre este ejercicio, se hace uso de los dos puntos **:** para referirse a todos los elementos de del renglón `1`.

Es importante hacer mención de que la indización y el rebanado pueden tomar formas más complejas dependiendo del orden de la estructura de datos. Por otra parte, en cuanto a la forma de un tensor, muchas veces resulta útil eliminar o agregar ejes para llevar a cabo operaciones matemáticas. Habrá casos en los que se pueden tener tensores con ejes igual a la unidad, los cuales a su vez pueden ser redundantes e innecesarios. Por ejemplo, el siguiente arreglo `x` en NumPy tiene dimensiones innecesarias en su primer y tercer eje (nótese que hay corchetes de más):

```
x = np.array([[[1], [2], [3]]])
```

del cual se puede constatar su forma a través de `x.shape`, la cual es `(1, 3, 1)`. Esto podría suponer un problema si se piensa trabajar con dicho arreglo como un vector, pues su forma no es la adecuada. Una manera para reducir la forma de `x` es por medio de la función `squeeze()`:

```
x = np.array([[[1], [2], [3]]])
x = np.squeeze(x)
```

La cual elimina los ejes con valor igual a 1 de la forma de `x`. Ahora, si se vuelve a investigar la nueva forma del mismo, se obtendrá la tupla `(3, )`. La variante de `squeeze()` en TensorFlow es una función homónima que tiene el mismo efecto.

Ahora suponga que en vez de reducir la forma de un tensor quisiera aumentarla. Para este caso se cuenta con la función `newaxis`, la cual agrega un eje o dimensión de más a un arreglo. Tómese el siguiente ejemplo:

```
x = np.array([1, 2, 3, 4])
print(x.shape)

x = x[:, np.newaxis]
print(x.shape)
```

Los resultados del anterior código son las tuplas: `(4, )` y `(4, 1)`. Se notará que, dependiendo de la posición en la que se use `np.newaxis` en el indizado de `x`, será en la que se agregue el nuevo eje.

1.1.7. Concatenación de estructuras de datos

En la práctica sucede muy a menudo que se desea unir dos o más estructuras de datos con el propósito de obtener una nueva. A esto se le conoce como **concatenación** y se puede entender como la composición de una estructura de datos a partir de otras. Tanto en NumPy como en TensorFlow, se tienen funciones para concatenar estructuras de datos.

Suponga que se tienen las siguientes estructuras de datos, una matriz $\mathbf{X}$ y un vector $\mathbf{y}$:

$$\mathbf{X} = \begin{bmatrix} 1 & 2 & 3 \\ 4 & 5 & 6 \\ 7 & 8 & 9 \end{bmatrix}, \tag{1.11}$$

$$\mathbf{y} = \begin{bmatrix} 1 \\ 1 \\ 1 \end{bmatrix}. \tag{1.12}$$

Si se desea crear una nueva matriz $\mathbf{Z}$, compuesta por $\mathbf{X}$ y $\mathbf{y}$, que además la última columna de esta sea precisamente $\mathbf{y}$, se tiene que:

$$\mathbf{Z} = \begin{bmatrix} 1 & 2 & 3 & 1 \\ 4 & 5 & 6 & 1 \\ 7 & 8 & 9 & 1 \end{bmatrix}. \tag{1.13}$$

Para el caso anterior, se puede hacer uso de la función `hstack()` de NumPy para crear $\mathbf{Z}$ tal como se muestra en el siguiente programa:

```
# Cap. 1 - Programa 4
import numpy as np

# Matriz X
X = np.array([
    [1, 2, 3],
    [4, 5, 6],
    [7, 8, 9]])

# vector y
y = np.ones(shape=(3, 1))

# Matriz Z
Z = np.hstack((X, y))
print(Z)
```

El Programa 1.4 da como resultado un arreglo `Z` de NumPy con forma `(3 , 4)`, que corresponde a la matriz $\mathbf{Z}$. A pesar de lo útil que esto puede suponer, siempre debe tenerse cuidado en que la función `hstack()` recibe una tupla que contiene las variables con los cuales se pretende componer una estructura. Así mismo, también debe cuidarse que la forma del primer índice para dos variables sea el mismo —en este caso, el número de renglones en $\mathbf{X}$ y $\mathbf{y}$ es el mismo—. Además, en NumPy también existe una variante para concatenar arreglos de forma vertical la cual es, a saber, `vstack()`, y es muy similar en su uso a `hstack()`.

Otra manera de concatenar $\mathbf{X}$ y $\mathbf{y}$ es través de TensorFlow tal como se muestra en el siguiente programa, donde se hace uso de la función `concat`:

```
# Cap. 1 - Programa 5
import tensorflow as tf

# Matriz X
X = tf.constant([
    [1, 2, 3],
    [4, 5, 6],
    [7, 8, 9]
], dtype=float)

# vector y
y = tf.ones(shape=(3, 1))

# Matriz Z
Z = tf.concat([X, y], axis=1)

print(Z)
```

La función `concat` del código anterior toma como entrada una lista `[]`, en vez de una tupla como se hizo con `hstack()`, y además requiere que se especifique el eje sobre el cual se planea operar la concatenación. En este caso corresponde al segundo eje, es decir, el eje con índice igual a `1`, por ello se pasa y se específica a la función el siguiente valor: `axis=1`.[17]

Además, en el Programa 1.5, se notará el uso de dos funciones no discutidas hasta este punto, que son `np.ones()` y `tf.ones()`, las cuales permiten crear estructuras del tipo vector en las cuales sus elementos son igual a la unidad. Estas admiten tuplas de enteros para tal objetivo. En los ejemplos anteriores, se usa la tupla `(3, 1)` para indicar la creación de un arreglo de tres renglones y una

[17]Siempre se debe tener en cuenta que toda numeración en Python inicia con el número `0`.

sola columna, que viene a ser el caso del vector $\mathbf{y}$. Otras variantes de estas funciones son `np.zeros()` y `tf.zeros()`, las cuales crean arreglos de ceros de acuerdo a la forma que se especifique en el argumento `shape=()`.

Es relevante mencionar que la concatenación es una operación importante para los propósitos del segundo capítulo y se usará para crear las estructuras de datos necesarias en la construcción de una red neuronal artificial.

1.1.8. Conjuntos de datos

Una estructura de datos que es fundamental para el estudio de las redes neuronales artificiales son los **conjuntos de datos**. Un conjunto de datos se denota por medio de un carácter caligráfico, como $\mathcal{D}$, y refiere a una colección de datos sin orden tal que:

$$\mathcal{D} = \{x_1, x_2, x_3, \ldots, x_n\}. \tag{1.14}$$

Un conjunto de datos, además, puede ser infinito, como el conjunto de los números reales $\mathbb{R}$.

Para referirse a que x pertenece a un conjunto se usa el símbolo $\in$ tal como se muestra a continuación:

$$x \in \mathcal{D}. \tag{1.15}$$

En Python, se distingue un tensor de un conjunto al declarar este último usando llaves $\{\}$ en vez de corchetes. Por ejemplo, el conjunto $\mathcal{D} = \{0, 1, 1, 2\}$ simplemente se declara en Python como `D={0, 1, 1, 2}`. Además, en Python los conjuntos son estructuras de datos inmutables, es decir, una vez declarados no se pueden cambiar sus elementos. Por esta razón es mejor asignar los elementos de un conjunto a un vector o un tensor, según se requiera.

Por otra parte, también existen operaciones con conjuntos. Por ejemplo, dados dos conjuntos $\mathcal{A}$ y $\mathcal{B}$, las operaciones básicas entre ellos son las siguientes:

1. Unión. Es un nuevo conjunto $\mathcal{C}$ que contiene los elementos tanto de $\mathcal{A}$ como de $\mathcal{B}$ y se denota usando el operador $\cup$, tal que:
$$\mathcal{C} = \mathcal{A} \cup \mathcal{B}. \tag{1.16}$$
2. Intersección. Es un nuevo conjunto que se conforma de los elementos que tienen en común $\mathcal{A}$ y $\mathcal{B}$ y se denota usando el operador $\cap$, tal que:
$$\mathcal{C} = \mathcal{A} \cap \mathcal{B}. \tag{1.17}$$
3. Diferencia. Es un conjunto que aquellos elementos que sólo pertenecen a $\mathcal{A}$ pero no a $\mathcal{B}$, y se denota por el símbolo $\setminus$, tal como se muestra a continuación:
$$\mathcal{C} = \mathcal{A} \setminus \mathcal{B}. \tag{1.18}$$
4. Complemento. Es un conjunto que contiene todos los elementos que no pertenecen a $\mathcal{A}$ respecto de un conjunto referencia $\mathcal{U}$ que contiene a $\mathcal{A}$. Este se denota como:
$$\mathcal{A}^c = \mathcal{U} \setminus \mathcal{A}. \tag{1.19}$$

También se pueden crear subconjuntos $\mathcal{D}'$ de un conjunto $\mathcal{D}$ usando operado de asignación $\leftarrow$ tal como:
$$\mathcal{D}' \leftarrow \{x + 1 | x \in \mathcal{D}, x < 10\}, \tag{1.20}$$
De acuerdo con la expresión anterior, en esta se implica que $\mathcal{D}'$ es un conjunto del cual cada uno de sus elementos se obtiene al realizar la adición de la unidad para los elementos de que son menores a 10.

Finalmente, es relevante señalar que hay otras estructuras de datos, como los *grafos*, los *árboles de datos*, y *tablas de hash*, pero las que se han mencionado hasta esta sección son las más esenciales, y las que Usted debe conocer para emprender su camino en la construcción de modelos como las redes neuronales artificiales. Así mismo, toda vez definidas qué son estas estructuras de datos, el siguiente paso es aprender qué operaciones se pueden hacer con ellas. Esto corresponde al dominio del *álgebra lineal.*

1.2. Álgebra lineal

El álgebra lineal es una rama de las matemáticas que tiene por propósito estudiar vectores, matrices, espacios vectoriales, transformaciones lineales y sistemas de ecuaciones. No todo esto se menciona en la presente sección, pues ello requiere su tratamiento propio, y para esto se sugieren revisar las obras de Axler (1997) y Grossman (1992). Lo que en esta sección se menciona es aquello de dicha rama que es útil para abordar las redes neuronales y su construcción; es decir, las operaciones que son útiles para la transformación y operación de estructuras de datos antes de llevar a cabo la construcción de un modelo, así como las involucradas en el funcionamiento del mismo.

1.2.1. Transpuesta de tensor

La transpuesta es un operador que modifica la orientación de un tensor (también matrices y vectores), al intercambiar sus renglones por columnas, provocando así un cambio en la indización de sus atributos.

Por ejemplo, el vector y la matriz de las ecuaciones 1.9 y 1.10, encuentran sus transpuestas $\mathbf{x}^\top$, $\mathbf{A}^\top$ como sigue:

$$\mathbf{x}^\top = \begin{bmatrix} x_1 & x_2 & \ldots & x_n \end{bmatrix}, \tag{1.21}$$

y,

$$\mathbf{A}^\top = \begin{bmatrix} a_{11} & a_{21} & \cdots & a_{m1} \\ a_{12} & a_{22} & \cdots & a_{m2} \\ \vdots & \vdots & \ddots & \vdots \\ a_{1n} & a_{2n} & \cdots & a_{mn} \end{bmatrix} = A_{ji}. \tag{1.22}$$

En código Python, la transpuesta se puede obtener al usar la función `transpose` de TensorFlow o NumPy (ambas librerías la tienen incorporada con el mismo nombre). El siguiente Programa 1.6 muestra cómo obtener las transpuestas de estructuras de datos definidas por las Ecuaciones 1.9 y 1.10:

```
# Cap. 1 - Programa 6
import tensorflow as tf

# vector x
x = tf.constant([[3.0], [4.5], [7.0]])

# matriz X
X = tf.constant([
[3, 7, 9],
[1, 5, 10],
[7, 1, 2],
[7, 5, 1]
])

X_tr = tf.transpose(X)
x_tr = tf.transpose(x)
print(x_tr)
print(X_tr)
```

El resultado en consola del programa anterior es el siguiente:

```
tf.Tensor([[3.  4.5 7. ]], shape=(1, 3), dtype=float32)
tf.Tensor(
[[ 3  1  7  7]
 [ 7  5  1  5]
 [ 9 10  2  1]], shape=(3, 4), dtype=int32)
```

El resultado del Programa 1.6 hace posible observar cómo los renglones de `X` pasan a ser columnas en el nuevo tensor `X_tr`.

1.2.2. Suma y resta de dos tensores

Dados dos tensores $\mathbf{A}$ y $\mathbf{B}$ de misma forma y tamaño, la suma algebraica de estos es un tensor $\mathbf{C}$ definido por la siguiente expresión:

$$\mathbf{C} = \mathbf{A} \pm \mathbf{B} = \begin{bmatrix} a_{11} \pm b_{11} & \cdots & a_{m1} \pm b_{m1} \\ \vdots & \ddots & \vdots \\ a_{1n} \pm b_{1n} & \cdots & a_{mn} \pm b_{mn} \end{bmatrix}. \tag{1.23}$$

En el caso de dos vectores $\mathbf{a}$ y $\mathbf{b}$, se tiene que:

$$\mathbf{c} = \mathbf{a} \pm \mathbf{b} = \begin{bmatrix} a_1 \pm b_1 \\ \vdots \\ a_n \pm b_n \end{bmatrix}. \tag{1.24}$$

En TensorFlow la suma de dos tensores se invoca con el método `math.add()` y la resta con `math.subtract()`; en NumPy esto también puede llevarse a cabo con las funciones `add()` y `subtract()`.

1.2.3. Notación sigma

Dentro de la matemática usada en el Machine Learning, es común ver expresiones que recurren al uso del carácter griego Σ en referencia a la suma de ciertos elementos. Esta operación se llama **sumatoria** y en notación matemática se le conoce por **notación sigma**.

Por ejemplo, la suma s es un escalar que se obtiene de sumar todos los atributos o elementos internos de un vector $\mathbf{x}$, y ésta se denota por la siguiente ecuación:

$$s = \sum_{i}^{n} x_i = x_1 + x_2 + \ldots x_n. \tag{1.25}$$

En la Ecuación 1.25, s es un escalar y i es el índice de suma al cual se le asigna un valor inferior (llamado *límite inferior*). Luego, este índice recorre todos los enteros hasta llegar a un *límite superior* como se muestra en la Ecuación 1.25. En el caso de una matriz $\mathbf{X}$, la suma s de todos sus elementos está dada por:

$$s = \sum_{i}^{m} \sum_{j}^{n} x_{ij}. \tag{1.26}$$

Siguiendo con el ejemplo dado en las Ecuaciones 1.9 y 1.10, se pueden usar los métodos `reduce_sum` y `sum` en TensorFlow y NumPy, respectivamente, para reducir un arreglo a la suma de sus elementos:

```
# Cap. 1 - Programa 7
import tensorflow as tf

x = tf.constant([[3.0], [4.5], [7.0]])
X = tf.constant([
    [3, 7, 9],
    [1, 5, 10],
    [7, 1, 2],
    [7, 5, 1]
])

sum_x = tf.reduce_sum(X)
sum_X = tf.reduce_sum(x)
print(sum_x)
print(sum_X)
```

El resultado del anterior programa es el siguiente:

```
tf.Tensor(58, shape=(), dtype=int32)
tf.Tensor(14.5, shape=(), dtype=float32)

Process finished with exit code 0
```

La sumatoria es una operación importante en la operación interna de las redes neuronales artificiales, pues ésta puede resumir operaciones, como combinaciones lineales.

1.2.4. Norma de un vector

La longitud de un vector $\mathbf{x}$, también llamada como **norma de un vector**, está definida por la siguiente expresión:

$$\|\mathbf{x}\| = \sqrt{\sum_{i=1}^{n} x_i^2}. \tag{1.27}$$

En TensorFlow y NumPy, la $\|\mathbf{x}\|$ se obtiene a través de los métodos `norm()` y `linalg.norm()` respectivamente. Esta se interpreta como la medición de la distancia entre el origen de un marco desde el cual se define un vector al punto final del mismo, por lo que se suele decir es una medida del tamaño de un vector (Goodfellow et al., 2016). Además, su relevancia en cuestiones muy particulares de las redes neuronales artificiales radica en que se usa para evaluar el error de un modelo.

1.2.5. Producto de un tensor y un escalar

El resultado del producto de un tensor $\mathbf{A}$ por un escalar α, $\mathbf{C}$, se define por la siguiente expresión:

$$\mathbf{C} = \alpha\mathbf{A} = \begin{bmatrix} \alpha * a_{11} & \cdots & \alpha * a_{m1} \\ \vdots & \ddots & \vdots \\ \alpha * a_{1n} & \cdots & \alpha * a_{mn} \end{bmatrix}. \tag{1.28}$$

En la anterior expresión no hay mucho que agregar más que dicho producto se interpreta como el escalado de todos los elementos de la matriz por el escalar. Esto podría tener como consecuencia que se amplifiquen o atenúen los valores de dicha matriz.

1.2.6. Producto-punto

Dados dos vectores $\mathbf{a}$ y $\mathbf{b}$, de mismo tamaño d, su **producto-punto** es un escalar que se denota por la siguiente expresión matemática:

$$\mathbf{a} \cdot \mathbf{b} = \mathbf{a}^\top \mathbf{b} = \sum_{i=1}^{d} a_i b_i. \tag{1.29}$$

La operación del producto-punto es muy útil y relevante a la hora de construir redes neuronales artificiales desde cero como se verá en el siguiente capítulo.

El siguiente código es un programa que lleva a cabo, tanto en NumPy como en TensorFlow, el producto-punto entre los siguientes vectores:

$$\mathbf{a} = \begin{bmatrix} 3.0 \\ 5.0 \\ 10.0 \\ 11.0 \\ 20.0 \end{bmatrix}, \quad (1.30)$$

$$\mathbf{b} = \begin{bmatrix} 1.4 \\ 2.6 \\ 2.0 \\ 1.7 \\ 1.3 \end{bmatrix}. \quad (1.31)$$

```
# Cap. 1 - Programa 8
import tensorflow as tf
import numpy as np

a = tf.constant([3., 5., 10., 11., 20.])
b = tf.constant([1.4, 2.6, 2., 1.7, 1.3])
dot_ab = tf.tensordot(a, b, axes=1)

print("El producto-punto usando tf es: ", dot_ab)

a = np.array([3., 5., 10., 11., 20.])
b = np.array([1.4, 2.6, 2., 1.7, 1.3])
dot_ab = np.dot(a, b)

print("El producto-punto usando np es: ", dot_ab)
```

El resultado del anterior programa es el siguiente:

```
El producto-punto usando tf es:  tf.Tensor(81.9,...)
El producto-punto usando np es:  81.9

Process finished with exit code 0
```

El producto-punto puede interpretarse como la proyección de un vector sobre otro. Es decir, mide cuánto del primer vector se proyecta en la dirección del segundo vector. Así, si el producto punto es positivo, ambos vectores tienen una componente en la misma dirección, y si es negativo, tienen componentes en direcciones opuestas.

1.2.7. Producto entre un vector y una matriz

Dada una matriz $\mathbf{A} \in \mathbb{R}^{m \times n}$ de valores reales, sus i renglones pueden describirse como transpuestas de un vector como sigue:

$$\mathbf{A} = \begin{bmatrix} \mathbf{a}_1^\top \\ \mathbf{a}_2^\top \\ \vdots \\ \mathbf{a}_m^\top \end{bmatrix}, \tag{1.32}$$

donde $\mathbf{a}_i^\top \in \mathbb{R}^n$ se refiere al i-ésimo renglón de $\mathbf{A}$. Habiendo descrito el producto-punto en la sección anterior, entonces el producto-punto entre una matriz y un vector, es un vector $\mathbf{c}$, dado por la siguiente expresión:

$$\mathbf{c} = \begin{bmatrix} \mathbf{a}_1^\top \mathbf{x} \\ \mathbf{a}_2^\top \mathbf{x} \\ \vdots \\ \mathbf{a}_m^\top \mathbf{x} \end{bmatrix}. \tag{1.33}$$

Suponga el siguiente vector de dos atributos $\mathbf{x}$ y la matriz $\mathbf{A}$:

$$\mathbf{x} = \begin{bmatrix} 2.3 \\ 5.8 \end{bmatrix}, \tag{1.34}$$

$$\mathbf{A} = \begin{bmatrix} 1.0 & 2.5 \\ 2.5 & 1.0 \end{bmatrix}. \tag{1.35}$$

Usando el método `linalg.matvec(A, x)` de TensorFlow, y `np.dot(A, x)`, se obtiene $\mathbf{c}$ como lo muestra el siguiente código:

```
# Cap. 1 - Programa 9
import tensorflow as tf
import numpy as np

x = tf.constant([2.3, 5.8])
A = tf.constant([[1.0, 2.5],
                 [2.5, 1.0]
                 ])
dot_ab = tf.linalg.matvec(A, x)

print("El Ax usando tf es: ", dot_ab)

x = np.array([2.3, 5.8])
A = np.array([[1.0, 2.5],
              [2.5, 1.0]
              ])
dot_ab = np.dot(A, x)

print("El Ax usando np es: ", dot_ab)
```

El resultado del programa anterior es el siguiente:

```
El Ax usando np es:  [16.8  11.55]

Process finished with exit code 0
```

La interpretación geométrica de esta operación es una combinación lineal de las columnas de la matriz, donde los coeficientes de la combinación provienen de las entradas del vector. Como tal, es importante en la resolución de sistemas lineales en muchas aplicaciones, como la solución de ecuaciones lineales, la transformación de coordenadas en gráficos por computadora y la propagación de información a través de redes neuronales.

1.2.8. Producto punto de dos matrices

Dadas dos matrices $\mathbf{A}$ y $\mathbf{B}$ de misma forma y tamaño:

$$\mathbf{A} = \begin{bmatrix} a_{11} & a_{12} & \cdots & a_{1k} \\ a_{21} & a_{22} & \cdots & a_{2k} \\ \vdots & \vdots & \ddots & \vdots \\ a_{n1} & a_{n2} & \cdots & a_{nk} \end{bmatrix}, \tag{1.36}$$

$$\mathbf{B} = \begin{bmatrix} b_{11} & b_{12} & \cdots & b_{1m} \\ b_{21} & b_{22} & \cdots & b_{2m} \\ \vdots & \vdots & \ddots & \vdots \\ b_{k1} & b_{k2} & \cdots & b_{km} \end{bmatrix}, \tag{1.37}$$

el producto de estas es otra matriz $\mathbf{C}$ tal que:

$$\mathbf{C} = \mathbf{AB} = \begin{bmatrix} \mathbf{a}_1^\top \mathbf{b}_1 & \mathbf{a}_1^\top \mathbf{b}_2 & \cdots & \mathbf{a}_1^\top \mathbf{b}_m \\ \mathbf{a}_2^\top \mathbf{b}_1 & \mathbf{a}_2^\top \mathbf{b}_2 & \cdots & \mathbf{a}_2^\top \mathbf{b}_m \\ \vdots & \vdots & \ddots & \vdots \\ \mathbf{a}_n^\top \mathbf{b}_1 & \mathbf{a}_n^\top \mathbf{b}_2 & \cdots & \mathbf{a}_n^\top \mathbf{b}_m \end{bmatrix}. \tag{1.38}$$

En TensorFlow, se usa el método `matmul(A, B)` para obtener la matriz $\mathbf{C}$; en NumPy, se usa `np.dot(A, B)`.

El producto punto entre dos matrices no es una operación matemática común en Machine Learning, como otras operaciones, y en lugar de ello, generalmente se realiza el producto elemento a elemento (*producto Hadamard*) o el producto matricial.

1.2.9. Traza, contracción, determinante, e inversa de un tensor de segundo orden

La traza de un tensor $\mathbf{A}$, es denotada por tr $\mathbf{A}$, y se describe por:

$$\operatorname{tr}\mathbf{A} = \sum_{i=1}^{3} a_{ii}. \tag{1.39}$$

Una *contracción* de dos tensores es simplemente su producto-punto, y como se ha visto una *doble contracción* entre dos tensores se denota por dos puntos $\mathbf{A} : \mathbf{B}$ entre los mismos, y ésta produce un escalar, tal que:

$$\begin{aligned} \mathbf{A} : \mathbf{B} &= \operatorname{tr}(\mathbf{A}^\top \mathbf{B}) \\ &= \operatorname{tr}(\mathbf{A}\mathbf{B}^\top) = \operatorname{tr}(\mathbf{B}\mathbf{A}^\top) \\ &= \mathbf{B} : \mathbf{A}. \end{aligned} \tag{1.40}$$

El determinante de un tensor de segundo-orden es un escalar que se denota por:

$$\det|\mathbf{A}| = \begin{vmatrix} a_{11} & a_{12} & a_{13} \\ a_{21} & a_{22} & a_{23} \\ a_{31} & a_{32} & a_{33} \end{vmatrix}. \tag{1.41}$$

En la ecuación anterior, se indica con barras verticales que encierran a_{ij}, en vez de corchetes para referirse al determinante.

Además, el determinante de una matriz posee las siguientes propiedades:

$$\det|\mathbf{AB}| = \det|\mathbf{A}| \det|\mathbf{B}|, \tag{1.42}$$

$$(\det|\mathbf{A}|)^{\top} = \det|\mathbf{A}^{\top}|. \tag{1.43}$$

Además, cuando $\det|\mathbf{A}| = 0$, se tiene un tensor singular. En la mayoría de los casos esto no se asume, por lo que, entonces, existiría un tensor inverso $\mathbf{A}^{-1}$ (inversa del tensor $\mathbf{A}$) tal que:

$$(\mathbf{AA}^{-1}) = \mathbf{I} = \mathbf{A}^{-1}\mathbf{A}. \tag{1.44}$$

También, si existe no-singularidad de un tensor, se tiene que $(\mathbf{A}^{-1})^{\top} = \mathbf{A}^{-\top}$.

La demostración de estas propiedades y formas de un tensor de segundo-orden, así como algunas de sus propiedades derivadas quedan fuera del alcance de este texto (demostraciones matemáticas se pueden consultar en Shilov, 2012).

1.2.10. Producto Hadamard

El producto entre los elementos internos de dos matrices $\mathbf{A}$ y $\mathbf{B}$, también llamado **Producto de Hadamard**, es un tensor que se obtiene a través de la multiplicación interna entre los elementos a_{ij} y b_{ij} tal que,

$$\mathbf{C} = \mathbf{A} \odot \mathbf{B} = \begin{bmatrix} a_{11} * b_{11} & \cdots & a_{m1} * b_{m1} \\ \vdots & \ddots & \vdots \\ a_{1n} * b_{1n} & \cdots & a_{mn} * b_{mn} \end{bmatrix}. \tag{1.45}$$

En TensorFlow y NumPy, el producto Hadamard se obtiene con los métodos `tf.math.multiply(A, B)` y `np.multiply(A, B)` respectivamente. El producto de Hadamard es una operación matricial importante en el contexto de las redes neuronales artificiales, ya que, como se verá en el próximo capítulo, permite calcular gradientes durante la retropropagación de un modelo de este tipo. Pero antes, es necesario primero hacer un repaso al cálculo.

1.3. Cálculo

Las operaciones del álgebra lineal son muy útiles y eficientes, pues permiten transformar y modificar estructuras de datos, así como encontrar propiedades a partir de las mismas. El funcionamiento de un modelo de red neuronal artificial, o cualquiera del Machine Learning, entraña el procesamiento de estas estructuras para su consecuente *optimización*, es decir, su calibración para que pueda desempeñarse de forma adecuada.

Precisamente, la optimización consiste en buscar valores óptimos de los parámetros de un modelo que. Dicha búsqueda requiere reglas, operaciones y técnicas fundamentales del cálculo. Por lo tanto, esta sección presenta las herramientas esenciales del cálculo que se utilizan en algoritmos que contribuyen a la construcción y optimización de modelos de redes neuronales artificiales.

Para propósitos de profundización en los temas que se presentan en esta sección se sugiere consultar las obras de (Stewart, 2015) y de (Leithold, 1973).

1.3.1. Funciones

Una **función matemática** f *"es una regla que asigna a cada elemento* x *de un conjunto* $\mathcal{D}$ *exactamente un elemento, llamado* $f(x)$*, de un conjunto* $\mathcal{E}$ (Stewart, 2015). De esta previa definición se entenderá aquí por elemento a un tensor o un vector, las componentes de éstos o bien a un escalar. Además, se usa la palabra *argumento* en referencia a cualesquier elemento perteneciente al conjunto $\mathcal{D}$ con el que operan las funciones. Por otra parte, el conjunto $\mathcal{D}$ se refiere al *dominio de la función* f, y en este caso es la colección de elementos con los que opera f; el conjunto $\mathcal{E}$ es también llamado *gráfica* o *imagen de la función* f, y se refiere a la colección que genera una función con los elementos de $\mathcal{D}$ (salidas de la función).

Una función f puede admitir como argumentos escalares (por ejemplo, $f(x)$), vectores (por ejemplo, $f(\mathbf{x})$), o tensores de mayor orden (por ejemplo, $f(\mathbf{X})$), así como también generar cada uno de éstos (por ejemplo, $\mathbf{Y} = \mathbf{F}(x)$). Además, una función también puede tomar múltiples argumentos (por ejemplo, $f(x_1, x_2, \ldots, x_k)$). Más aún, una función incluso puede recibir como argumento otras funciones (por ejemplo, $f(g(x))$). Lo importante es que una función es una correspondencia entre dos conjuntos, por lo que ésta, *grosso modo*, puede entenderse como una máquina que recibe entradas para producir salidas.

Por ejemplo, la siguiente es una función $y = f(x)$ que toma como argumento otro escalar (x), y de la cual su gráfica se presenta en la Figura 1.2:

$$f(x) = \frac{e^{2x} + 3\sin(x)}{(1 + x^2)^3}. \tag{1.46}$$

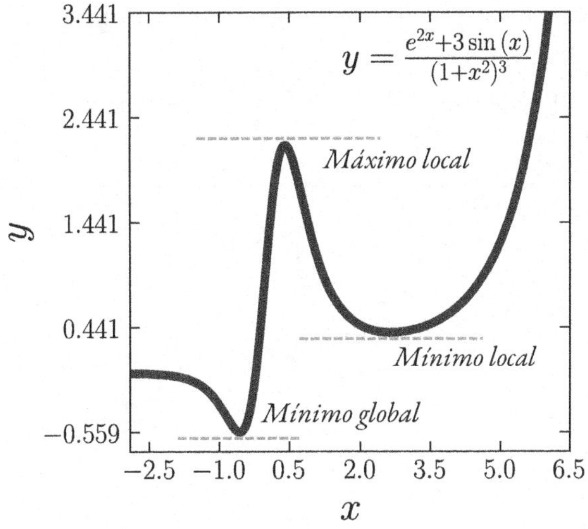

Figura 1.2: Ejemplo de una función de base escalar.

La función 1.46 está compuesta de operaciones matemáticas (división, potencias y suma), también de una función trigonométrica (función seno). Como tal, se dice que es explícita, ya que expresa la relación entre esas operaciones y las variables que la componen. Como este ejemplo, una función puede llegar a ser tan compleja como los datos que pretende representar y sus propiedades pueden ser muy diferentes de acuerdo con dicha complejidad,[18] pues depende de su forma, una función podría ser muy distinta de otras (la función seno, por ejemplo, se repite cada 2π veces).

En Python es posible crear funciones matemáticas declarándolas a través de la palabra reservada `def` y seguida por su nombre. En general, en informática y ciencias de la computación, se considera que las funciones son bloques de código reutilizable que contienen

[18] Una función puede ser un modelo, y puede ser tan compleja como sea posible.

instrucciones, y que pueden o no usar como *entradas* una o múltiples variables para un fin en concreto.

Por ejemplo, el siguiente programa presenta una función `f` de la forma $f(x) = (1 + x^2)^3$:

```
# Cap. 1 - Programa 10
import numpy as np


# Declaración de la función 'f(x)'
def f(x):
    return (1 + x ** 2) ** 3

# Declaración de variables
y_1 = f(3.0)
y_2 = f(np.array([-2., -1., 0., 1., 2.]))

print(y_1)
print(y_2)
```

El programa escrito en el código anterior funciona de la siguiente manera:

- Primero se importa la librería NumPy.
- Luego se declara la función `f`, la cual toma como argumento un escalar x.
- Las siguientes lineas crean dos variables y_1 y y_2, las cuales usan la función `f` con dos argumentos diferentes: (i) un escalar con un único valor y (ii) un arreglo NumPy de escalares. Aquí se evalúa la función con cada argumento.
- Las últimas líneas ordenan imprimir en pantalla los valores de y_1 y y_2.

Al ejecutarse, este programa arroja el siguiente resultado:

```
1000.0
[125.   8.   1.   8. 125.]
Process finished with exit code 0
```

Es importante resaltar que, en Python, al pasar un arreglo como argumento, a diferencia de otros lenguajes de programación, no es necesario especificar a qué tipo de datos pertenece. Por lo tanto, en el caso del ejemplo, se evalúan individualmente los valores del arreglo, y la función `f` del código anterior devuelve un nuevo arreglo del mismo tamaño, que en este caso se asigna a la variable y_2.

El uso de funciones en Python, al igual que en cualquier otro lenguaje de programación práctico, es esencial, ya que permite reutilizar un fragmento de código tantas veces como sea necesario. Además, una función puede ser tan compleja o simple como se requiera y no está limitada a un número específico de líneas, ni al número y tipo de argumentos. Para obtener más información acerca de qué son y cómo usar funciones en Python, se puede consultar la sección 4.6 de la documentación oficial del lenguaje (Van Rossum y Drake Jr, 1995).

1.3.2. Derivada de una función

La derivada de una función de base escalar $f(x)$ se define a través del siguiente límite:

$$f'(x) = \lim_{x \to a} \frac{f(x) - f(a)}{x - a}. \tag{1.47}$$

El límite anterior se entiende como una recta tangente que pasa por un punto $P(a, f(a))$, y la cual existe sólo si f es diferenciable y continúa en a.

Entonces, la derivada $f'(x)$ vista en forma de función, se reescribe como sigue:

$$f'(x) = \lim_{h \to 0} \frac{f(x+h) - f(x)}{h}, \tag{1.48}$$

la cual se expresa como la tasa de cambio dada por h de $f(x)$ con respecto a x. Cuando el cambio tiende a cero, esto es, $h \to 0$, entonces la derivada $f'(x)$ es la recta tangente de $f(x)$ en el punto x. $f'(x)$, también se expresa como y' o, en *notación de Leibniz*, dy/dx.

Para encontrar la derivada de una función, es necesario aplicar **reglas de derivación**, las cuales se emplean según la forma y tipo de la función. Por ejemplo, considérese la función $y = f(x) = x^3 - x$, entonces, al aplicar la derivada a cada uno de sus términos, se obtiene lo siguiente:

$$\frac{dy}{dx} = 3x^2 - 1. \tag{1.49}$$

La derivada de una función también puede verse como otra función. Por ejemplo, la Figura 1.3 presenta la gráfica de la función $f(x) = x^3 - x$, y la gráfica de su derivada $f'(x) = 3x^2 - 1$.

Es importante resaltar que la Figura 1.3 muestra una propiedad importante de las derivadas: se puede observar que la función $f(x)$ presenta un máximo y mínimo locales en dos puntos (esto es, en $x = -\sqrt{3}/3$ y $x = \sqrt{3}/3$). En las redes neuronales, la importancia de las derivadas se refleja en encontrar dichos valores de lo que se denomina como *función de error*. A la búsqueda de tales valores se les conoce como **optmización**.

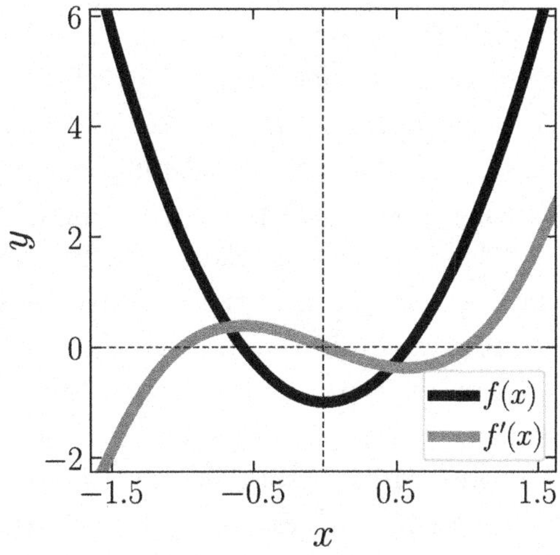

Figura 1.3: Gráfica de la función $f(x) = x^3 - x$ y de su derivada $f'(x) = 3x^2 - 1$.

1.3.3. Optimización

Para una función de la forma $y = f(x)$, su derivada dy/dx encuentra mínimos y máximos cuando ésta se hace igual a cero. Tomando como referencia la función $f(x) = x^3 - x$ y su derivada $f'(x) = 3x^2 - 1$, se tiene que, los valores máximos y mínimos, comprendidos entre un rango de la variable $-1.5 < x < 1.5$ se obtienen de la siguiente manera:

$$\begin{aligned} \frac{dy}{dx} &= 3x^2 - 1 = 0 \\ \therefore \quad x &= \pm\frac{\sqrt{3}}{3}. \end{aligned} \tag{1.50}$$

La Ecuación 1.50 corresponde a los valores donde $f(x)$ presentaría en esos puntos una tangente con pendiente igual a cero. Así mismo, los mínimos y máximos de una función pueden clasificarse como locales y globales. Retomando la Figura 1.2, se puede observar que la función para $2.5 < x < 6.5$ presenta un máximo local y dos mínimos. De hecho, a partir del mínimo local la función se comporta de manera exponencial y por consecuencia ésta no tendría un máximo global definido. En general, una función que es *continúa* en el intervalo de $a < x < b$, puede presentar máximos o mínimos.

Estos valores llamados mínimos y máximos son importantes debido a lo siguiente: suponga que Usted tiene un modelo con un parámetro[19] escalar w y una variable independiente x. Si además posee un conjunto de datos $\mathcal{D}$ sobre los que desea ajustar dicho modelo, le interesaría saber cuál es aquel valor de w que permitiría estimar, con el mínimo error posible, los números y valores existentes en $\mathcal{D}$. En otras palabras, se desea minimizar el error entre el modelo y los datos, y esto se hace al buscar el valor óptimo de w. Como se verá más adelante, esta búsqueda es, quizás, uno de los temas centrales del Machine Learning y, por extensión, de la construcción de modelos basados en redes neuronales artificiales.

1.3.4. Regla de la cadena

Suponga una función que toma como argumento otra función de la forma $f(u)$, donde $u = g(x)$. Sí $g(x)$ es derivable en x, y f en $g(x)$, entonces la *función compuesta* $y = f(g(x))$ encuentra su derivada por medio de la regla de la cadena como sigue:

$$\frac{dy}{dx} = \frac{dy}{du}\frac{du}{dx}. \tag{1.51}$$

[19]Se entiende la palabra parámetro como una variable que toma valores fijos en una función o modelo, pero que posteriormente puede ser modificada para producir diferentes resultados mediante estos.

La regla de la cadena se usa para calcular derivadas de funciones que se componen o pueden componerse de otras funciones. Esta regla del cálculo es muy útil cuando se tienen múltiples parámetros que caracterizan una función (o un modelo de red neuronal artificial), ya que permiten, a través de algoritmos, obtener los óptimos de los mismos. Al hablar de múltiples parámetros y de la búsqueda de sus parámetros óptimos a través de la derivada, es importante, introducir la forma más general de las derivadas; esto es, las derivadas parciales.

1.3.5. Derivadas parciales

Como se ha mencionado en las secciones precedentes, una función puede admitir múltiples argumentos, por ejemplo, $y = f(x_1, x_2, \ldots, x_n)$. Se define entonces la **derivada parcial** de y con respecto a la i-ésima variable x_i como sigue:

$$\frac{\partial y}{\partial x_i} = \lim_{h \to 0} \frac{f(x_1, ..., x_{i-1}, x_i + h, x_{i+1}, ..., x_n) - f(x_1, ..., x_i, ..., x_n)}{h} \tag{1.52}$$

Las derivada parcial de la Ecuación 1.52 mide el cambio de y en x_i a medida que ésta se incrementa o disminuye, mientras todas las variables restantes se tratan como constantes. Por ejemplo, considere la función,

$$f(x_1, x_2) = x_1^2 + x_2^2, \tag{1.53}$$

sí se toman valores para $-4 < x_1 < 4$ y $-4 < x_2 < 4$, entonces la derivada parcial $\partial y / \partial x_1$ se obtiene usando la regla de la potencia y tratando x_2 como una constante, de la siguiente manera:

$$\frac{\partial y}{\partial x_1} = 2x_1 + 0 = 2x_1. \tag{1.54}$$

De igual forma, $\partial y/\partial x_2$ se obtiene como sigue:

$$\frac{\partial y}{\partial x_2} = 0 + 2x_2 = 2x_2. \tag{1.55}$$

Las dos anteriores derivadas son igual a cero cuando $x_1 = 0$ y $x_2 = 0$; esto indica que existe un mínimo en $(0, 0)$. La gráfica de la función $f(x_1, x_2)$ se presenta en la Figura 1.4, donde se puede observar la forma de la función y la localización del punto mínimo.

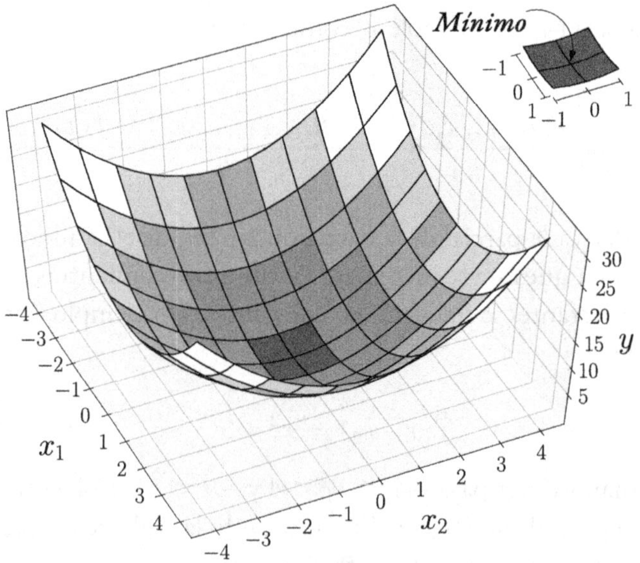

Figura 1.4: Gráfica de la función $f(x_1, x_2) = x_1^2 + x_2^2$.

1.3.6. Vector gradiente

El **gradiente** de una función, descrito por el operador $\boldsymbol{\nabla}$, es un vector que contiene las derivadas parciales de la misma con respecto a cada uno de sus argumentos. Por ejemplo, dada una función con tres variables independientes como argumentos x_1, x_2 y x_3, se tiene que:

$$\boldsymbol{\nabla} f(x_1, x_2, x_3) = \begin{bmatrix} \frac{\partial f(x_1,x_2,x_3)}{\partial x_1} \\ \\ \frac{\partial f(x_1,x_2,x_3)}{\partial x_2} \\ \\ \frac{\partial f(x_1,x_2,x_3)}{\partial x_3} \end{bmatrix}. \tag{1.56}$$

Además, ya que $\mathbf{x} = \begin{bmatrix} x_1 & x_2 & x_3 \end{bmatrix}$, se tiene entonces que:

$$\boldsymbol{\nabla} f(\mathbf{x}) = \begin{bmatrix} \frac{\partial f(\mathbf{x})}{\partial x_1} \\ \\ \frac{\partial f(\mathbf{x})}{\partial x_2} \\ \\ \frac{\partial f(\mathbf{x})}{\partial x_3} \end{bmatrix}. \tag{1.57}$$

En general, el vector gradiente para n argumentos es:

$$\boldsymbol{\nabla} f(\mathbf{x}) = \begin{bmatrix} \frac{\partial f(\mathbf{x})}{\partial x_1} \\ \\ \frac{\partial f(\mathbf{x})}{\partial x_2} \\ \vdots \\ \frac{\partial f(\mathbf{x})}{\partial x_3} \end{bmatrix}. \tag{1.58}$$

Por ejemplo, la siguiente función de dos variables:

$$f(x_1, x_2) = x_1^2 + 4x_2^2, \tag{1.59}$$

encuentra su vector gradiente a través de las siguientes operaciones:

$$\frac{\partial f}{\partial x_1} = 2x_1, \tag{1.60}$$

$$\frac{\partial f}{\partial x_2} = 8x_2, \tag{1.61}$$

por lo que ∇f es igual a:

$$\nabla f(x_1, x_2) = \begin{bmatrix} 2x_1 & 8x_2 \end{bmatrix}^\top. \tag{1.62}$$

Por otra parte, se define la *huella* de f, por la Ecuación 1.59. Para este caso ésta es en realidad una elipse parabólica dada por la siguiente curva paramétrica:

$$c = x_1^2 + 4x_2^2, \tag{1.63}$$

donde c es un parámetro que controla la forma del contorno de esta curva. Siguiendo con este ejemplo, el vector gradiente en $\nabla f(x_1, x_2)$ corresponde con la normal de cualquier curva dada por c que pasa por ese punto[20]. La Figura 1.5 (a) ilustra la superficie de la función 1.59, mientras que la Figura 1.5 (b) presenta tres curvas dadas por $c = 1.0$, $c = 10.0$, y $c = 20.0$.

En la Figura 1.5 (b), se muestran los vectores gradientes para los puntos $p_1(1, 0)$, $p_2(0, 1/4)$, y $p_3(1/2, 15/64)$. Naturalmente, el gradiente del punto óptimo $p_{opt}(0, 0)$ es $\begin{bmatrix} 0 & 0 \end{bmatrix}^\top$.

[20] Se puede entender que c es un plano que corta en y la superficie generada por la función f.

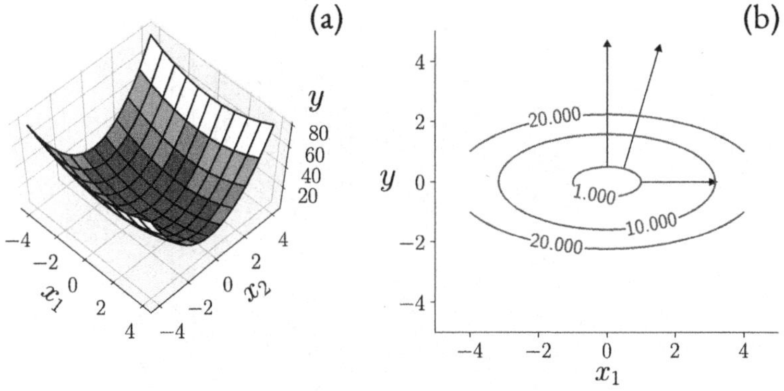

Figura 1.5: Gráfica de $f(x_1, x_2) = x_1^2 + 4x_2^2$: (a) gráfica de superficie 3D, y (b) gráfica de contorno para $c = 1$, $c = 10$, y $c = 20$.

El gradiente de una función es muy importante en la búsqueda de los óptimos de la misma cuando ésta tiene dos o más argumentos. Por ejemplo, la Figura 1.6 muestra el caso general del gradiente para la función f en distintos puntos de x_1 y x_2. Se observa que el gradiente, es un vector en punto dado.

Además, en Machine Learning, el gradiente se analiza repetidamente para encontrar valores cercanos al óptimo de una *función de error*, por lo que es un elemento clave en los modelos basados en redes neuronales artificiales, pues éste provee información para modificar los valores de sus parámetros, y así que se logre la representación de un conjunto de datos. Un modelo podría tener miles, incluso millones de parámetros, por lo que hacer el cálculo del gradiente en forma manual y en esas condiciones, resultaría una tarea imposible. Por esta razón, existen algoritmos y técnicas que permiten calcular automáticamente las derivadas y gradientes de una función para múltiples puntos de las mismas.

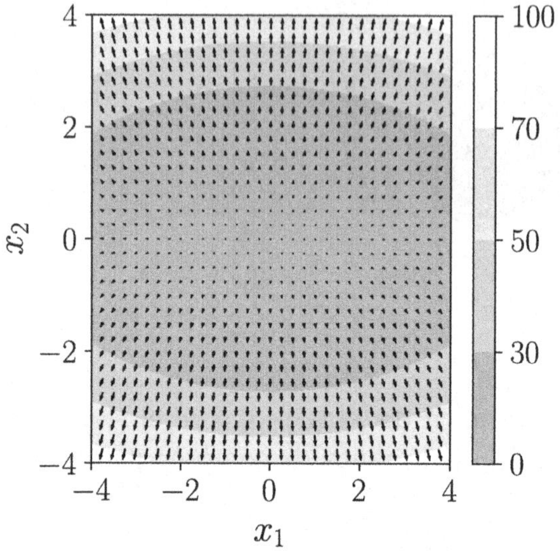

Figura 1.6: Gráfica del vector $\nabla f(x_1, x_2) = \begin{bmatrix} 2x_1 & 8x_2 \end{bmatrix}^\top$ para distintos puntos de la función $f(x_1, x_2)$.

1.3.7. Diferenciación automática

La **diferenciación automática** (también llamada diferenciación computacional) se refiere a un conjunto de técnicas que pueden calcular automáticamente la derivada de una función aplicando repetidamente la regla de la cadena. Prácticamente se refiere a una forma general de un programa que calcula un valor y construye automáticamente un procedimiento para calcular las derivadas de ese valor.

Ahora que se sabe qué es una derivada y qué es el gradiente, es posible usar algoritmos y técnicas de diferenciación a un alto nivel para llevar a cabo su cálculo. En TensorFlow se cuenta con la interfaz `tf.GradientTape`, la cual provee una manera eficaz para ese propósito. Por ejemplo, para la función descrita por la Ecuación 1.59, el siguiente ejemplo obtiene la derivada de $\partial y/\partial x_1$ y $\partial y/\partial x_2$ en el punto $x_1 = 1.0$ y $x_2 = 3.0$:

```
# Cap. 1 - Programa 11
import numpy as np
import tensorflow as tf

# Crea dos variables para x_1 = 1.0 y x_2 = 3.0
x_1 = tf.Variable(1.0)
x_2 = tf.Variable(3.0)

# declaracion del diferenciador como tape
with tf.GradientTape(persistent=True) as tape:
  y = x_1**2 + 4*x_2**2

# derivacion de la y respecto de x_1 y x_2
dy_dx_1 = tape.gradient(y, x_1)
dy_dx_2 = tape.gradient(y, x_2)

# imprimir en pantalla los gradientes evaluados
# en los puntos 1 y 3
print(dy_dx_1.numpy())
print(dy_dx_2.numpy())

# construccion del vector gradiente
# en los puntos x_1 = 1.0 y x_2 = 3.0
grad = np.array([dy_dx_1.numpy(), dy_dx_2.numpy()])

# imprimir el gradiente en pantalla
print(grad)
```

El programa anterior arroja el siguiente resultado:

```
2.0
24.0
[ 2. 24.]
Process finished with exit code 0
```

El resultado que plantea este programa puede ser constatado de forma manual evaluando $x_1 = 1.0$ y $x_2 = 3.0$ en ∇f, tal que:

$$\nabla f(x_1 = 1.0, x_2 = 3.0) = \begin{bmatrix} 2 * 1.0 \\ 8 * 3.0 \end{bmatrix} = \begin{bmatrix} 2.0 \\ 24.0 \end{bmatrix}. \qquad (1.64)$$

El cálculo automático del gradiente de f puede aplicarse en cualquier punto x_1 y x_2, o incluso se puede trabajar con otra función. Este método automático puede utilizarse para encontrar el óptimo de una función o para buscar los parámetros de una red neuronal artificial. Siempre se debe tener en cuenta que la diferenciación automática muestra su mayor potencial en el entrenamiento de modelos, ya que la optimización de una función puede lograrse mediante otras técnicas que no se mencionan en este texto (cuando están disponibles, por ejemplo, se pueden utilizar reglas de derivación para encontrar valores óptimos de una función).

1.4. Probabilidad y estadística

Aun cuando el cálculo y el álgebra lineal proveen herramientas poderosas para modelar una regularidad observada en la naturaleza o un fenómeno de interés, la probabilidad y la estadística ofrecen herramientas para estudiar la incertidumbre inherente a la misma. Esta última sección presenta los conceptos más básicos de la probabilidad y la estadística. Por ser campos de estudio vastos y profundos, sólo se aborda aquello que se usará en el siguiente capítulo. Así, aquí se define qué es una variable aleatoria, así como se introducen los conceptos esenciales de las medidas estadísticas de un conjunto de datos.

1.4.1. Variables aleatorias

Una **variable aleatoria** representa el posible resultado de un experimento o un evento. Por **experimento**, se entiende a la acción de provocar un cambio en las condiciones de un sistema, para observar el efecto en sus resultados o respuesta, con el único propósito de aumentar el conocimiento sobre el mismo;[21] por **evento** se entiende al conjunto de uno o más resultados de un experimento. Por otra parte, la palabra **observación** no sólo es el acto de revisar y registrar un resultado, sino el objeto mismo del resultado de un experimento (para un resultado numérico, es su valor y a qué condiciones se dio o se obtuvo). Por ejemplo, una observación es el resultado singular de lanzar al aire un dado.

A *todos los posibles resultados* de un experimento se le conoce como **espacio muestral** Ω. Éste no debe confundirse con las observaciones registradas durante un experimento (evento). Por ejemplo, sí un dado que se arroja al aire, suponga que éste se lanza seis veces y en ninguna de ellas se obtiene la cara marcada con el número 5; aun así, el espacio muestral de este caso es $\Omega = \{1, 2, 3, 4, 5, 6\}$, porque existe una probabilidad de obtener el número cinco en el próximo lanzamiento. Sobre la probabilidad, hablando en términos generales, se puede definir como un valor medido entre el intervalo $[0, 1]$ para describir la posibilidad de que ocurra un evento. Por esta razón, cada valor de la variable aleatoria se representa con una probabilidad de ocurrencia.

[21]Recordando el ejemplo de la estudiante de ciencias que lanza una roca desde un acantilado, en ese caso, interesa saber la velocidad de la misma dado cierto tiempo antes de que impacte contra el suelo; un modelo de dicho evento es, básicamente, conocimiento sobre el mismo. Lo que en esencia, cuando se tiene, permite conocer la velocidad de la roca sin necesidad de salir de la comodidad de la oficina o del laboratorio.

Ejemplos de una variable aleatoria pueden ser:

- La resistencia a la tensión s_y de un lote de barras de acero de denominación 1040.
- El número caras de una moneda lanzada diez veces durante un experimento.
- El número N_a de automóviles que cruzan el puente Golden Gate de San Francisco, de 6:00 a 7:00 horas cada día domingo de la semana.
- Los kilómetros que corre una persona entusiasta del ejercicio cada semana de un año.

Una variable aleatoria corresponde a los valores de un evento, observación o experimento. Se les representa por medio de letras del alfabeto latino en itálicas, por ejemplo x o X. Así, la probabilidad de que ocurra x se denota por $P(x)$.

Una variable aleatoria además, puede clasificarse en (i) **variable discreta** o (ii) **variable continua**. De la lista anterior, los ejemplos de variables discretas son (2), (3), y (5); ejemplos de variables continuas son (1) y (4).

Finalmente, la **distribución de probabilidad** de una variable aleatoria, sea discreta o continua, describe las probabilidades de los posibles valores de la misma, así como la ocurrencia de los individuos o ejemplos de una clase en específico; es decir, ésta describe a una **población**.

Usualmente, estas distribuciones tema central de la estadística clásica, y se representan por medio de gráficas que permiten caracterizar la probabilidad de ocurrencia de una variable, a manera de un diagrama. Estas gráficas se obtienen por medio de una **función de masa de probabilidad**, para variables discretas, y una **función de densidad de probabilidad**, para variables continuas.

1.4.2. Función de probabilidad de una variable discreta

Una función de masa de probabilidad, también conocida como *función probabilidad para una variable discreta* o **distribución discreta**, hace la descripción de la probabilidad de que ocurra el valor de una variable discreta (ver Figura 1.7).

Dado que los valores de una variable discreta pertenecen a conjuntos contables, como los números naturales $\mathbb{N}$, o un conjunto de clases definidas (por ejemplo, los colores de un abrigo $negro$, $azul$, $verde$), en realidad las probabilidades de este tipo de variables son una lista de las probabilidades definidas por cada *clase*.

Por ejemplo, la probabilidad del resultado de obtener el número 6 en un lanzamiento de un dado se describe por $P(x = 6) = 1/6$. Para confirmar que efectivamente $1/6$ es la probabilidad de obtener 6 en un lanzamiento, se debe asumir que el dado no está cargado, es decir, que todas las caras tienen la misma probabilidad de ser obtenidas.

En forma de ecuación, se tiene que:

$$P(x) = \frac{\#\quad casos \quad favorables}{\#\quad casos \quad totales}, \tag{1.65}$$

y para el caso planteado arriba, de obtener el número 6 en un dado, se tiene que:

$$P(x = 6) = \frac{1}{6}. \tag{1.66}$$

La distribución de una variable discreta no tiene por qué ser necesariamente uniforme, depende del fenómeno que se estudia, ésta puede adoptar una distribución diferente. Ejemplos de distribuciones de probabilidad discreta pueden ser pueden ser:

- Distribución binomial.
- Distribución multinomial.
- Distribución de Poisson.

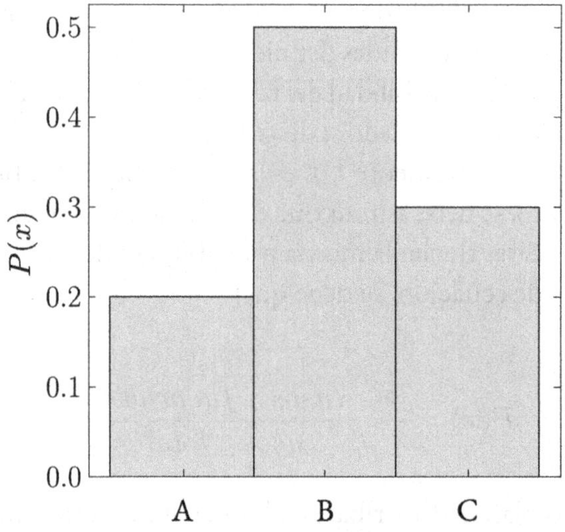

Figura 1.7: Ejemplo de una distribución de probabilidad discreta. Donde A, B y C representan eventos discretos.

Las funciones de probabilidad discreta son útiles cuando se pretende, por ejemplo, definir la probabilidad de que los datos de un vector de características correspondan a una clase de algún tipo particular de objeto (como total de pétalos de una flor).

1.4.3. Función de probabilidad de una variable continua

Ya que una variable continua puede asumir una cantidad infinita de valores en un rango $[a, b]$ para $b > a$, entonces la probabilidad de su ocurrencia está dada por una distribución continua como la que se presenta en la Figura 1.8. Más aún, la probabilidad de ocurrencia de una variable continua siempre se calcula suponiendo un rango de valores, tal que $P(a \geq x \geq b)$ se obtiene de la siguiente manera:

$$P(a \geq x \geq b) = \int_a^b f(x)dx, \tag{1.67}$$

donde $f(x)$ es una función de densidad de probabilidad, la cual se supone o se ajusta cuando se tienen las observaciones de un experimento dado. Además, la integral de la Ecuación 1.66 no es sino sólo el área bajo la curva de la función de distribución continua, y ésta es la probabilidad de que una observación ocurra dentro del rango que la delimita.

Ejemplos de funciones de distribución continua son:

- Distribución normal.
- Distribución gamma.
- Distribución exponencial.
- Distribución χ^2 (chi-cuadrada).
- Distribución de Weibull.

En la práctica, es común que toda variable continua se asuma que siga una distribución normal (véase la Figura 1.8).

Aunque no siempre sea el caso, en la mayoría de las ocasiones se acepta esa situación, pues de acuerdo con el *teorema de límite central*, es posible medir valores de la variable y tras una serie de repeticiones,

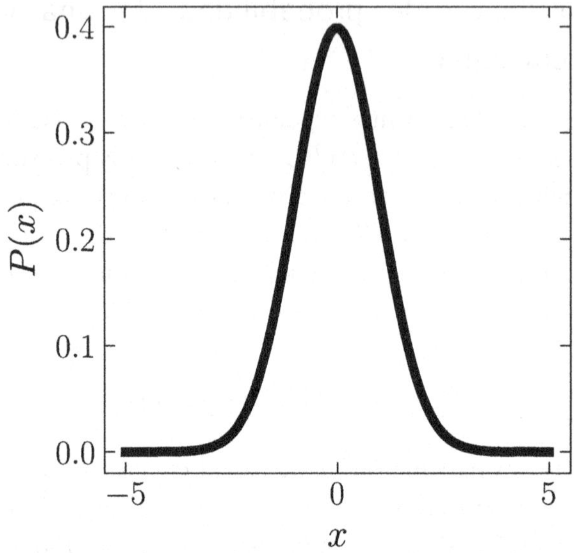

Figura 1.8: Ejemplo de una distribución de probabilidad continua de clase gaussiana $\mathcal{N}(\mu, \sigma)$, para valores de $\mu = 0$ y $\sigma = 1$.

se podría observar esa regularidad en las variables (que se distribuyen normalmente). Esto es importante para el caso cuando se analiza la naturaleza de las variables que pudiesen afectar la respuesta que se pretende modelar de un fenómeno. Esta obra no toca esa clase de análisis, pero en la práctica científica, que es donde esto cobra bastante relevancia y es de mayor importancia, la forma en que se distribuye una variable es algo que debe investigarse desde un inicio.

1.4.4. Medidas de tendencia central y de variabilidad

La esperanza matemática, también llamada **media** o valor esperado, de una variable aleatoria x se denota por:

$$\mathbb{E}(x) = \mu = \sum_{x} x f(x) \qquad \text{si } x \text{ es discreta}\,, \tag{1.68}$$

$$\mathbb{E}(x) = \mu = \int_{-\infty}^{\infty} x f(x) dx \qquad \text{si } x \text{ es continua}\,, \tag{1.69}$$

donde $f(x)$ es una función de distribución de probabilidad. Así, la esperanza matemática, para una variable aleatoria, se calcula a través de una función de probabilidad que se supone para la variabilidad intrínseca de la misma.

La media es un valor muy importante en la estadística, puesto que determina el valor central respecto del cual una variable puede presentar variaciones; es decir, es el valor que describe el centro de una función de probabilidad. Por esta razón, se dice que la media es una *medida de tendencia central* de un sistema.

Por otra parte, de una distribución de probabilidad no sólo es importante conocer su valor central, sino medir la variabilidad que puede adoptar X; es decir, interesa una medida para saber qué tan alejados estarían los datos respecto del centro. Existen dos medidas fundamentales para tal propósito: (a) varianza y (b) desviación estándar.

La **varianza** de una variable aleatoria X está dada por:

$$\sigma^2 = \mathbb{E}[(x-\mu)^2] = \sum_x (x-\mu)^2 f(x) \qquad \text{si } x \text{ es discreta} \tag{1.70}$$

$$\sigma^2 = \mathbb{E}[(x-\mu)^2] = \int_{-\infty}^{\infty} (x-\mu)^2 f(x)dx \qquad \text{si } x \text{ es continua} \tag{1.71}$$

La **desviación estándar** es igual a:

$$\bar{\sigma} = \sqrt{\mathbb{E}[(x-\mu)^2]}, \tag{1.72}$$

la cual es una medida más utilizada que la varianza, pues sus unidades son lineales, lo que permite comprender más fácilmente qué tanta variación tiene una variable aleatoria x.

A μ, $\bar{\sigma}^2$ y $\bar{\sigma}$ se le conoce como **parámetros de una población**, ya que se refiere al conjunto de todos los *elementos individuales* de una clase (en este caso, aquellos que representa x). Éstos no siempre son conocidos, y de hecho, cuando una población es infinita, deben ser inferidos a través de la cuidadosa selección y contabilización de una o varias muestras de datos. Así, la parte que trata de *inferir* la forma, medidas y parámetros de una población lleva por nombre estadística inferencial.

1.4.5. Medidas estadísticas de una muestra de datos

Se llama **muestra de datos** a la colección o conjunto de datos $\{x_1, x_2, \ldots, x_n\}$ obtenida a través la experimentación o la cuidadosa observación de un evento que se repite n veces, con la cual se pretende representar el comportamiento de una población para inferir sobre sus parámetros. Sobre esto, se infiere porque no siempre es posible obtener un parámetro dado que una población involucra todos los individuos o elementos de la misma (no es posible, por ejemplo, conocer los parámetros de la resistencia a la tensión de todas las barras de acero producidas por un fabricante).

Dado un conjunto de datos $\{x_1, x_2, \ldots, x_n\}$ que corresponden una muestra de una población desconocida $\mathcal{P}$, su **media muestral** está dada por la siguiente ecuación:

$$\bar{x} = \frac{1}{n}\sum_{i=1}^{n} x_i, \tag{1.73}$$

donde n es un escalar que describe el tamaño total de la muestra.

La mediana $\tilde{x}$ es el valor que separa los valores más altos y los valores más bajos existentes en un conjunto muestral como $\mathbf{x}$. En términos geométricos, la mediana es el dato que refiere al valor central de un conjunto del tipo $\mathbf{x}$ con datos ordenados de menos a más. La ecuación para la mediana es la siguiente:

$$\tilde{x} = \begin{cases} x_{(n+1)/2} & \text{si} \quad n \text{ es impar} \\ \frac{x_{n/2}+x_{(n/2)+1}}{2} & \text{si} \quad n \text{ es par} \end{cases}. \tag{1.74}$$

La moda Mo es el valor que más se repite en el conjunto de datos $\mathbf{x}$.Aunque no existe una ecuación directa para obtener Mo de una muestra, en Python, diferentes librerías como NumPy o Pandas tienen incorporadas funciones que permiten su obtención.

La desviación estándar $\bar{s}$ de una muestra como $\mathbf{x}$ está dada por la siguiente ecuación:

$$\bar{s} = \sqrt{\frac{\sum_{i=1}^{n}(x_i - \bar{x})^2}{n-1}}. \tag{1.75}$$

La desviación estándar s es una *medida de variación* de los datos de una muestra $\{x_1, x_2, \ldots, x_n\}$.

La varianza de los datos en un conjunto como **x** es simplemente el cuadrado de la desviación estándar, de la siguiente manera:

$$\bar{s}^2 = \frac{\sum_{i=1}^{n}(x_i - \bar{x})^2}{n-1}. \qquad (1.76)$$

En semejanza a los parámetros de una población, $\bar{x}$, s, y s^2 llevan por nombre **estadísticos** de una muestra y resumen, igualmente información sobre su comportamiento.

Considerando la siguiente muestra para la variable x:

$$x = \{1, 3, 1, 2, 2, 4\}. \qquad (1.77)$$

El siguiente programa utiliza las funciones `mean()` y `std()` de NumPy para calcular tanto la media muestral $\bar{x}$ como la desviación estándar muestral $\bar{s}_x$:

```
# Cap. 1 - Programa 12
import numpy as np

# muestra de datos
x = [1, 3, 1, 2, 2, 4]

# media y desviación estandar
# muestrales
media_x = np.mean(x)
desvest_x = np.std(x, ddof=1)

print(media_x, desvest_x)
```

El resultado del Programa 1.12 es para $\bar{x}$ un valor de `2.166` y para $\bar{s}_x$ un valor de `1.169`. Cabe mencionar y resaltar que al tenerse una muestra de datos, en la función `std()` seguido de la muestra, se pasa como argumento `ddof=1` para obtener la desviación estándar muestral (en ausencia de este argumento, lo que se calcularía sería la media poblacional μ).

Es fundamental señalar que la mayoría de los paquetes y módulos empleados en el ámbito del aprendizaje automático integran funciones para el cálculo automático de medidas estadísticas básicas. De ahí la importancia de distinguir adecuadamente entre ellas y comprender sus definiciones, tal como se ha elucidado en la presente sección.

1.5. Resumen del capítulo

A lo largo de este capítulo, se han abordado las herramientas y principios matemáticos fundamentales que respaldarán el desarrollo de modelos basados en redes neuronales artificiales en las secciones subsiguientes del libro. Se ha delineado la naturaleza de las estructuras de datos, su representación mediante un lenguaje de programación y cómo constituyen la base para la manipulación de arreglos y tensores en el ámbito del álgebra lineal. Posteriormente, se ha examinado la derivación de funciones para hallar sus mínimos, las cuales, a su vez, pueden ser diseñadas para aceptar y trabajar con estructuras de datos de alto orden, como es el caso de los tensores.

La última sección de este capítulo se dedicó a la revisión de conceptos de gran relevancia en el ámbito de la probabilidad y la estadística. Es ampliamente reconocido que al analizar un fenómeno, y en particular una respuesta derivada de este, su manifestación no siempre es consistente y presenta variabilidad. En consecuencia, recae en el investigador, ingeniero o profesional interesado en modelar dicho fenómeno, la responsabilidad de comprender dicha variabilidad con el fin de realizar una aproximación más precisa de su comportamiento. Esta premisa también es aplicable al caso específico de las redes neuronales artificiales, lo que subraya la importancia de haber introducido nociones matemáticas en este apartado.

1.6. Problemas

1.1. Dados los tensores de segundo orden $\mathbf{A}$ y $\mathbf{B}$, desarrolle un programa en Python y obtenga el producto Hadamard de $\mathbf{A} \odot \mathbf{B}$.

$$\mathbf{A} = \begin{bmatrix} 3 & 16 & 22 \\ 5 & 18 & 24 \\ 10 & 5 & 1 \end{bmatrix},$$

$$\mathbf{B} = \begin{bmatrix} 6 & 3 & 6 \\ 3 & 3 & 3 \\ 6 & 3 & 6 \end{bmatrix}.$$

Pista: use la función `multiply()` *de NumPy.*

1.2. Resuelva el Problema 1.1. almacene el resultado en un nuevo tensor $\mathbf{C}$. Luego obtenga los valores máximos y mínimos de sus elementos a través de un programa de Python.

Pista: use las funciones `min()` *y* `max()` *de NumPy.*

1.3. Suponga el siguiente vector $\mathbf{a}$:

$$\mathbf{a} = \begin{bmatrix} 5 \\ 4 \\ 3 \end{bmatrix}.$$

Cree un nuevo programa en Python donde se asigne a un nuevo tensor $\mathbf{D}$, la operación de concatenar $\mathbf{a}$ como cuarta columna del tensor **C** del Problema 1.2. Imprima en pantalla la forma, el tamaño y la dimensión de **D**.

Pista: use la función `hstack()` *de NumPy.*

1.4. Modifique el programa del Problema 1.3. para crear un nuevo vector **e** que se obtenga a partir de la operación $\mathbf{u}^\top \mathbf{D}$, donde **u** es un vector con elementos iguales a la unidad. Nota: **u** debe tener un tamaño igual al número de renglones del tensor **D**.

Pista: use las funciones de Numpy `ones()` *para crear el vector y* `dot()` *para hacer la multiplicación.*

1.5. Cree un nuevo programa de Python en el que se defina una función llamada `tensor_por_escalar`, la cual tome como argumentos un tensor de segundo orden y un escalar, y luego se obtenga la suma de todos los elementos del tensor y regrese su multiplicación con respecto del escalar. Use el siguiente tensor **K** y $k = 3$:

$$\mathbf{K} = \begin{bmatrix} 3 & 2 & 1 \\ 2 & 3 & 2 \\ 1 & 2 & 3 \end{bmatrix}.$$

Pista: declare la función `tensor_por_escalar` *y dentro de la misma use el método* `sum()` *del tensor NumPy para hacer la operación.*

1.6. Dado el tensor **K** del Problema 1.5., explique la diferencia entre obtener la suma de sus elementos por medio de `K.sum()`, y la función de NumPy `np.sum(K)`.

1.7. A partir del tensor **D** del Problema 1.3., asigne dos vectores **c** y **d**, los cuales estén compuestos de los primeros tres elementos de la primera y última columnas del mismo.

Pista: use operaciones de rebanado e indizado.

1.8. Dada la siguiente función de dos variables x_1 y x_2,

$$f(x_1, x_2) = x_1^2 - x_1x_2 + 3x_2^2,$$

(i) Obtenga la expresión del vector gradiente.

(ii) Describa el vector gradiente en el punto $(x_1 = 2, x_2 = 1)$.

(iii) ¿Dónde ocurre el mínimo de la función?

1.9. Cree un nuevo programa en Python y obtenga lo que se pide en el Problema 1.8. por medio de estructuras de TensorFlow y `GradientTape`.

Pista: refiérase a la sección 1.3.7. para ver cómo funciona `GradientTape`.

1.10. Obtenga lo mismo que se plantea en los problemas 1.7. y 1.8. para las siguientes funciones:

(i) $f(x_1, x_2) = 3x_1^2 - 4x_1x_2 + 2x_2^2$, para $(x_1 = -2, x_2 = 4)$.

(ii) $f(x_1, x_2) = -4x_1^4 + 4(x_1^2 - x_2^2) - 3$, para $(x_1 = 0, x_2 = -2)$.

(iii) ¿Dónde ocurren los mínimos de éstas dos funciones? Justifique su respuesta.

1.11. Dado el conjunto muestral C,

$$C = \{22.2, 20.1, 21.3, 22.5, 22.5, 22.3\}$$

Diseñe un programa en Python que obtenga lo siguiente:

(i) La media $\bar{x}$ de C.

(ii) La desviación estándar $\bar{s}_x$ de C.

Pista: use las funciones `mean()` *y* `std()` *de NumPy.*

1.12. Considere el cálculo de la media del conjunto muestras C del Problema 1.11. a través de las funciones de `np.mean()` y `np.average()`; ¿qué diferencia encuentra entre los resultados que se obtienen con una y otra estas?

1.13. Explique la diferencia entre la media de un conjunto muestral y la de una población. Sí es posible recurra a su definición matemática para tal propósito.

1.14. Suponga que x es una variable aleatoria que expresa la cantidad de medallas de oro que obtiene en pruebas de atletismo durante los juegos olímpicos. ¿Qué tipo de distribución de probabilidad describiría mejor esa variable? Justifique su respuesta.

1.15. Suponga que x es una variable aleatoria que expresa las yardas que un jugador de posición *fullback* de un equipo de fútbol americano de liga estudiantil. ¿Qué tipo de distribución de probabilidad describiría mejor esa variable? Justifique su respuesta.

Capítulo 2

Redes neuronales artificiales

«Tengo mis esperanzas, y muy claras, de conseguir algún día fenómenos cerebrales de naturaleza tal que los pueda expresar en ecuaciones matemáticas; en suma, una ley para la acción mutua de las moléculas del cerebro».

Ada Lovelace (1815 - 1852).

Siempre que una red neuronal artificial sea aplicada a un problema y cuando se tienen suficientes ejemplares de un conjunto datos para que ésta aprenda sobre ello, se dirá que es un modelo de aquello que representa. Por ejemplo, una red neuronal que aprende a detectar si en una fotografía existe o no un automóvil, se puede decir que es un modelo clasificador de automóviles en fotografías. Además, dependiendo del tamaño del conjunto de datos, así como del número de neuronas que posea un modelo de este tipo, en principio, y cuando estos son las adecuadas, una red neuronal artificial podría modelar cualquier fenómeno o problema de interés. Conviene primero, pues, describir y mencionar qué son las redes neuronales artificiales y cuáles son los métodos para construir modelos basados en éstas, que sean útiles y eficaces para una tarea dada.

En este capítulo se verá a detalle qué son las redes neuronales artificiales y cuáles son sus elementos básicos. También se describen los algoritmos que les permiten ser funcionales. Así, este capítulo es importante para todo estudiante, usuario e investigador que pretenda desarrollar tales modelos, pues presenta los principios matemáticos y algorítmicos que rigen a las redes neuronales artificiales. Así mismo, se presenta el cómo construir una red neuronal artificial *desde cero* usando el lenguaje de programación Python. Por lo que el propósito del capítulo es familiarizar al lector con los métodos y las matemáticas esenciales que le permitan crear una red neuronal y que, a su vez, le ayuden a adentrarse a modelos más sofisticados y complejos, como los que se verán en capítulos posteriores.

Debido a que cada red neuronal artificial se fundamenta en el funcionamiento de neuronas biológicas, resulta esencial comenzar con una revisión de su anatomía a nivel general. Este enfoque facilitará establecer analogías al introducir las redes neuronales artificiales, pues una neurona artificial representa un modelo simplificado de una neurona biológica. Así, el conocimiento de la estructura y el mecanismo de acción de las neuronas biológicas es importante para comprender los principios que rigen el diseño y la implementación de las redes neuronales artificiales.

2.1. Neuronas biológicas

Las neuronas constituyen las unidades fundamentales del cerebro y del sistema nervioso en los animales. En su calidad de células especializadas, son responsables de recibir y transmitir información a otras neuronas con el propósito de generar estímulos y desencadenar acciones en diversos sistemas del organismo, como el sistema meusculoesqulético.

Se dice que el conjunto de interacciones entre neuronas, así como la existencia de un sistema nervioso complejo, definen el comportamiento de un ser vivo. Poniendo el caso del cerebro humano, éste es un órgano complejo que contiene billones de neuronas, las cuales interactúan estrechamente con otros tipos de células llamadas glías y así, en todo su conjunto, rigen parte del comportamiento de una persona (Kandel et al., 2021). Esta complejidad y capacidad para coordinar funciones y comportamientos es lo que inspira el desarrollo de redes neuronales artificiales y algoritmos de Deep Learning, puesto que el desarrollo de neuronas artificiales surgió, en cierta medida, en la búsqueda de un sistema capaz de aprender y adaptarse a diferentes situaciones y entornos, tal como sucede con las redes de neuronas biológicas y el sistema nervioso de los seres vivos.

Un esquema de la disposición y forma de neuronas reales, dibujado por el médico y científico español Santiago Ramón y Cajal (Ramón y Cajal, 1899), puede observarse en la Figura 2.1. Esta figura presenta una red de neuronas del cerebelo de una paloma, también llamadas células de Purkinje, donde es posible observar que las neuronas están conectadas entre sí. Dichas conexiones son las que precisamente dan lugar a comportamientos complejos en seres vivos. Para poder entender estas conexiones a un nivel más detallado, es necesario conocer los elementos básicos de una neurona biológica.

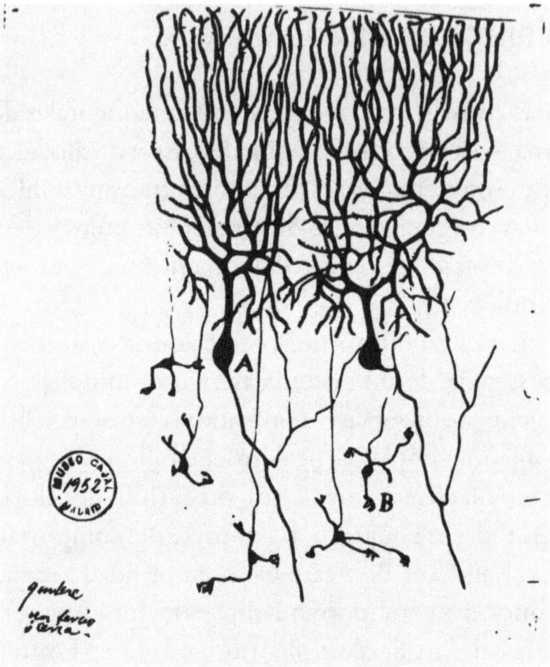

Figura 2.1: Dibujo de las células de Purkinje (A) y de las células granulares (B) del cerebelo de la paloma por Santiago Ramón y Cajal (1899).

2.1.1. Anatomía general de una neurona biológica

Una neurona biológica tiene tres partes principales: dendritas, axón y un cuerpo celular, este último también llamado soma (véase Figura 2.2). Como se puede observar, el soma es la parte central de una neurona y contiene al núcleo, que a su vez aloja la célula y el ADN, donde se generan señales que se transportan por el axón hacía las dendritas.

Las dendritas son los elementos que reciben señales electroquímicas de otras neuronas y muestran cuerpos y geometrías ramificadas, tal como se aprecia en la Figura 2.2. Las dendritas son importantes porque son los elementos en los que ocurre la conexión entre dos o más neuronas, y se pueden encontrar dos clases de estas: apicales y basales.

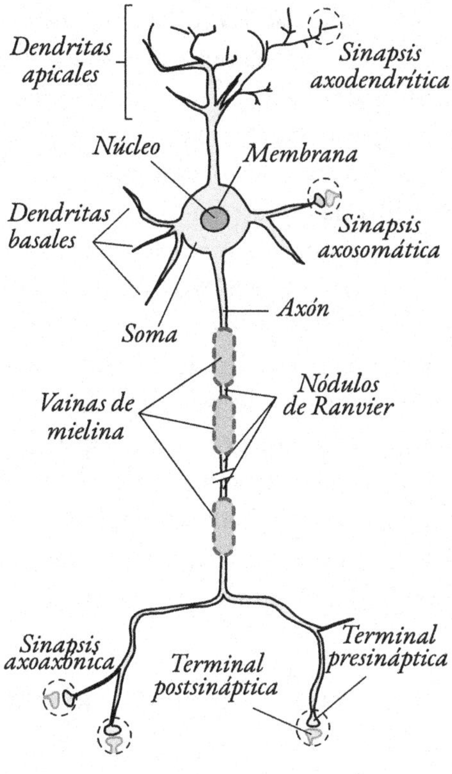

Figura 2.2: Elementos principales de una neurona biológica.

El axón es el aparato que transporta señales electroquímicas hacia otras neuronas (por ejemplo, hacia células motoras) y da lugar a terminales que se conectan con otras neuronas llamadas terminales sinápticas. Una sinapsis es la conexión entre las terminales de dos neuronas (véase las que se muestran en la Figura 2.2), y dependiendo de la región donde se da ésta, se pueden tener tres clases generales: (a) axodendrítica (se dan en dendritas apicales), (b) axosomática (en dendritas basales) y (c) axoaxónica (son salidas y ocurren al final del axón). En realidad las sinapsis estructuran una red de neuronas, pues depende de éstas si se dan las conexiones entre ellas. Por esto, y ya que por sí sola una neurona no es capaz de llevar a cabo tareas intrincadas, se requiere de una red de neuronas para que los seres vivos realicen acciones complejas. De ahí la importancia de las sinapsis, pues permiten que un ser vivo aprenda del mundo exterior.

El modelo de neurona representado en la Figura 2.2 constituye uno de los enfoques más generales, dado que, en realidad, existen diversos tipos de neuronas según su anatomía y función (Kandel et al., 2021). Sin embargo, el objetivo principal en este capítulo es describir el funcionamiento básico de las neuronas y comprender, en términos generales, cómo se transmite la información entre estas unidades biológicas a través de las sinapsis neuronales. Este conocimiento facilitará la comprensión de que una red neuronal artificial cumple propósitos similares al recibir información externa, procesarla mediante conexiones entre sus unidades y, finalmente, emitir una predicción o estimación.

2.1.2. Funcionamiento general de una neurona biológica

Las neuronas se comunican entre ellas vía *potenciales de acción* y *neurotransmisores*. Un potencial de acción lleva ese nombre porque es un cambio en el potencial eléctrico de la neurona causado por el flujo de iones que entran y salen de la membrana del núcleo de la misma. Así, una neurona dispara un potencial de acción cuando un número suficientemente grande de sinapsis de excitación se activan simultáneamente en ella, es decir, cuando se supera cierto umbral en el potencial de la membrana de una célula como consecuencia de las señales que provienen de otras neuronas (Kandel et al., 2021).

Cuando se genera un potencial de acción, una señal eléctrica se transporta a lo largo del cuerpo del axón hasta una terminación presináptica y ello desencadena la liberación de transmisores químicos moleculares llamados *neurotransmisores*. Estas moléculas atraviesan la hendidura sináptica y se unen a los receptores de la terminación postsináptica de una dendrita. A su vez, los neurotransmisores pueden excitar la neurona postsináptica, haciendo que se genere un potencial de acción propio, pero también pueden inhibir la neurona postsináptica en cuyo caso no genera un potencial de acción; es decir, la función de una neurona está caracterizada cuando recibe, procesa y emite señales electroquímicas, todo ello siempre y cuando se dé un potencial de acción. En resumen: una neurona recibe, procesa y emite señales que se pueden o no enviar a otras neuronas.

2.2. Redes neuronales artificiales

Si se trata de modelar el funcionamiento de una neurona biológica a través de elementos lógicos y expresiones matemáticas, sería posible construir redes que permitan simular el aprendizaje que se da en los sistemas biológicos reales. Esa fue la tesis de los científicos e investigadores quienes fundamentaron las redes neuronales artificiales (Rosenblatt, 1957; Hebb, 1949; McCulloch y Pitts, 1943). Y aunque ciertamente las neuronas biológicas son aparatos muy complejos a nivel celular e involucran procesos metabólicos, químicos y eléctricos de igual complejidad, desde el SIGLO XX se han venido ido trabajando modelos de sistemas de neuronas, llamados **redes**

neuronales artificiales. Estos modelos de sistemas neuronales han permitido realizar tareas complejas e investigar fenómenos naturales y sociales hasta nuestros días, en situaciones donde o no hay un modelo formal para ello, o los existentes tienen un alto grado de error de aproximación.

En esta sección, se llevará a cabo una revisión detallada de los elementos clave y bloques constructivos que dan origen a uno de los tipos más utilizados y simplificados de redes neuronales artificiales en la disciplina del Machine Learning: las redes neuronales artificiales de retropropagación. Se analizarán sus características principales, así como su estructura y funcionamiento, con el propósito de proporcionar una base sólida para comprender su aplicación en diversos problemas y contextos dentro del campo del aprendizaje automático.

2.2.1. Anatomía general de una red neuronal artificial

Las redes neuronales artificiales consisten en varias unidades interconectadas llamadas *neuronas artificiales*, las cuales, al igual que sus contrapartes biológicas, reciben información de otras neuronas y, si ésta es lo suficientemente significativa, generan una salida que se transmite a otras neuronas artificiales. Dichas conexiones se denominan en el ambiente del Machine Learning como **pesos** y refieren a qué tan fuerte o débil es la conexión entre las neuronas.[22] Así, haciendo el símil, en el plano biológico la fuerza de la conexión entre una **neurona artificial** y otra viene determinada por el número

[22] Esta palabra proviene directamente del trabajo original de Rosenblatt en 1963 (Rosenblatt, 1963) y el término proviene de la palabra inglesa *weights*, que señala qué tan ponderada es la relación existente entre neuronas dentro de una red neuronal artificial.

y la fuerza de las sinapsis entre ellas; mientras en el plano artificial, la fuerza de la conexión se representa mediante un peso, que es un valor numérico como se describirá en las próximas secciones.

La Figura 2.3 muestra un esquema típicamente utilizado para representar una redes neuronal artificial del tipo de retropropagación, donde las neuronas artificiales están dispuestas por grupos llamados **capas.**[23] En la Figura 2.3, las neuronas se representan por medio de círculos grises y blancos en los que convergen y salen flechas; éstas flechas, a su vez, representan el flujo de la información.

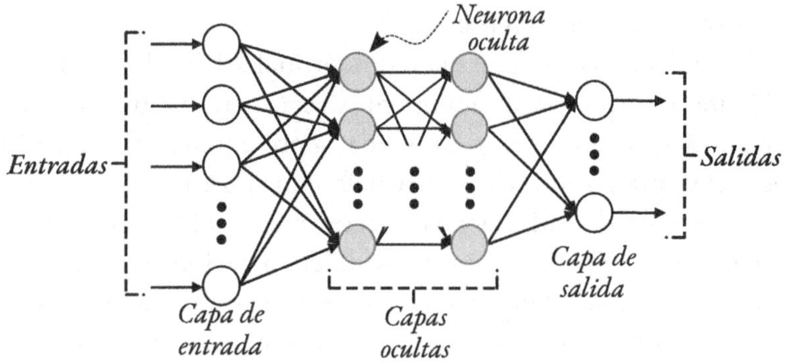

Figura 2.3: Ejemplo de una red neuronal artificial.

Por otra parte, las capas se representan por columnas de neuronas y se ordenan de izquierda a derecha. La primera y la última capa se denominan, respectivamente, *capa de entrada* y *capa de salida*, las cuales contienen las entradas y salidas de información de datos que pretenden procesar. A su vez, las capas intermedias se denominan *capas ocultas*; en estas capas se encuentran las neuronas ocultas, de las cuales se optimizan sus parámetros.

[23] Del anglicismo *layers*, el cual hace referencia a un espacio lógico en donde se alojan un cierto número de neuronas artificiales, y que se conecta con otras capas a través de los pesos.

Una red neuronal artificial como la anteriormente mostrada en la Figura 2.3 es también llamada **perceptrón multicapa**, y a todo el conjunto de sus elementos se les conoce como **arquitectura de una red neuronal artificial**. Además, como modelos computacionales, las redes neuronales artificiales *representan* los datos contenidos en un conjunto $\mathcal{S}$, el cual es una colección de la respuesta de un determinado fenómeno de estudio. En este sentido se puede decir que estos modelos funcionan mediante un sistema de **características/objetivos**, donde las características se refieren a las variables estudiadas de un fenómeno (variables de entrada) y los objetivos a sus respuestas (salidas).

Por ejemplo, considérese la red neuronal artificial ilustrada en la Figura 2.4, que clasifica alimentos según sus atributos (color, porcentaje de grasa y peso). Las salidas representan probabilidades, que se interpretan como la pertenencia a una clase dada respecto de valores de entrada dadas ciertas características. Si bien en capítulos posteriores se abordarán modelos de clasificación, por ahora es suficiente entender la organización de entradas y salidas en una red neuronal artificial para estimar una clase o predecir el estado de un fenómeno.

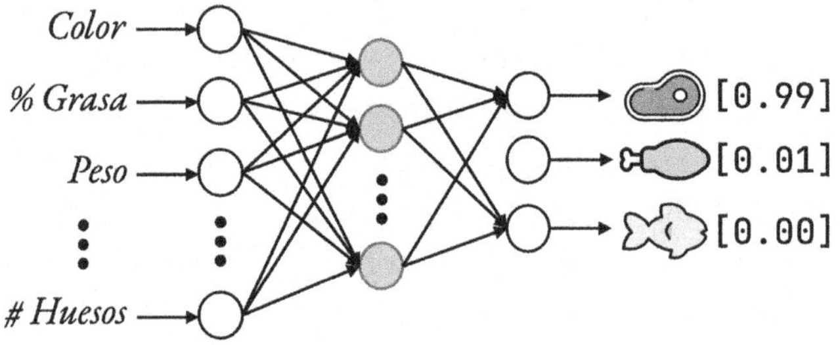

Figura 2.4: Ejemplo de un modelo clasificador de comida basado en una red neuronal artificial.

También, como ya se ha dicho las redes neuronales artificiales son modelos y el problema o el fenómeno de estudio donde se apliquen determinará no sólo su tipo y clase de arquitectura, sino que, como se verá más adelante, también incidirá directamente sobre el tipo de algoritmos que se usarán para su consecuente entrenamiento. Algo fundamental de ello es identificar los elementos de las redes neuronales artificiales, así como las expresiones matemáticas que describen su funcionamiento.

2.3. Matemáticas de una red neuronal artificial

Cuando se habla de la *construcción* y *entrenamiento* de una red neuronal artificial, ello es en realidad una referencia al proceso de búsqueda y *calibración* del modelo potencial que describa la relación entre las entradas y salidas de un fenómeno, empleando valores de entrada correspondientes a las variables en estudio. Esto se hace mediante el uso de los datos existentes almacenados en un **conjunto de entrenamiento** $\mathcal{S}$, el cual puede ser descrito de la siguiente forma:

$$\mathcal{S} = \{(\mathbf{x}^{(i)}, \mathbf{y}^{(i)})\}_{i=1}^{N}, \tag{2.1}$$

donde $\mathbf{x}^{(i)}$ es el i-ésimo vector que agrupa las entradas de una red; $\mathbf{y}^{(i)}$ es el i-ésimo vector de respuesta, el cual agrupa los valores de las salidas que se pretenden modelar;[24] y N es el total del conjunto de datos, o bien, el total de pares de vectores de características y vectores de salidas. Por ejemplo, el primer vector de entradas $\mathbf{x}^{(1)}$ de un conjunto de

[24] Es fundamental no confundir el superíndice (i) con un exponente. A partir de este punto, cuando se encuentre una expresión que incluya un superíndice entre paréntesis, ello indicará que dicho elemento se encuentra ordenado y numerado, o bien, posee una posición determinada en un modelo.

datos $\mathcal{S}$, con tres características x_1, x_2 y x_3, estaría matemáticamente descrito por la siguiente ecuación:

$$\mathbf{x}^{(1)} = \begin{bmatrix} x_1^{(1)} \\ x_2^{(1)} \\ x_3^{(1)} \end{bmatrix}, \tag{2.2}$$

donde los subíndices indican la característica o variable de entrada y los superíndices se refieren a un ejemplar o caso de entrenamiento. En este caso, el primero de un conjunto $\mathcal{S}$ dado. Además, un vector puede alojar D características para describir un objeto o fenómeno, tal que:

$$\mathbf{x}^{(i)} = \begin{bmatrix} x_1^{(i)} \\ \vdots \\ x_D^{(i)} \end{bmatrix}, \tag{2.3}$$

donde la literal D se usa para referirse al la *dimension* o tamaño de dicho vector.

Además, un vector de salidas u objetivos $\mathbf{y}^{(i)}$, puede representarse por medio de la siguiente expresión:

$$\mathbf{y}^{(i)} = \begin{bmatrix} y_1^{(i)} \\ \vdots \\ y_O^{(i)} \end{bmatrix}, \tag{2.4}$$

donde se usa la literal O en el subíndice para referirse al total de salidas u objetivos. Un ejemplo de la estructura de datos para un tensor $\mathbf{X}$ que agrupa vectores de características y un vector $\mathbf{y}$ de salidas en código se muestra en la Figura 2.5, donde se observan los índices a los que corresponde cada una de dichas estructuras (es importante notar que en este ejemplo, $D = 3$ y i adquiere valores hasta un valor máximo de tres).

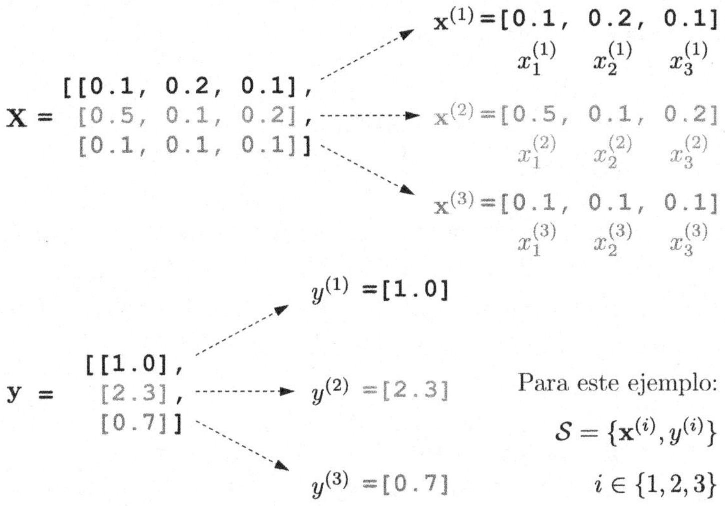

Figura 2.5: Ejemplo de un conjunto de datos creado a partir de un tensor $\mathbf{X}$ de entradas y un vector de salidas $\mathbf{y}$.

Un modelo de red neuronal artificial se entrena usando los pares ordenados $\mathbf{x}^{(i)}$ y $\mathbf{y}^{(i)}$ en un conjunto de datos $\mathcal{S}$, de tal suerte que con ello se obtienen **estimaciones** o **predicciones**, las cuales se agrupan en un vector de predicciones descrito por $\hat{\mathbf{y}}^{(i)}$:

$$\hat{\mathbf{y}}^{(i)} = \begin{bmatrix} \hat{y}_1^{(i)} \\ \vdots \\ \hat{y}_O^{(i)} \end{bmatrix} . \tag{2.5}$$

Resulta crucial diferenciar la notación de los vectores $\mathbf{y}^{(i)}$ y $\hat{\mathbf{y}}^{(i)}$. El primero corresponde a datos verdaderos obtenidos mediante experimentación u observación, motivo por el cual este vector no incluye el símbolo del acento circunflejo «$\hat{\cdot}$». Por otro lado, en el caso de las estimaciones o predicciones generadas por un modelo de red neuronal artificial, se distinguirá siempre un vector de salidas mediante la inclusión del acento circunflejo.

2.3.1. Variables matemáticas en una neurona artificial

La Figura 2.6 (a) muestra la arquitectura general de una red neuronal artificial con una sola capa oculta y la Figura 2.6 (b) muestra a detalle los elementos de una neurona oculta (en este caso la primera neurona oculta de la única capa oculta del modelo que esta figura ilustra).[25]

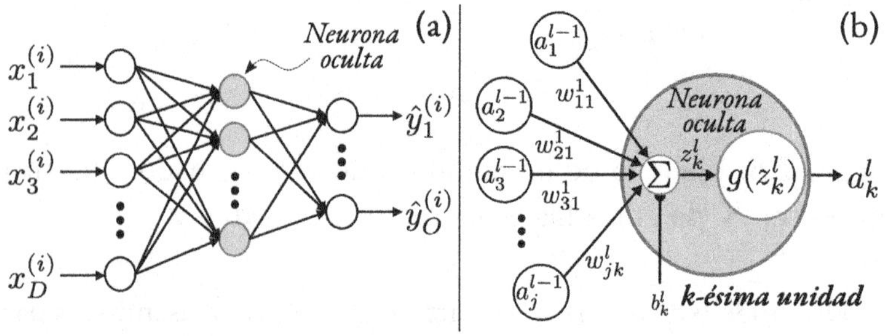

Figura 2.6: Ejemplo de una red neuronal artificial con una capa oculta: (a) arquitectura general, y (b) neurona oculta. Donde: k es la neurona de la capa l; j es la neurona de la capa previa conectada con la neurona k (por eso jk en los subíndices); $l-1$ indica la capa previa.

[25]De hecho, la neurona oculta constituye el componente más relevante en una red neuronal artificial. Por consiguiente, entender su funcionamiento facilitará la utilización de modelos previamente desarrollados en bibliotecas de código abierto (*open source*).

Refiriendo el funcionamiento general de una neurona biológica real, se recordará que un ejemplar de esta clase trabaja procesando señales electroquímicas que recibe de otras neuronas. En el caso de una neurona artificial las señales con las que ésta trabaja pueden ser, o bien las entradas de un modelo, o las salidas de otras neuronas artificiales. Como se ha visto, las entradas están descritas por el vector de características $\mathbf{x}$, pero las señales que emite una neurona se conocen como **activaciones** y se describen por medio de la siguiente expresión:

$$a_k^{(l)} = g(z_k^{(l)}), \tag{2.6}$$

donde a se refiere a la activación de una k-ésima neurona ubicada en la l capa de una red neuronal, $g(\cdot)$ es referida como función de activación, y z_k^l es una combinación lineal de la información que llega a una neurona oculta, la cual se rige por medio de la siguiente expresión:

$$z_k^{(l)} = \sum_{j=1}^{r-1} w_{jk}^{(l)} a_j^{(l-1)} + b_k^{(l)}, \tag{2.7}$$

donde j representa la j-ésima neurona de la capa previa $(l-1)$; $w_{jk}^{(l)}$ denota los pesos o sinapsis entre neuronas; $r-1$ es el número total de neuronas o entradas en la capa anterior y $b_k^{(l)}$ corresponde a un valor denominado sesgo. Una alternativa común, debido a su practicidad en la implementación, consiste en reescribir las ecuaciones 2.6 y 2.7 en su forma vectorizada para cada capa, es decir:

$$\mathbf{a}^{(l)} = g(\mathbf{z}^{(l)}), \tag{2.8}$$

$$\mathbf{z}^{(l)} = \mathbf{W}^{(l)}\mathbf{a}^{(l-1)} + \mathbf{b}^{(l)}. \tag{2.9}$$

Un examen y análisis minucioso de las ecuaciones 2.8 y 2.9 revela que, en cada capa, se hallan un vector de activaciones, un vector de sesgos y una matriz de pesos. Estos arreglos establecen relaciones entre las neuronas actuales (l) y las neuronas de una capa previa $(l - 1)$. Es crucial destacar este último aspecto, ya que, de esta manera, se describe e ilustra la sinapsis entre las neuronas en el ámbito artificial de un modelo de redes neuronales artificiales.

Por otra parte, y por convención, aquí se considerará que la primera capa de una red neuronal artificial se asume como la capa de entradas, tal que:

$$\mathbf{a}^{(0)} = \mathbf{x}^{(i)}. \tag{2.10}$$

La anterior ecuación permite establecer una convención para describir la capa de entradas como la *capa cero* de una red neuronal artificial.

2.3.2. Funciones de activación

La Ecuación 2.7 define que una neurona artificial trabaja por medio de la combinación de sus entradas con los pesos, los cuales son, a su vez, modelos de las sinapsis entre dos neuronas, y además de esto se suma un sesgo. Sin embargo, aunque estos elementos son los estímulos de una neurona artificial, su salida depende depende de una función $g(\cdot)$ (véase Ecuación 2.8). Existen diferentes clases de **funciones de activación**, y estas definen sí una neurona se activa o no. A muy alto nivel, podrían considerarse dos clases generales de estas funciones: (a) discontinuas y (b) continuas.

Ejemplos de funciones de activación discontinuas son las siguientes (véase la Figura 2.7):

- Función escalón de Heaviside.
- Función lineal saturada bipolar.
- Función unidad lineal rectificada $ReLU$.

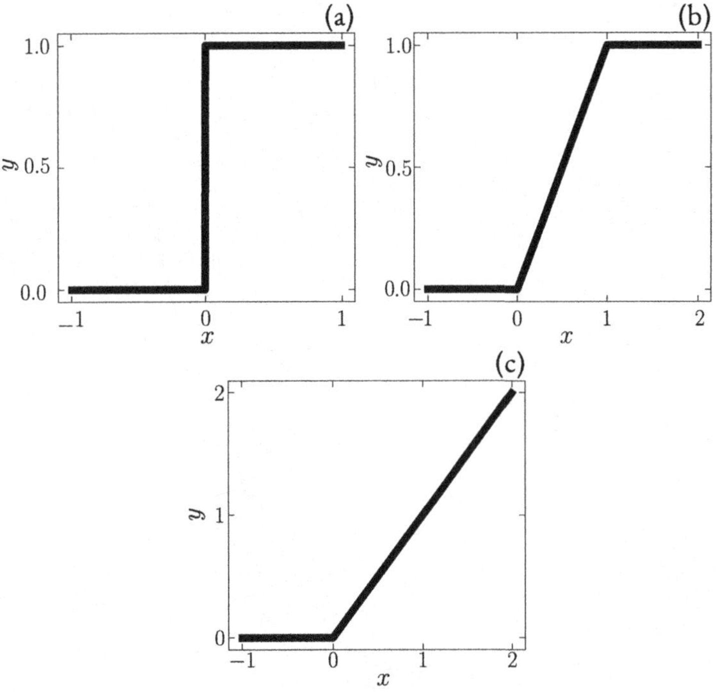

Figura 2.7: Funciones de activación discontinuas: (a) función escalón de Heaviside, (b) función lineal saturada, y (c) función $ReLU$.

Ejemplos de funciones de activación continuas son las siguientes (véase la Figura 2.8):

- Función identidad.
- Función sigmoide.
- Función tangente hiperbólica, $\tanh$.
- Función softplus.

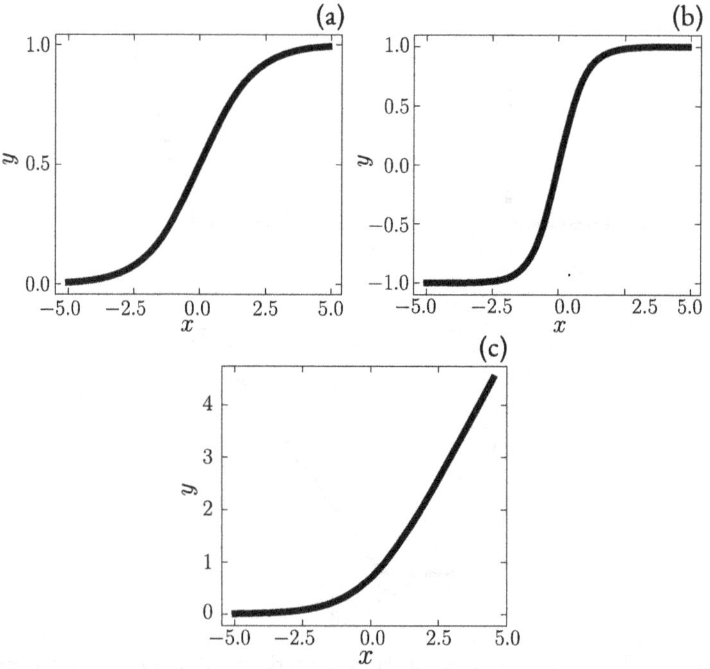

Figura 2.8: Funciones de activación continuas: (a) función sigmoide, (b) función $\tanh$, y (c) función softplus.

La Tabla 2.1 presenta las funciones de activación $g(\cdot)$ más comunes, así como sus derivadas. Estas funciones de activación no son las únicas y pueden existir variantes de las mismas (por ejemplo, la función $ReLU$ puede presentar modificaciones que derivan en nuevas funciones de activación). También, es importante destacar de la Tabla 2.1 que la función $ReLU$ es la única función discontinua que se lista, pues su derivada también es discontinua como puede observarse en la tercera columna de dicha tabla. Como sea el caso, una función de activación se selecciona con base en el tipo de problema que se trata de modelar, y también tras una serie de experimentos para escoger la más adecuada.

Función	Ecuación	Derivada, $g'(x)$
Identidad	$g(x) = x$	$g'(x) = 1$
Sigmoide	$g(x) = \frac{1}{1+e^{-x}}$	$g'(x) = g(x)(1 - g(x))$
tanh	$g(x) = \frac{e^{x}-e^{-x}}{e^{x}+e^{-x}}$	$g'(x) = (1 - \tanh^2 x)$
$ReLU$	$g(x) = 0$ si $x \leq 0$, $g(x) = x$ si $x > 0$	$g'(x) = 0$ $g'(x) = 1$
Softplus	$g(x) = \log_e(1 + e^{x})$	$g'(x) = \frac{1}{1+e^{-x}}$

Tabla 2.1: Funciones de activación más comunes.

En la teoría y práctica de las redes neuronales artificiales, la optimización juega un papel muy importante y las funciones de activación deben tener la propiedad de ser diferenciables. Esto además depende de su aplicación, pues cada función puede ser o no útil para un problema. Por ejemplo, debido a que las funciones del tipo sigmoide son derivables, no lineales y continuas, estas características las hace muy útiles para los propósitos de optimización de redes neuronales artificiales en aplicaciones como la regresión y la clasificación de datos. Por esta razón, y para efectos de explicar la teoría detrás de las redes neuronales artificiales, este tipo de funciones se usarán en el resto del capítulo en lo que refiere a la descripción de los algoritmos y métodos para construir modelos simples de éstas.

Es importante señalar que para toda neurona oculta, la información con la cual trabaja está comprendida por las activaciones de la capa previa $a_j^{(l-1)}$, los pesos que le relacionan con las neuronas de la capa previa $w_{jk}^{(l)}$ y los sesgos de la capa actual $b_k^{(l)}$; es decir, todos estos elementos son en realidad variables matemáticas y alojan la información que se procesa individualmente para que un modelo basado en una red neuronal artificial pueda emitir una estimación o predicción también descritos por $\hat{\mathbf{y}}^{(i)}$. Así, cuando se entrena una red neuronal, en realidad lo que se hace es modificar o calibrar los valores de los pesos y los sesgos para minimizar la diferencia entre las estimaciones o predicciones respecto de los valores reales.

La calibración de los valores de pesos y sesgos en una red neuronal artificial, se lleva a cabo mediante la optimización. Esto se hace a través de los siguientes algoritmos:

1. *Algoritmo de propagación.*
2. *Algoritmo de retropropagación.*
3. *Algoritmo de descenso de gradiente.*

Estos tres algoritmos son los métodos que toda red neuronal artificial, por más básica que sea, requiere para poder ajustar los datos de un problema y para, en lo subsecuente, producir estimaciones o predicciones. Cada uno de estos algoritmos se explica a continuación.

2.4. Algoritmo de propagación

El **algoritmo de propagación**, [26] tiene como propósito calcular el error de las predicciones de un modelo $\hat{\mathbf{y}}^{(i)}$ con respecto a datos reales $\mathbf{y}^{(i)}$. En principio, dicho algoritmo tiene tal nombre porque tal cálculo se hace al *propagar* la información de las entradas a través de la red, para luego computar el error con sus salidas. La Figura 2.9 presenta un esquema del algoritmo de propagación en la cual se observa cómo se da la misma; esto es, la información se computa en dirección hacia adelante tomando como inicio las entradas hasta la salidas, es decir, cuando se obtienen las predicciones. De esta forma, una vez obtenidas las salidas, el error se define mediante una **función de error** o **costo**:

$$C = \frac{1}{N}\frac{1}{O}\sum_{i=1}^{N}\sum_{k=1}^{O}\frac{1}{2}\left(\hat{y}_k^{(i)} - y_k^{(i)}\right)^2, \tag{2.11}$$

donde C es un escalar compuesto de dos sumas; la primera suma es una reducción que se hace para obtener el error de todas las salidas considerando i-ésimo ejemplo del conjunto de datos; la segunda suma es una reducción para obtener el costo total para todos los ejemplares del conjunto de entrenamiento. Calculado de esta manera, se asume

[26] En inglés, *forward propagation*. La transliteración al español de estas palabras sería *propagación hacia adelante*; no obstante, aquí se preferirá simplemente el uso de *propagación*, en afinidad a que refiere la información y procesamiento de datos se dan en un sentido.

que el error de una red neuronal, computado a través de C es, en realidad, el promedio de los costos individuales para cada ejemplar.

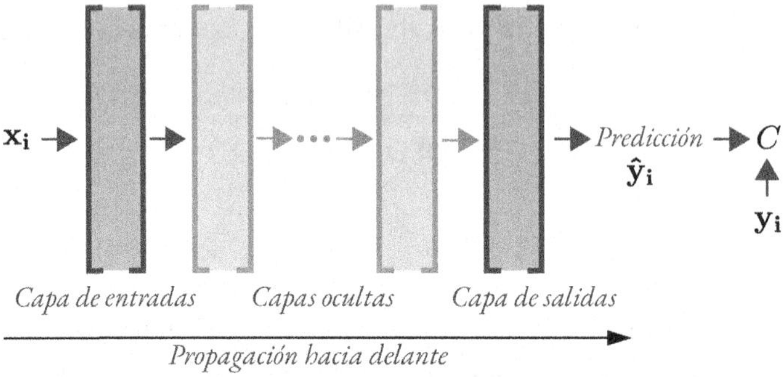

Figura 2.9: Ejemplo del flujo de información durante una sola pasada del *algoritmo de propagación* en una red neuronal artificial.

Para llevar a cabo el algoritmo de propagación, se deben calcular las activaciones de cada una de las capas en un proceso iterativo, capa por capa, desde las entradas hasta la salida (véase Figura 2.9). Así, las activaciones de la última capa L son igual a las salidas:

$$a_k^{(L)} = \hat{y}_k^{(i)}, \tag{2.12}$$

o en su forma vectorial:

$$\mathbf{a}^{(L)} = \hat{\mathbf{y}}^{(i)}. \tag{2.13}$$

Las ecuaciones previas describen el algoritmo de propagación, el cual puede ser implementado en código. Cabe señalar que esto presupone que los pesos poseen un valor inicial, de modo que dicho algoritmo no entrena una red, pero sí genera salidas que dependen en gran medida de los pesos y sesgos de un modelo.

Los pasos siguientes, en un sentido lógico-computacional, constituyen el algoritmo de propagación:

1. **Inicio**.
2. *Definir*. Definir el número total de capas L, el conjunto de entrenamiento, y el número de unidades k para cada capa oculta.
3. *Inicializar*. Inicializar, desde l hasta la última capa L, los parámetros de la red neuronal $\mathbf{W}^{(l)}$ y $\mathbf{b}^{(l)}$.
4. *Calcular*. Calcular $\mathbf{a}^{(l)}$, desde $l = 1$ hasta L. Aquí, sí $l = L$, entonces se hace $\hat{\mathbf{y}} = \mathbf{a}^{(L)}$, que corresponde a las salidas de la última capa.
5. *Calcular*. Se calcula C de acuerdo con la expresión 2.11.
6. **Fin**.

Estos pasos conforman el algoritmo de propagación *en una sola pasada*, generando predicciones considerando valores constantes de los parámetros de una red neuronal artificial. Así, durante la primera pasada, los valores de los pesos y sesgos se inicializan mediante una función generadora de números aleatorios. No obstante, dado que el entrenamiento de una red implica hallar valores que minimicen C, es preciso *propagar* dicho costo en sentido inverso, es decir, hacia atrás. Por lo tanto, la inicialización de los parámetros solo se lleva a cabo en la primera iteración del proceso de optimización de una red. Luego, la tarea de propagación hacia atrás, o retropropagación, es ejecutada por otro algoritmo, denominado *algoritmo de retropropagación*.

2.5. Algoritmo de retropropagación

La Figura 2.10 presenta el esquema del funcionamiento general del **algoritmo de retropropagación.**[27] En esta figura se ilustra que a partir de la obtención del costo C, se inicia un ciclo en el que éste se propaga hacia atrás de manera iterativa, comenzando desde la última capa pasando por todas las neuronas hasta la primera capa.

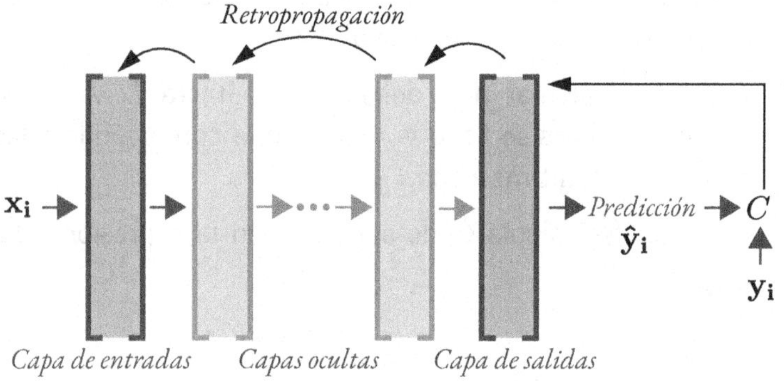

Figura 2.10: Ejemplo del flujo de información durante una sola pasada del *algoritmo de retropropagación.*

El algoritmo de retropropagación calcula siguientes gradientes del costo con respecto de los pesos y sesgos involucrados en cada una de las capas de una red neuronal artificial, tal que:

$$\nabla_{\mathbf{W}^{(l)}} C = \frac{\partial C}{\partial w_{jk}^{(l)}} = \frac{1}{N} \sum_{i=1}^{N} \frac{\partial c_i}{\partial w_{jk}^{(l)}}, \tag{2.14}$$

[27]En inglés, *backward propagation*. La transliteración al español de estas palabras sería *propagación hacia atrás*; aquí se preferirá el uso de *retropropagación*, al referirse a que se da en sentido contrario al algoritmo de propagación.

$$\nabla_{\mathbf{b}^{(l)}} C = \frac{\partial C}{\partial b_k^{(l)}} = \frac{1}{N} \sum_{i=1}^{N} \frac{\partial c_i}{\partial b_k^{(l)}}, \tag{2.15}$$

donde c_i es el costo para cada i-ésimo ejemplar del conjunto de entrenamiento (por eso se representa con letra minúscula).

La Ecuación 2.14 es una derivada parcial que obtiene el gradiente del costo C para cada uno de los pesos de las neuronas que relacionan la capa l-ésima con la inmediata anterior. Esta ecuación expresa que el gradiente del costo con respecto a los pesos de la capa l, es proporcional a la suma de los gradientes individuales obtenidos de cada uno de los ejemplares del conjunto de entrenamiento e inversamente proporcional al tamaño de éste. Lo anterior quiere decir que para obtener $\nabla_{\mathbf{W}^{(l)}} C$ primero se tienen que calcular los costos para cada ejemplar del conjunto de datos con el que se entrena una red. Esto también sucede con los sesgos, tal como se expresa en la Ecuación 2.15.

Es relevante abordar la razón por la cual se emplean gradientes de C respecto a los pesos y los sesgos. La justificación radica en que, como se ha observado, la obtención de gradientes de una función es un paso hacia la localización de sus mínimos (optimización), puesto que representan la pendiente de una función de costo e indican, a su vez, la dirección en la que deben ajustarse los parámetros para minimizarla. En el caso de una red neuronal artificial, la situación no difiere, ya que los gradientes se utilizan para modificar sus parámetros con el objetivo de reducir el error entre la predicción y los datos reales. A pesar de la aparente complejidad, es crucial no perder de vista que el algoritmo en cuestión obtiene los valores de los términos expresados por 2.14 y 2.15, pues estos son gradientes que contribuyen a la optimización de una red neuronal artificial.

2.5.1. Descripción matemática del algoritmo de retropropagación

El primer paso del algoritmo de retropropagación consiste en obtener la siguiente derivada parcial, la cual relaciona la tasa de cambio del costo respecto de cada uno de los pesos:

$$\frac{\partial c_i}{\partial w_{jk}^{(l)}} = \frac{\partial c_i}{\partial z_k^{(l)}} \frac{\partial z_k^{(l)}}{\partial w_{jk}^{(l)}}. \tag{2.16}$$

Luego, teniendo en cuenta que $z_k^{(l)}$ es la suma ponderada descrita en la Ecuación 2.7, y definiendo el término delta, se tiene que:

- Delta $\delta_k^{(l)}$ se define como:

$$\delta_k^{(l)} = \frac{\partial c_i}{\partial z_k^{(l)}}. \tag{2.17}$$

- Por la Ecuación 2.7, se sabe que $z_k^{(l)} = w_{jk}^{(l)} a_j^{(l-1)} + b_k^{(l)}$, por lo tanto:

$$\frac{\partial z_k^{(l)}}{\partial w_{jk}^{(l)}} = \frac{\partial}{\partial w_{jk}^{(l)}} \left(\sum_{j=1}^{r-1} w_{jk}^{(l)} a_j^{(l-1)} + b_k^{(l)} \right) = a_j^{(l-1)}. \tag{2.18}$$

Tomando en cuenta las ecuaciones 2.17 y 2.18, la derivada parcial de c_i respecto de los pesos se define como sigue:

$$\frac{\partial c_i}{\partial w_{jk}^{(l)}} = \delta_k^{(l)} a_j^{(l-1)}. \tag{2.19}$$

La Ecuación 2.19 expresa que el gradiente del costo para los parámetros de la capa l, y calculado para el i-ésimo ejemplar del conjunto de datos, es simplemente la multiplicación del delta por las activaciones de la capa previa.

Para el caso de los sesgos se hace un tratamiento similar. Primero se define la siguiente expresión:

$$\frac{\partial c_i}{\partial b_k^{(l)}} = \frac{\partial c_i}{\partial z_k^{(l)}} \frac{\partial z_k^{(l)}}{\partial b_k^{(l)}}, \tag{2.20}$$

al usar $\delta_k^{(l)}$, se tiene entonces que:

$$\frac{\partial c_i}{\partial b_k^{(l)}} = \delta_k^{(l)} \frac{\partial z_k^{(l)}}{\partial b_k^{(l)}}.$$

Además, sí se vuelve a emplear $z_k^{(l)} = w_{jk}^{(l)} a_j^{(l-1)} + b_k^{(l)}$ en 2.20, se llega a la siguiente simplificación:

$$\frac{\partial z_k^{(l)}}{\partial b_k^{(l)}} = \frac{\partial}{\partial b_k^{(l)}} \left(\sum_{j=1}^{r-1} w_{jk}^{(l)} a_j^{(l-1)} + b_k^{(l)} \right) = 1. \tag{2.21}$$

Por lo tanto, se tiene que la derivada del costo respecto de los sesgos para cada ejemplar de un conjunto de datos de entrenamiento es simplemente delta:

$$\frac{\partial c_i}{\partial b_k^{(l)}} = \delta_k^{(l)}. \tag{2.22}$$

Las ecuaciones 2.19 y 2.22 simplifican mucho los términos y el análisis, pues el cálculo de los gradientes se hace a través del término delta $\delta_k^{(l)}$. No obstante, es importante señalar que la forma que adopte dicho término está definida por el tipo de función de activación de las neuronas artificiales.

Por otra parte, el cálculo de cada c_i se hace a través del algoritmo de propagación para cada uno de los ejemplares del conjunto de entrenamiento. Luego, se calcula el delta de la última capa $\delta_k^{(L)}$ como sigue:

$$c_i = \frac{1}{2}(\hat{y}_k - y_k)^2 = \frac{1}{2}\left(g\left(z_k^{(L)}\right) - y_k\right)^2, \tag{2.23}$$

y al derivar y aplicar la regla de la cadena, se tiene que:

$$\delta_k^{(L)} = \left(g\left(z_k^{(L)}\right) - y_k\right)g'\left(z_k^{(L)}\right) = (\hat{y}_k - y_k)g'\left(z_k^{(L)}\right), \tag{2.24}$$

entonces:

$$\frac{\partial c_i}{\partial w_{jk}^{(L)}} = (\hat{y}_k - y_k)g'\left(z_k^{(L)}\right)a_j^{(l-1)}. \tag{2.25}$$

El cálculo de la derivada parcial del costo c_i con respecto a cada uno de los pesos se obtiene primero encontrando $\delta_k^{(l)}$:

$$\delta_k^{(l)} = \frac{\partial c_i}{\partial z_k^{(l)}} = \sum_m^{r+1} \frac{\partial c_i}{\partial z_m^{(l+1)}} \frac{\partial z_m^{(l+1)}}{\partial z_k^{(l)}}, \tag{2.26}$$

donde $r+1$ es el total de unidades o neuronas de la capa posterior $(l+1)$, y m es la unidad de tal capa; es importante notar que aquí se usa el signo $+$ para referirse a la capa que procede a (l),[28] tanto para los índices superiores en z como al total (o tamaño) de unidades en una capa (esto es $r+1$). Usando la definición descrita por la Ecuación

[28] En el caso contrario se ha ido usando el signo $-$ para la capa inmediata anterior a la capa (l).

2.22 en la Ecuación 2.26, se tiene entonces que:

$$\delta_k^{(l)} = \sum_m^{r+1} \delta_m^{(l+1)} \frac{\partial z_m^{(l+1)}}{\partial z_k^{(l)}}, \tag{2.27}$$

y, dado $z_m^{(l+1)}$ es la multiplicación de la función g por los pesos, se tiene que:

$$z_m^{(l+1)} = \sum_{k=1}^{r} w_{km}^{(l+1)} g(z_k^{(l)}). \tag{2.28}$$

Luego, derivando ésta última ecuación, se obtiene:

$$\frac{\partial z_m^{(l+1)}}{\partial z_k^{(l)}} = w_{km}^{(l+1)} g'(z_k^{(l)}). \tag{2.29}$$

Así, finalmente se logra una única expresión que relaciona la derivada de la función de activación de la capa actual con los pesos y los valores delta de la capa posterior, es decir, el término $\delta_k^{(l)}$:

$$\delta_k^{(l)} = \sum_m^{r+1} \delta_m^{(l+1)} w_{km}^{(l+1)} g'(z_k^{(l)}) = g'(z_k^{(l)}) \sum_m^{r+1} w_{km}^{(l+1)} \delta_m^{(l+1)}. \tag{2.30}$$

Por lo tanto, la derivada parcial del costo c_i con respecto a cada uno de los pesos es igual a:

$$\frac{\partial c_i}{\partial w_{jk}^{(l)}} = \delta_k^{(l)} a_j^{(l-1)} = g'(z_k^{(l)}) a_j^{(l-1)} \sum_m^{r+1} w_{km}^{(l+1)} \delta_m^{(l+1)}. \tag{2.31}$$

En forma análoga, para el caso de los sesgos se tiene que:

$$\frac{\partial c_i}{\partial b_k^{(l)}} = \delta_k^{(l)} = g'(z_k^{(l)}) \sum_m^{r+1} w_{km}^{(l+1)} \delta_m^{(l+1)}. \qquad (2.32)$$

Las ecuaciones 2.31 y 2.32 representan los gradientes del costo asociado a cada peso y sesgo de una red neuronal artificial para el i-ésimo ejemplar en el conjunto de entrenamiento $\mathcal{S}$. Tal como se expuso en el capítulo anterior, los gradientes facilitan la identificación de los valores óptimos de una función. En este contexto, se busca determinar los valores de los pesos y sesgos que minimicen inicialmente los costos individuales, para posteriormente calcular el costo total C, como se muestra a continuación para los pesos:

$$\nabla_{\mathbf{W}^{(l)}} C = \frac{\partial C}{\partial w_{jk}^{(l)}} = \frac{1}{N} \sum_{i=1}^{N} \frac{\partial c_i}{\partial w_{jk}^{(l)}}, \qquad (2.33)$$

y para los sesgos se tiene que:

$$\nabla_{\mathbf{b}^{(l)}} C = \frac{\partial C}{\partial b_k^{(l)}} = \frac{1}{N} \sum_{i=1}^{N} \frac{\partial c_i}{\partial b_k^{(l)}}. \qquad (2.34)$$

Como se ha mencionado, se asume que el costo total C es simplemente un promedio de los costos individuales c_i calculados para cada ejemplar en el conjunto de datos de entrenamiento, esto es el último paso del algoritmo de retropropagación. Los siguientes pasos resumen el algoritmo de retropropagación:[29]

[29]No se debe pasar por alto que el objetivo general del método es obtener los gradientes del costo en relación con cada uno de los pesos y sesgos de una red

1. **Inicio**.
2. *Cargar*. Definir C obtenido por el algoritmo de propagación.
3. *Calcular*. Hacer el cálculo de delta $\delta_k^{(L)}$ de la última capa.
4. *Calcular*. Desde la última capa L hasta la primera capa, calcular $\delta_k^{(l)}$.
5. *Calcular*. Obtener los valores de $\nabla_{\mathbf{W}^{(l)}} C$ y $\nabla_{\mathbf{b}^{(l)}} C$.
6. **Fin**.

Los pasos que se enumeran en la lista anterior aplican para toda función de activación $g(\cdot)$. Por ello, y para efectos ilustrativos, así como por las propiedades matemáticas que ésta posee, aquí se describe el algoritmo de retropropagación usando función sigmoide:[30]

$$\sigma(x) = \frac{1}{(1 + e^{-x})}, \tag{2.35}$$

de la cual, su derivada $\sigma'(x) = \partial\sigma(x)/\partial x$ es:

$$\sigma'(x) = \frac{1}{(1 + e^{-x})}\left(1 - \frac{1}{(1 + e^{-x})}\right) = \sigma(x)(1 - \sigma(x)). \tag{2.36}$$

Otra de las ventajas al usar la función $\sigma(x)$ es que su derivada es fácil de recordar, por lo que llevar a código en un programa informático resulta sencillo, ya que puede ser directamente sustituida en las expresiones anteriores para obtener los términos $\delta_k^{(l)}$ de las capas

neuronal artificial.

[30]No debe confundirse el uso del carácter sigma σ en esta función con la desviación estándar.

ocultas, pues en la retropropagación sólo es necesario tomar la salida de la función de la fase de propagación.

2.6. Algoritmo de descenso de gradiente

Los algoritmos de propagación y de retropropagación sólo proveen los gradientes del costo de una red neuronal artificial respecto de sus pesos y sesgos. Pero estos gradientes deben usarse para recalcular o actualizar el valor de los parámetros en un proceso por iteraciones, también llamadas **épocas**. Esto se hace mediante el **algoritmo de descenso de gradiente**, el cual está basado en las siguientes expresiones:

$$w_{jk}^{(l)} \leftarrow w_{jk}^{(l)} - \frac{\alpha}{N}\sum_{i=1}^{N}\frac{\partial c_i}{\partial w_{jk}^{(l)}}, \tag{2.37}$$

$$b_{k}^{(l)} \leftarrow b_{k}^{(l)} - \frac{\alpha}{N}\sum_{i=1}^{N}\frac{\partial c_i}{\partial b_{k}^{(l)}}, \tag{2.38}$$

donde el símbolo «$\leftarrow$» indica una actualización del valor de cada parámetro, y α es la **tasa de aprendizaje** que controla el tamaño de dicha actualización. Las descripciones 2.37 y 2.38 significan que, dado un número especificado de iteraciones, se tomarán los gradientes del costo respecto de los parámetros de una red y se cambiarán los parámetros para minimizar el costo. Este cambio implica restar una fracción del gradiente de ellos, de ahí que esto refiere a una optimización donde se minimiza el costo. Además, estas descripciones también pueden expresarse en forma tensorial como sigue:

$$\mathbf{W}^{(l)} \leftarrow \mathbf{W}^{(l)} - \frac{\alpha}{N}\nabla_{\mathbf{W}^{(l)}} C, \tag{2.39}$$

$$\mathbf{b}^{(l)} \leftarrow \mathbf{b}^{(l)} - \frac{\alpha}{N}\nabla_{\mathbf{b}^{(l)}} C. \tag{2.40}$$

Sí la tasa de aprendizaje es excesivamente pequeña, el algoritmo de descenso de gradiente convergerá de manera lenta; por otro lado, si es demasiado elevada, el algoritmo podría no sólo sobrepasar el mínimo, sino también divergir en lugar de converger hacia la solución óptima. Se advierte que ambos casos podrían representar retos y problemas dependiendo del contexto en el que se aplique el algoritmo para entrenar una red neuronal artificial. De ahí la importancia de hacer experimentación con diferentes valores.

La siguiente lista enumera los pasos necesarios para llevar a cabo la actualización de los parámetros de una red neuronal artificial:

1. **Inicio**.
2. *Definir*: se definen el número total de épocas de entrenamiento, y la taza de aprendizaje α. Sí es la primera época, inicializar pesos y sesgos de acuerdo con una función de generación de valores aleatorios.
3. Luego, para cada época (desde cero hasta el máximo):
   - 3.1. *Ejecutar*: se ejecuta algoritmo de propagación.
   - 3.2. *Ejecutar*: se ejecuta algoritmo de retropropagación.
   - 3.3. *Actualizar*: se ajustan y actualizan los pesos y los sesgos de acuerdo con las ecuaciones 2.39 y 2.40
4. **Fin**.

Tal como se expone en la lista anterior, los algoritmos de propagación y de retropropagación se emplean de manera interna durante la ejecución del algoritmo de descenso de gradiente. Esto conlleva un encadenamiento que posibilita el ajuste de los parámetros de una red. En síntesis, el descenso de gradiente se aplica en redes neuronales artificiales con el propósito de hallar los valores de los pesos y sesgos que minimizan la función de costo, actualizándolos en dirección opuesta al gradiente de la función de pérdida mediante la tasa de aprendizaje.

Habiendo descrito los algoritmos para entrenar una red neuronal artificial, se está en condición de implementarlos con el fin de entrenar un modelo básico, aunque ilustrativo, que permita al lector traducir las ecuaciones de las secciones precedentes en código. Este conocimiento allana el camino hacia una comprensión más profunda y aplicada de las redes neuronales, y sienta las bases para que, sí es de su interés, pueda participar en desarrollos en el ámbito de la inteligencia artificial y el Machine Learning.

2.7. Construcción de una neuronal artificial

En esta sección se hace uso de los algoritmos presentados en los apartados anteriores para crear un modelo de red neuronal artificial aplicado a un problema de regresión. La regresión, como se verá en la segunda parte del presente libro, es una de las técnicas estadísticas más comunes para encontrar la relación entre dos o más variables. Esto servirá para ilustrar cómo se entrena una red neuronal para que se ajuste a un conjunto de datos de los cuales aprende.

En esta primera sección, lo que se hace es aproximar por medio de una red neuronal artificial de regresión la siguiente función de una sola variable x:

$$f(x) = y = 2x + 2. \tag{2.41}$$

La aproximación a una función que ya existe se hace porque al tener una descripción matemática precisa, es posible establecer la relación entre la variable x y y para generar datos de entrenamiento. Pero se debe tener en cuenta que esto sólo se hace con propósitos didácticos, pues cuando se trata de estudiar un fenómeno real, en tal situación sólo se cuenta con los datos, y no hay expresión matemática o función que establezca dicha relación.

2.7.1. Enfoque de modelado

La Figura 2.11 presenta la propuesta de la arquitectura de red neuronal de una sola capa oculta para modelar los datos descritos por la Ecuación 2.41.

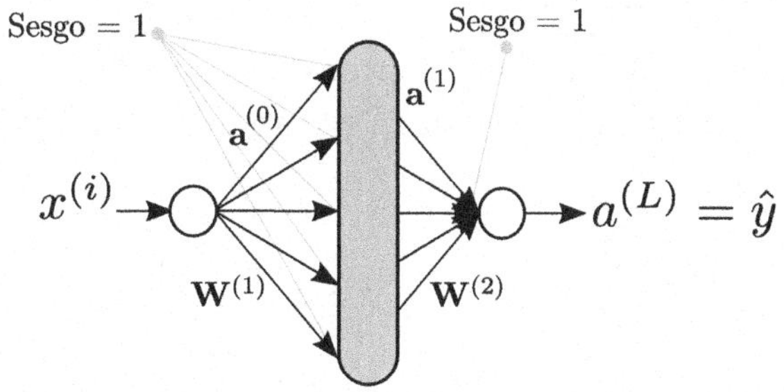

Figura 2.11: Propuesta de arquitectura de red neuronal artificial con una sola capa oculta y una sola entrada. Nota: no se ilustran las neuronas ocultas.

Para la construcción de la red neuronal se harán las siguientes consideraciones:

1. Primero, se usará la función de activación $g_L(x) = x$ para la neurona de salida. Esta función tiene la siguiente derivada:

$$g'_L(x) = \frac{\partial g_L(x)}{\partial x} = 1. \tag{2.42}$$

   Con esto, se logra la simplificación del cálculo de $\delta_k^{(L)}$ como sigue:[31]

$$\delta^{(L)} = \hat{y} - y. \tag{2.43}$$

2. Segundo, para los pesos $w_{jk}^{(L)}$, antes de correr la primera época, se iniciarán sus valores de forma aleatoria de acuerdo con una distribución normal $\mathcal{N}(0, 1)$.[32]
3. Tercero, los valores de $b_k^{(l)}$ se harán igual a la unidad; esta es una práctica común, en la que el valor de la unidad flexibiliza la salida de cada una de las neuronas, lo que permite un aprendizaje más rápido.
4. Finalmente, la función del Error Cuadrático Medio (MSE por sus siglas en inglés) se usará para entrenar a la red neuronal:

$$MSE = \frac{1}{N}\sum_{i=1}^{N}(\hat{y} - y)^2. \tag{2.44}$$

[31] Aquí es importante revisar con detenimiento la Ecuación 2.43, pues como se observa todo subíndice k desaparece. Esto sucede porque en la capa (L) sólo se tiene una neurona de salida.

[32] Esto significa que tiene una media igual a cero y una desviación estándar igual a la unidad.

Con estas consideraciones, y de acuerdo con el enfoque de modelado que aquí se presenta, se procede a generar los datos con los cuales entrenar una red con dichas características.

2.7.2. Datos de entrenamiento

Para entrenar la red neuronal del ejemplo se usará un conjunto con un tamaño de mil ejemplares $N = 1000$ datos. Así, el conjunto de entrenamiento se describe de la siguiente forma:[33]

$$\mathcal{S} = \{(x^{(i)}, y^{(i)})\}_{i=1}^{1000}, \tag{2.45}$$

donde los valores de x estarán comprendidos en el rango $-1 \leq x \leq 10$. Para este ejercicio, estos datos se logran al sumar ruido y_{ruido} a y en la Ecuacion 2.41. Dicho ruido está definido por la siguiente relación:

$$y_{ruido} \sim \mathcal{N}(0, 2), \tag{2.46}$$

donde y_{ruido} implica que cada dato generado proviene de una distribución normal con media igual a cero y desviación estándar igual a dos. Estos valores son arbitrarios y se establecen para este ejercicio. Por lo tanto, se tiene que cada $y^{(i)}$ se obtiene por la siguiente ecuación:

$$y^{(i)} = 2x^{(i)} + 2 + y_{ruido}^{(i)}. \tag{2.47}$$

Toda vez descritos la procedencia de los datos y algunas características de la red neuronal, se procede a la implementación de la misma a través de código en Python.

---

[33]Nótese que x y y no son vectores. Esto ocurre, porque el ejercicio toma pares de escalares de $(x^{(i)}, y^{(i)})$ y no vectores como los que previamente se han descrito en la Ecuación 2.1.

2.7.3. Código

La implementación de la red neuronal *desde cero* se hará a través de la librería NumPy, pues tiene incorporadas funciones que permiten llevar a cabo las operaciones de los tres algoritmos previamente descritos. La Tabla 2.2 presenta algunas propiedades de tal red neuronal.

Propiedad	Detalles
Número de características (entradas)	1
Número de salidas	1
Número de capas ocultas	1
Total de neuronas ocultas	10
Función de activación	Sigmoide, $\sigma(\cdot)$
Algoritmo de entrenamiento	Descenso de gradiente
Función de costo	MSE
Épocas de entrenamiento	1,000

Tabla 2.2: Propiedades de la red neuronal artificial creada *desde cero*.

La siguiente lista proporciona una explicación detallada de la implementación en código para construir una red neuronal artificial. En ella, se describen los fragmentos de código esenciales, abordando los aspectos más relevantes de cada operación. De esta manera, la implementación puede llevarse a cabo al escribir secuencialmente los fragmentos de código mencionados:

1. Lo primero que se tiene que hacer es cargar las librerías NumPy, TensorFlow y Matplotlib con sus respectivos seudónimos. Además, se carga la función `mse` del módulo `metrics` de TensorFlow. Esta última función permitirá hacer el cálculo del

error de predicción de la red respecto de los datos sobre los que se entrena.

```
import numpy as np
import matplotlib.pyplot as plt
import tensorflow as tf
from tensorflow.keras.metrics import mse
```

2. Las siguientes líneas crean la función sigmoide $\sigma(x)$ definida en código como `sig(x)`. Esta función es la misma que se ha descrito previamente en la Ecuación 2.35:

```
def sig(x):
    return 1 / (1 + np.exp(-x))
```

3. Luego, se define la función `prop_ad(X)`, la cual contiene el algoritmo de propagación y recibe como entrada la estructura de los datos X. Aquí es importante comentar que dicha función sirve para crear y obtener las estructuras que contienen las activaciones de cada una de las capas de neuronas. La función descrita en el código de este paso es transparente a lo ya explicado en las secciones anteriores, pues el algoritmo de propagación genera las activaciones de todas las neuronas de la red. En este sentido, se crean matrices donde se definen los sesgos con el valor de la unidad:

```
def prop_ad(X):
  a_0 = np.hstack((np.ones((X.shape[0], 1)), X))
  a_1 = np.hstack((np.ones((X.shape[0], 1)),
  sig(np.dot(a_0, W_1))))
  a_L = np.dot(a_1, W_2)
  return a_0, a_1, a_L
```

Del código anterior, `a_1` se construye por medio de la multiplicación de `a_0` y los pesos de la primera capa `sig(np.dot(a_0, W_1))`. A su vez, `a_1` se multiplica por los pesos de la segunda capa a través de `np.dot(a_1, W_2)` para obtener las activaciones de la salida `a_L` de la red, que es la predicción $\hat{y}$ del modelo.

4. El algoritmo de retropropagación se define por la función `retroprop()`. En ella se establecen las activaciones de capas previas para generar los gradientes `grad_C_W_1`, `grad_C_W_2`:

```
def retroprop(a_0, a_1, a_L):
  d_L = a_L - y
  d_1 =a_1[:,1:]*(1-a_1[:,1:])*np.dot(d_L, W_2.T[:, 1:])
  dc_dW_1 = a_0[:,:,np.newaxis] * d_1[:,np.newaxis,:]
  dc_dW_2 = a_1[:,:,np.newaxis] * d_L[:,np.newaxis,:]
  grad_C_W_1 = np.average(dc_dW_1, axis=0)
  grad_C_W_2 = np.average(dc_dW_2, axis=0)
  return grad_C_W_1, grad_C_W_2
```

En la función `retroprop()`, `d_L` y `d_1` corresponden con los deltas de la primera y la última capa; además, `dc_dW_1` y `dc_dW_2` son vectores que contienen cada una de las derivadas parciales de los costos con respecto de los pesos (ver 2.33). Por esto se usa la función `np.average()`, para encontrar el gradiente del costo total de cada uno de ellos. `np.average()` es una función que obtiene el promedio de una estructura de datos (los gradientes del costo total son el promedio de los costos individuales, tal como se describe en la Ecuación 2.33).

5. Toda vez definidas las funciones de activación sigmoide, del algoritmo de propagación y del algoritmo de retropropagación, el siguiente fragmento de código define la tasa de aprendizaje, el número de neuronas en la capa oculta de la red, el total de épocas de entrenamiento, así como dos vectores que alojarán

los datos del error y las épocas. Estos dos últimos vectores se crean a través de la función `np.zeros()`, la cual crea un arreglo con el tamaño indicado en su argumento (en este caso, `epocas=1000`):

```
# Hiperparametros
tf.random.set_seed(1)
alfa = 0.01
neuronas_oc = 10
epocas = 1000
vec_epocas = np.zeros(epocas)
vec_error = np.zeros(epocas)
```

6. En el siguiente fragmento de código se utiliza la constante `N` para denotar el tamaño del conjunto de datos. Además, se emplea la función `tf.linspace([inicio], [final], N)` para generar los datos de entrada correspondientes a $x^{(i)}$. Posteriormente, se asigna la variable `y` considerando la operación descrita por la Ecuación 2.47. De este modo, las líneas de código presentadas a continuación se encargan de generar los datos de entrenamiento:

```
# Datos de entrenamiento
N = 1000
X = tf.linspace([-1.], [10.], N)
y = 2 * X + 2
y_ruido = tf.random.normal((N, 1), 0.0, 2.0)
y = y + y_ruido
```

7. Al final se aplica el algoritmo del descenso de gradiente, el cual recurre a los algoritmos descritos arriba en un sólo ciclo `for`:

```
# Descenso de gradiente
W_1 = 2*np.random.random((X.shape[1]+1, neuronas_oc))-1
W_2 = 2*np.random.random((neuronas_oc+1, y.shape[1]))-1

for i in range(epocas):
    # Propagacion:
    a_X, a_1, a_L = prop_ad(X)
    # Retropropagacion:
    grad_C_W_1, grad_C_W_2 = retroprop(a_X, a_1, a_L)
    # Actualizacion de pesos:
    W_1 += - alfa * grad_C_W_1
    W_2 += - alfa * grad_C_W_2
    # Vectores de error y epocas:
    error = mse(np.squeeze(y), np.squeeze(a_L))
    vec_epocas[i] = i
    vec_error[i] = error.numpy()
    print("Error: ", error.numpy())

print("Fin del entrenamiento")
print("Error final: ", error.numpy())
```

Aquí es importante señalar que la inicialización de los pesos debe estar fuera del ciclo `for`. Además, la actualización de los mismos se hace usando el operador +=. También, tal como se observa, dentro de dicho ciclo se llenan los vectores de épocas y error.

8. De forma opcional, el siguiente fragmento de código incluye instrucciones para visualizar el error en función de las épocas de entrenamiento mediante un gráfico:

```
plt.plot(vec_epocas, vec_error, 'ko-')
plt.xlabel("Épocas")
plt.ylabel("$MSE$")
plt.show()
```

Si se escriben estos fragmentos de código de manera secuencial en un programa, se generarán las instrucciones necesarias para implementar una red neuronal artificial basada en retropropagación utilizando el algoritmo de descenso de gradiente. Por ejemplo, la Figura 2.12 presenta el desempeño del entrenamiento de la red neuronal respecto de los datos de entrenamiento, y el error de las predicciones de esta se precisa en aproximadamente `MSE = 4.56`.

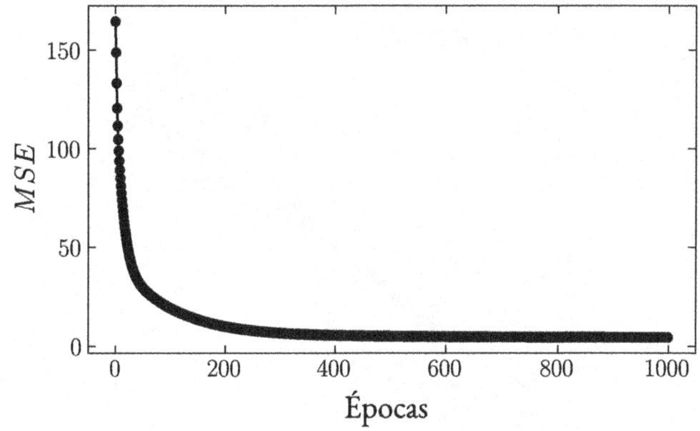

Figura 2.12: Curva de entrenamiento de la red creada desde cero.

La mejor manera de comprender este resultado es visualizando los datos y las predicciones del modelo. Esto se hace al agregar el siguiente fragmento de código al final del programa descrito arriba:

```
plt.plot(X, y, 'o', label='Datos')
plt.plot(X, a_L, 'k-', label='Red neuronal')
plt.legend()
plt.xlabel("$x$")
plt.ylabel("$y$")
plt.show()
```

La Figura 2.13 proporciona una idea del significado del error calculado mediante el MSE. Este error se interpreta como el promedio de la suma de las distancias individuales entre cada una de las predicciones del modelo y los datos de entrenamiento. Podría parecer que un modelo con error igual a cero sería el mejor. Sin embargo, esto no es necesariamente cierto, ya que los datos provienen de una función lineal (Ecuación 2.41).

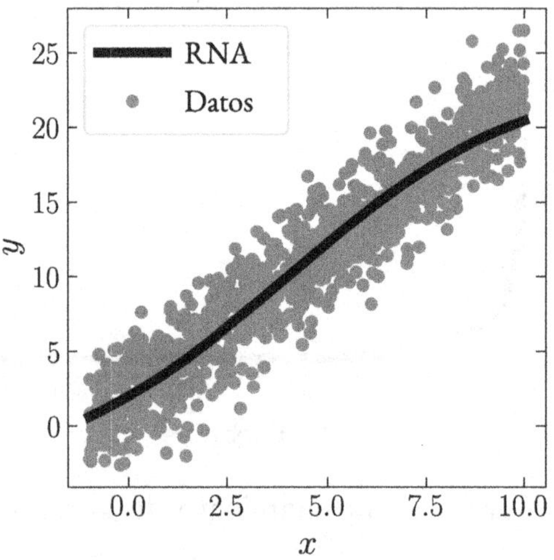

Figura 2.13: Predicciones del modelo de red neuronal contra los datos. Donde RNA significa red neuronal artificial.

En los siguientes capítulos se abordará la relevancia de este aspecto en la construcción de modelos de redes neuronales artificiales. El diseñador de estos modelos debe ponderar y analizar su desempeño, generalmente mediante un examen riguroso del error y las predicciones del modelo. En este contexto, un conjunto de datos de entrenamiento por sí solo no es suficiente para modelar adecuadamente un fenómeno de interés.

A manera de síntesis, la Figura 2.14 muestra el diagrama del programa para construir la red neuronal desde cero. Se resumen los pasos de los tres algoritmos que usa dicho programa. Aquí debe hacerse la acotación de que este diagrama sólo describe una red de una salida y una entrada, así como una sola capa oculta.

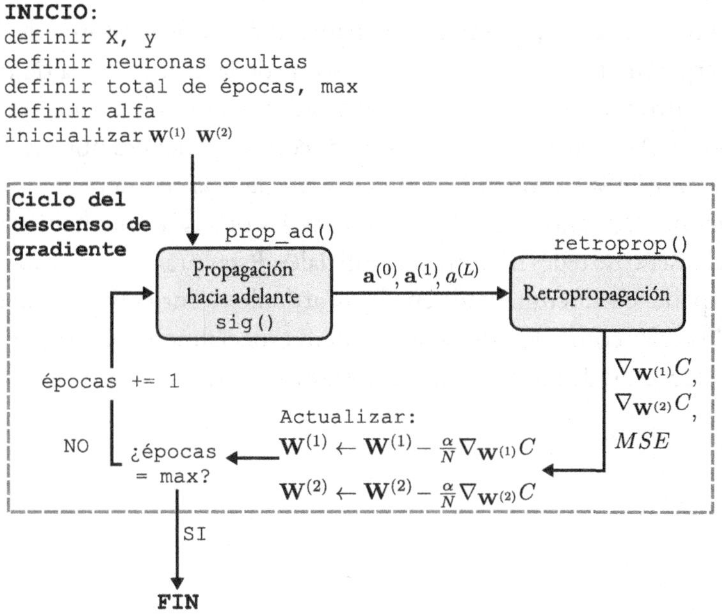

Figura 2.14: Diagrama del algoritmo de descenso de gradiente para construir la red neuronal artificial de esta sección. Nota: al finalizar, se obtienen los pesos optimizados de la red neuronal.

También, es fundamental enfatizar que la red elaborada en esta sección no representa necesariamente la mejor aproximación para modelar los datos presentados, ya que podrían utilizarse modelos menos complejos (véase la técnica de *regresión lineal* presentada en el quinto capítulo). Sin embargo, este ejemplo es didáctico y de fácil comprensión, debido a que aborda un problema lineal. Así, la relevancia del problema radica en la metodología empleada para construir la red neuronal, más que en su aplicabilidad práctica para resolver el problema en cuestión. Este enfoque proporciona una base sólida para la comprensión de conceptos y técnicas fundamentales en el diseño de redes neuronales artificiales.

Por otra parte, la selección inadecuada de los valores de los hiperparámetros o ciertas características de la arquitectura de una red neuronal pueden afectar negativamente el rendimiento de un modelo. Afortunadamente, existen directrices generales que ayudan a disminuir la complejidad en el diseño de una red neuronal. Las secciones siguientes abordan algunas de las prácticas más habituales en el diseño de redes neuronales artificiales. Estas prácticas, basadas en la experiencia documentada en libros, artículos científicos y manuales de librerías como TensorFlow, resultan especialmente útiles para la construcción de modelos más eficientes y efectivos.

2.8. Resumen del capítulo

En este capítulo, se ha expuesto la teoría fundamental para comprender las redes neuronales artificiales básicas. Estos modelos de datos, inspirados en los procesos que ocurren en las neuronas biológicas de los seres vivos, consisten en unidades lógicas que reciben, procesan y emiten información. Se han abordado los tres algoritmos esenciales para la construcción y entrenamiento de estos modelos: el algoritmo de propagación, el algoritmo de retropropagación y el algoritmo del descenso de gradiente. Todo ello culmina con el desarrollo de una red neuronal artificial implementada en Python desde cero.

La comprensión profunda de las matemáticas y los algoritmos que subyacen a las redes neuronales artificiales brinda la posibilidad de abordar el modelado de problemas reales con mayor conocimiento y detalle. Esto permite entender las bases detrás de las librerías especializadas en la creación de modelos de este tipo, lo que resulta crucial para el dominio de estas herramientas.

En el siguiente capítulo, se presentará una de las librerías más utilizadas para modelar redes neuronales artificiales, conocida por su versatilidad y practicidad. Esta librería permite construir modelos de manera más rápida y eficiente que el desarrollo del tipo *desde cero* como el que se hizo en la última sección de este capítulo. Al familiarizarse herramientas más eficientes y sofisticadas, los interesados podrían aplicar sus conocimientos en la construcción y optimización de modelos de redes neuronales para resolver problemas complejos en diversas áreas de estudio.

2.9. Problemas

2.1. Desarrolle un programa a partir del código de la red neuronal creada desde cero, pero modifique lo necesario para que se use función de activación tangente hiperbólica.

Pista: defina una nueva función a través con nombre `def tangh(x)`.

2.2. Use el programa de la red neuronal creada desde cero y cambie los siguientes valores de la tasa de aprendizaje para modelos diferentes (considere mil épocas y la función de activación `sig()`):

(i) $\alpha = 0.0001$.

(ii) $\alpha = 0.001$.

(iii) $\alpha = 0.1$

(iv) $\alpha = 1$

(v) ¿Qué sucede con el error de entrenamiento del modelo? Justifique su respuesta.

2.3. Use el programa de la red neuronal creada desde cero y construya tres modelos diferentes con el siguiente número de neuronas en la capa oculta:

(i) Diez neuronas.

(ii) Cien neuronas.

(iii) Mil neuronas.

(iv) ¿Qué sucede con el error de entrenamiento del modelo? Justifique su respuesta.

Para este problema use un $\alpha = 0.001$, mil épocas y la función de activación `sig()`.

2.4. Entrene dos modelos con el programa para crear red neuronales desde cero, y los cuales posean veinte neuronas ocultas, pero con diferentes funciones de activación: `tangh()` y `sig()`. ¿Qué sucede con el error de entrenamiento del modelo? Justifique su respuesta.

2.5. A partir del código de la red neuronal creada desde cero, elabore un modelo para resolver los datos que se generan a través de la siguiente expresión matemática:

$$f(x_1, x_2) = x_1^2 - x_1 x_2 + 3x_2^2$$

Considere los siguientes valores para las variables:

$$-2 < x_1 < 2$$

$$-2 < x_2 < 2$$

Pista: en este caso se tiene una función con dos variables independientes, las cuales pueden entenderse como entradas del modelo de red neuronal que debe crear.

Capítulo 3

Introducción a TensorFlow

> *«La tecnología no es nada. Lo importante es tener fe en las personas, en que son básicamente buenas e inteligentes, y si les das herramientas, harán cosas maravillosas con ellas».*
>
> Steve Jobs (1955 - 2011).

En la actualidad la construcción de modelos basados en redes neuronales artificiales, así como su ejecución y despliegue, se hacen utilizando plataformas y librerías especializadas, las cuales tienen incorporadas clases, métodos y funciones para un desarrollo más rápido y eficiente de modelos predictivos. Así, generalmente son los grupos de investigación[34] y los académicos, quienes se dedican al

[34] Es importante destacar que numerosas empresas tecnológicas cuentan con amplios equipos compuestos por investigadores, ingenieros y científicos dedicados exclusivamente al avance de la inteligencia artificial. Estos grupos de investigación no se limitan al ámbito académico, ya que el sector empresarial ha sido un motor importante para el progreso en este campo en las últimas décadas. De hecho, las

desarrollo y revisión de técnicas de construcción de estos modelos *desde cero*, ya sea para generar nuevas herramientas, o para mejorar métodos dentro del quehacer de la ciencia. No es así para el caso del sector tecnológico que explota estas tecnologías, mismo que demanda la construcción de modelos de una manera rápida y eficiente, que a su vez son usados para un fin en concreto (por ejemplo, reconocimiento de objetos en imágenes).

En este capítulo se hará la introducción al uso de TensorFlow, la cual es una librería para construir modelos basados en redes neuronales artificiales. A efectos didácticos, aquí se presentará el modelado de los datos como los que se usaron en el capítulo anterior. A partir de aquí se dejará a un lado la construcción de modelos desde cero para proceder a la implementación directa de redes neuronales artificiales con TensorFlow. Ello no significa que se abandona por completo la teoría, sino que se refuerza parte de la misma, pues esta plataforma permite hacer desarrollos y análisis más rápidos, lo que facilita hacer experimentación de una forma más eficiente, pues así resulta más sencillo diseñar arquitecturas de redes neuronales de forma modular.

3.1. TensorFlow

TensorFlow es la librería más usada en todo el mundo para construir modelos de Inteligencia Artificial. Desde el año 2020 ésta se ha transformado para integrarse con otra plataforma de igual popularidad, llamada Keras, con la intención de brindar a los desarrolladores de software una herramienta de fácil acceso para la implementación de una muy diversa gama de modelos de

---

colaboraciones entre la academia y la industria han generado avances significativos en el desarrollo y la aplicación de nuevas tecnologías en inteligencia artificial.

Deep Learning, incluidos aquellos que se basan en redes neuronales artificiales (Abadi et al., 2015; TensorFlow, 2023a).

La página web oficial de TensorFlow, menciona en su portada lo siguiente:[35]

> *«TensorFlow es una plataforma integral de código abierto para el Machine Learning. Cuenta con un ecosistema completo y flexible de herramientas, bibliotecas y recursos de la comunidad que permite a los investigadores impulsar el estado del arte en ML y a los desarrolladores crear y desplegar fácilmente aplicaciones potenciadas por ML»*
>
> *tensorflow.org*

En el Capítulo 1 se hizo uso de funciones de TensorFlow para crear estructuras de datos y para ilustrar la técnica de diferenciación automática, pero su aplicación y mención no trascendió más de eso, porque en realidad la ventaja de esta librería no es simplemente crear estructuras de datos o de diferenciar una expresión matemática, sino la de crear modelos de Machine Learning y de Deep Learning. Es decir, su principal ventaja radica en la construcción eficiente de modelos adheridos a estos paradigmas de la computación. De ahí que sea la elección para trabajar modelos de este tipo.

Un buen inicio con la librería TensorFlow sería replicar el ejercicio que se hizo de la red neuronal del Capítulo 2, a modo de un ejercicio práctico del tipo `Hola mundo`[36] con el que se indiquen los elementos para construir una red a través de esta librería.[37]

[35] Esta es una traducción que el autor hace directamente del texto original que se encuentra en la página web: https://www.tensorflow.org/.

[36] En el contexto de los lenguajes de programación, un *Hola Mundo* es un primer ejercicio que introduce un lenguaje de programación específico.

[37] El cómo hacer la instalación de TensorFlow se presenta en el Apéndice A.

3.2. Hola mundo con TensorFlow

Considere la gráfica que se presentó en la Figura 2.13. Esta presenta los datos que se obtienen a partir de la ecuación $y = 2x + 2$, donde y es el objetivo y x la variable de entrada o característica. A modo de un `Hola Mundo`, y generando datos sin ruido a partir de dicha ecuación, el siguiente código implementa TensorFlow para crear un modelo de red neuronal:

```
1  # Cap. 3 - programa 1
2  import tensorflow as tf
3
4  X = tf.constant([-1., 0., 1., 2., 3., 4.,
5                   5., 6., 7., 8., 9., 10.])
6  y = 2 * X + 2
7
8  X = tf.reshape(X, (X.shape[0], 1))
9  y = tf.reshape(y, (y.shape[0], 1))
10
11 model = tf.keras.Sequential([
12     tf.keras.layers.Dense(units=1,
13                           activation='linear'),
14     tf.keras.layers.Dense(units=1)])
15
16 model.compile(
17     optimizer='SGD',
18     loss='MSE')
19 model.fit(x=X, y=y, epochs=5000, verbose=0)
20 print(y)
21 print(model.predict([[8.]]))
```

El anterior programa implementa un modelo de red neuronal con una capa oculta y una sola neurona en ella. Además se usa una función de activación del tipo identidad $f(x) = x$ para la neurona oculta y la neurona de salida.

A continuación se explica línea a línea lo que hace este programa:

- La línea 2 importa TensorFlow con el seudónimo `tf`.

- Las líneas 4 y 6 crean dos tensores para alojar las entradas `X` y las salidas `y` respectivamente.
- Las líneas 8 y 9 cambian la forma de los tensores a través del método `tf.reshape()` el cual toma como argumentos al tensor a modificar su forma y una tupla que indique la forma.
- La línea 11 crea una instancia de la clase `Sequential`; esta clase implementa un modelo de red neuronal que tiene como característica el apilamiento de capas. Así, la instancia de la clase `Sequential`, a su vez puede iniciarse con un argumento del tipo lista de Python, en el que se vayan indicando, una a una, las capas de una red neuronal. En este caso se apilan dos capas, una oculta y una de salida, ambas con sólo una neurona.
- La línea 12 lo que hace es indicar el tipo de capa que se va a usar para la red. En este caso corresponde a una capa totalmente conectada del tipo `Dense`, la cual toma como argumentos el número de neuronas en ella (`units=1`) y su tipo de función de activación (`activation='linear'`). Consecuentemente, la línea 14 apila una capa de salida, también del tipo `Dense` lineal.[38]
- La línea 16 hace la compilación del modelo a través del método `compile()`; esto quiere decir que con esta instrucción se inicializan los valores de los pesos y, además, este método toma como argumentos el tipo de algoritmo de entrenamiento y la función de pérdida (`'SGD'` y `'MSE'` respectivamente).

[38]Como se verá más adelante esto podría cambiar para las aplicaciones de clasificación.

- Las líneas 17 y 18 proveen los argumentos al método `compile()`. Aquí se indica que el modelo será entrenado con el algoritmo *Stochastic Gradient Descent* (`SGD`), y se usará una pérdida del tipo *Mean Squared Error* (`MSE`).
- La línea 19 hace correr el entrenamiento a través del método `fit()`, el cual toma como argumentos los datos que usará el modelo para entrenar, en este caso `X`, y `y`, así como el número de iteraciones —o épocas— a través del parámetro `epochs`. Para el caso del ejemplo, se usarán cinco mil épocas.
- Finalmente, se puede usar el modelo para predecir un valor a través del método `predict()`. En este caso se pretende predecir un dato de entrada igual a `[8.0]`, por lo que se anida la ejecución del método en un clásico `print()` para imprimir el resultado en pantalla.

Al ejecutar el programa 4.1, se obtiene un resultado aproximado de 18.0, el cual se deriva al evaluar $x = 10$ en la ecuación lineal $y = 2x + 2$. Dicho resultado demuestra la fidelidad del código en cuanto a la metodología empleada para entrenar una red neuronal artificial, la cual se compone de cuatro etapas esenciales: generación de datos, construcción del modelo, compilación y entrenamiento. Estas fases se analizarán con mayor profundidad en secciones subsecuentes. Sin embargo, al comprender la lógica subyacente en la creación de un modelo de red neuronal artificial utilizando TensorFlow, es posible replicar dicho modelo empleando los datos generados previamente en el capítulo anterior.

3.3. Construcción de una red neuronal artificial con TensorFlow

Retomando la Sección 2.7.1, se llevó a cabo el entrenamiento de una red neuronal artificial empleando una metodología *desde cero* con datos sintéticos generados a partir de la ecuación subsecuente:

$$y = 2x + 2,$$

y a los cuales se les agregó ruido pseudo aleatorio de una distribución normal $y_{ruido} = \mathcal{N}(0, 2)$. Para el caso, se crearon un total de $N = 1000$ pares de entradas/salidas, de tal suerte que la expresión matemática para este conjunto de datos fue la siguiente:

$$\mathcal{S} = \{(x^{(i)}, y^{(i)})\}_{i=1}^{N=1000}.$$

Para explicar el modelado de este conjunto de datos con TensorFlow, lo que se hará es partir el código en varios segmentos, los cuales se apegan al ciclo de entrenamiento mencionado arriba.

3.3.1. Ciclo de entrenamiento de un modelo en TensorFlow

Los siguientes puntos explican la estrategia de modelado para la red neuronal artificial paso a paso, a través de segmentos de código:

1. Primero se cargan las librerías Matplotlib y TensorFlow, así como el método `mse()` del módulo `tensorflow.keras.metrics` para evaluar el error de la red que se va a crear respecto a los datos. Cabe señalar que, al final del siguiente segmento de código se usa la instrucción `tf.random.set_seed(1)` para asegurar que todos los

datos pseudo aleatorios que se generen sean iguales y así se pueda reproducir este ejemplo en cualquier computadora o plataforma de desarrollo.

```
import matplotlib.pyplot as plt
import tensorflow as tf
from tensorflow.keras.metrics import mse

tf.random.set_seed(1)
```

2. El siguiente fragmento de código crea las variables `X` y `y` con los datos de entrenamiento. Es importante notar que aquí se aprovecha el método `tf.linspace()` para crear un tensor de tamaño `(N, 1)`, al dar como argumentos el inicio y el final de los datos entre corchetes `[]`, así como el total de los mismos (usando el entero de la variable `N`). También se usa la función `tf.random.normal()` para crear una variable pseudo aleatoria con distribución normal centrada en cero y una desviación estándar igual a 2.0; esta función primero toma como argumento la forma del tensor en el que alojará los datos pseudo aleatorios (en este caso se pasa una tupla `(N, 1)` para crear el tensor `y_ruido`). Luego se suma el ruido a la variable `y`.

```
N = 1000
X = tf.linspace([-1.], [10.], N)
y = 2 * X + 2
y_ruido = tf.random.normal((N, 1), 0.0, 2.0)
y = y + y_ruido
```

3. Toda vez que se tienen definidos los datos de entrenamiento, crea el modelo. Esto se logra a través de la clase `Sequential`, apilando dos capas `Dense`: diez neuronas ocultas para la primera capa, cada una de ellas con función de activación

del tipo sigmoide `'sigmoid'` (como el caso de la red del capítulo anterior). Por otra parte, para la capa de salida se especifica una sola neurona. Aquí, por ejemplo, cuando no se tiene una función de activación definida, TensorFlow asume el caso de función identidad, que corresponde a la forma de función que se usó en la red neuronal creada desde cero (esto es, $g_L(x) = x$).

```
modelo = tf.keras.Sequential([
 tf.keras.layers.Dense(units=10, activation='sigmoid'),
 tf.keras.layers.Dense(units=1)
])
```

4. Luego se hace la compilación del modelo. Ésta se logra mediante el uso del método `compile()`. Aquí, el optimizador y la función de costo se definen mediante el operador punto, práctica habitual en el desarrollo de modelos de redes neuronales. A diferencia de utilizar un pseudónimo como `'SGD'`, que emplea valores predeterminados, la notación `SGD(learning_rate=0.01)` permite asignar un valor específico a la tasa de aprendizaje durante el entrenamiento (en este caso, `0.01`).

```
modelo.compile(
 optimizer=tf.keras.optimizers.SGD(learning_rate=0.01),
 loss=tf.keras.losses.MSE
)
```

5. Posteriormente, se procede al entrenamiento del modelo. En el siguiente segmento de código, se ingresan los datos generados mediante los argumentos `x=` y `y=`, así como el número de épocas (en este caso, `epochs=1000`). El parámetro `verbose` determina si se muestra información del proceso durante cada época, con valores `0` para omitir la información y

1 o 2 para indicar el número de época. Además, se emplea batch_size=N para entrenar el modelo con todos los ejemplares del conjunto de datos en cada época.

```
modelo.fit(x=X, y=y, epochs=1000, verbose=1,
batch_size=N)
```

6. Tras finalizar el entrenamiento del modelo, se implementa la función mse() para medir el error entre las predicciones y los datos de y. El siguiente código crea la variable y_pred utilizando model.predict(X) y calcula el error con mse(), empleando tf.squeeze() para simplificar la forma de los tensores a (1000,), facilitando el cálculo del error mediante mse().[39]

```
y_pred = modelo.predict(X)
error = mse(tf.squeeze(y), tf.squeeze(y_pred))
print(error)
```

Si se siguen los pasos que se explican en esta lista, se obtiene un error de predicción en TensorFlow aproximadamente igual a 4.28841. El error de la red construida desde cero fue de 4.5258. Esto quiere decir que la red neuronal artificial creada en TensorFlow tiene un mejor desempeño para el conjunto de datos. El código completo se presenta a continuación:

[39] La forma shape, de los tensores y y y_pred es (1000, 1). Al aplicar mse sin modificar su forma, se calcularía el error individual de los mil elementos. Por ello, se reduce su tamaño eliminando la segunda dimensión, es decir, el 1 en la tupla.

```
# Cap. 3 - programa 2
import matplotlib.pyplot as plt
import tensorflow as tf
from tensorflow.keras.metrics import mse

tf.random.set_seed(1)

# Paso 1 | Definir y preparar datos
N = 1000
X = tf.linspace([-1.], [10.], N)
y = 2 * X + 2
y_ruido = tf.random.normal((N, 1), 0.0, 2.0)
y = y + y_ruido

# Paso 2 | Crear modelo
modelo = tf.keras.Sequential([
    tf.keras.layers.Dense(units=10, activation='sigmoid'),
    tf.keras.layers.Dense(units=1)
])

# Paso 3 | Compilar modelo
modelo.compile(
    optimizer=tf.keras.optimizers.SGD(),
    loss=tf.keras.losses.MSE)

# Paso 4 | Entrenar modelo
modelo.fit(x=X, y=y, epochs=1000, verbose=0,
batch_size=N)

# Medir el error y graficar predicciones
y_pred = modelo.predict(X)
error = mse(tf.squeeze(y), tf.squeeze(y_pred))

print(error)
```

TensorFlow ofrece una ventaja significativa sobre el código implementado en el capítulo previo, pues debido a su modularidad permite la creación de modelos más complejos de manera eficiente. Por ejemplo, para añadir una nueva capa oculta, bastaría con agregar una línea de código mediante `layers`.

3.3.2. Curvas desempeño de un modelo en TensorFlow

Las curvas del error de entrenamiento y validación de un modelo con respecto de las épocas de entrenamiento de un modelo, pueden considerarse como instrumentos de un diseñador de redes neuronales para evaluar su desempeño, y así tomar decisiones para la mejora del mismo. En TensorFlow estas curvas se obtienen al crear una variable que aloje el entrenamiento del modelo como sigue:

```
historial = modelo.fit(x=X, y=y,
validation_data=(X_valid, y_valid),
epochs=1000,
verbose=1)
```

La variable `historial` aloja toda la información que se genera al momento de entrenar un modelo. Así se guardan los errores correspondientes al entrenamiento y, si es el caso, de la validación cuando se usa un **conjunto de validación**. La razón estriba en que el algoritmo `SGD` usado para entrenar la red tiene parámetros de inicio diferentes a los supuestos en nuestra red desde cero. Dichos parámetros son por defecto y corresponden a valores recomendados para problemas generales en TensorFlow. Estos parámetros están vinculados al tipo de algoritmo, tasas de aprendizaje y otros valores que se ven en el siguiente capítulo.

Al crear la variable `historial` en el código de la red neuronal que se desarrolló arriba e introduciendo el siguiente fragmento de código al final se obtiene la Figura 3.1:

```
import matplotlib.pyplot as plt

plt.plot(range(1000), historial.history['loss'], 'k-')
plt.ylabel("MSE")
plt.xlabel("Épocas")
plt.show()
```

La Figura 3.1 presenta el desempeño del entrenamiento del modelo. Tal como se observa, la convergencia a un punto es muy rápida, contrario al caso de la red neuronal desde cero.

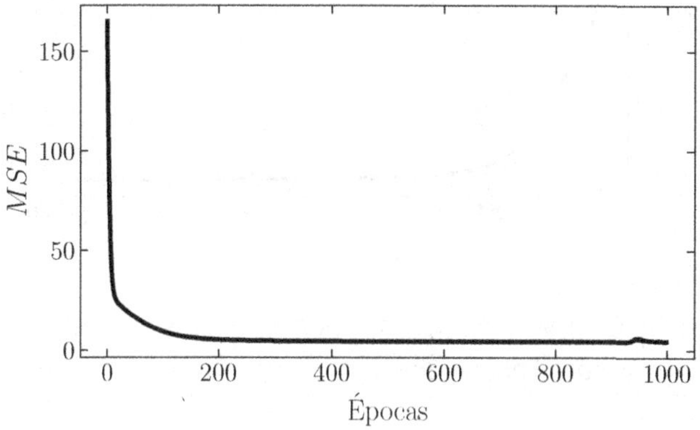

Figura 3.1: Curva de entrenamiento del modelo creado en TensorFlow.

La Figura 3.2 presenta una comparación en escala logarítmica del eje vertical del error obtenido con ambos modelos creados hasta este punto, desde cero y con TensorFlow; se nota que la red de TensorFlow converge más rápido hacia un valor fijo que la red creada desde cero. Esto encuentra su razón en que TensorFlow usa diferenciación automática y algunos valores predeterminados internos de entrenamiento.

Una vez creado el modelo en TensorFlow, se procede a utilizarlo para emitir predicciones. Como bien se menciona arriba, esto se hace a través de la función `predict()`. Por ejemplo, los resultados de la Figura 3.3 demuestran que la red neuronal creada con TensorFlow provee buenas predicciones para el conjunto de datos con la que fue entrenada; aunque la misma es exitosa para ese conjunto, no es lo deseable y en los próximos capítulos se tocarán otra clase de conjuntos

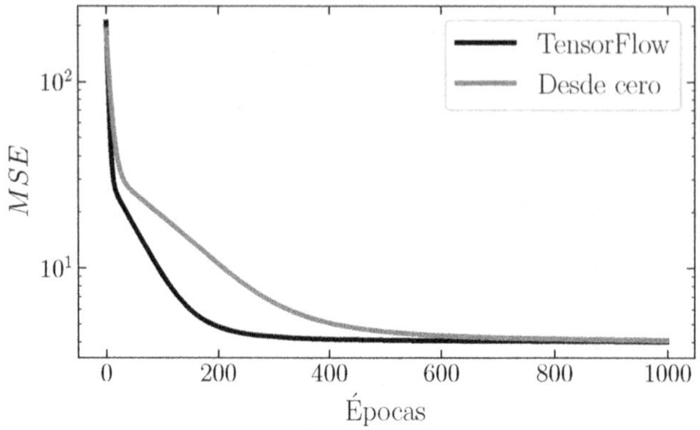

Figura 3.2: Curvas de entrenamiento de los modelos creados *desde cero* y con TensorFlow.

de datos, los cuales se usan para evaluar la efectividad de predicción de un modelo de este tipo.

En resumen, en TensorFlow la construcción de modelos de redes neuronales es ágil. El aprendizaje y destreza del usuario radicaría en comprender cada línea de código. Hasta ahora, se ha brindado una introducción básica a la librería. El resto del capítulo abordará aspectos relevantes en el uso de TensorFlow: el manejo de modelos, el aprendizaje por lotes y los algoritmos de entrenamiento.

3.4. Manejo de modelos H5

En esta sección se explora cómo guardar y cargar modelos de TensorFlow utilizando el formato de archivo `H5`. Este formato, basado en el paquete de datos *Hierarchical Data Format* (HDF5), es ampliamente utilizado en la comunidad del Machine Learning y el Deep Learning debido a su eficiencia y compatibilidad entre

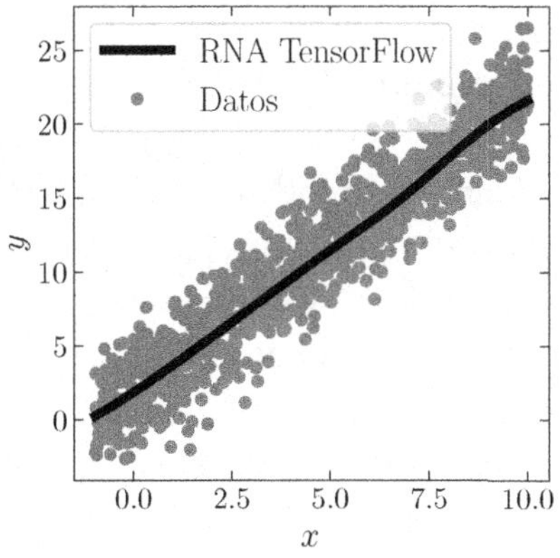

Figura 3.3: Predicciones del modelo de red neuronal credo con TensorFlow. Donde RNA significa red neuronal artificial.

diferentes plataformas. Este formato facilita compartir, distribuir y retomar el entrenamiento de modelos de manera rápida y sencilla.

Para guardar un modelo en formato `H5`, se usa el método `save()` del modelo. Por ejemplo, el siguiente fragmento de código guarda una red muy básica con ese formato:

```
import tensorflow as tf

modelo = tf.keras.Sequential([
    tf.keras.layers.Dense(128, 'relu', input_shape=(784,)),])

# Guarda el modelo en formato H5
modelo.save('mi_modelo.h5')
```

Para cargar un modelo previamente guardado en formato H5, se utiliza la función `load_model()` de TensorFlow:

```
from tensorflow.keras.models import load_model

modelo_cargado = load_model('mi_modelo.h5')
```

En este fragmento de código, se importa la función `load_model` del módulo `tensorflow.keras.models`. La función `load_model` se utiliza para cargar modelos de TensorFlow previamente guardados en formato `H5`. Es importante proporcionarle la ruta del archivo `H5`, para poder cargarlo y restaurar la arquitectura, los pesos y la configuración de entrenamiento del modelo. El modelo cargado se almacena en la variable `modelo_cargado`.

Una vez que el modelo se ha cargado en la variable `modelo_cargado`, es posible utilizarlo para realizar predicciones a través del método `predict()`, evaluar su rendimiento, continuar el entrenamiento o realizar cualquier otra tarea que requiera su uso.

Cabe destacar que el formato `H5` no es el único que puede gestionar TensorFlow, y existen otros tipos que, dependiendo de las necesidades que se tengan (por ejemplo que no ocupen mucha memoria en disco), es preferible su uso. Para ello se sugiere revisar a detalle la documentación del sitio web de la librería TensorFlow (2023a). En el libro y en los códigos que acompañan al mismo no será necesario trabajar con otros formatos.

3.5. Algoritmos de entrenamiento en TensorFlow

A lo largo del presente capítulo y del anterior se ha presentado y mencionado el algoritmo del *descenso de gradiente* para optimizar los parámetros de una red neuronal artificial. Sin embargo, existen diversas clases y tipos de algoritmos de aprendizaje que, o bien pueden usarse para entrenar más rápido un modelo, o son una buena alternativa cuando no es posible encontrar valores cercanos al óptimo en una red neuronal. Esta sección se centrará en dos clases particulares de algoritmos de entrenamiento: (a) algoritmos de descenso de gradiente y (b) algoritmos de tasa de aprendizaje adaptativa. Algunos de ellos son los siguientes:

- *Descenso de gradiente por mini-lotes.*
- *Descenso de gradiente estocástico.*
- *AdaGrad.*
- *Adadelta.*
- *Adam.*

Estos algoritmos están integrados en TensorFlow y son muy usados en la práctica, por lo que aquí sólo se hará una revisión breve a los mismos.

3.5.1. Descenso de gradiente por mini-lotes

El algoritmo descenso de gradiente por mini-lotes (en inglés, *mini-batch gradient descent*) es una variante del algoritmo de descenso de gradiente. Esta variación consiste en actualizar los pesos de una red neuronal por selección aleatoria de mini-lotes de datos derivados del conjunto de datos de entrenamiento. Esto se logra al actualizar por cada época los parámetros de una red neuronal a través de un solo mini-lote, mientras que se prescinde de los demás ejemplares del conjunto general durante ello. Como consecuencia de la aplicación del aprendizaje por mini-lotes, el tiempo de convergencia en el entrenamiento se reduce, a costo de que la actualización de los parámetros pudiera no llegar a un nivel óptimo.

El uso del descenso de gradiente por mini-lotes se recomienda cuando se tiene un conjunto de datos previamente aleatorizado y muy grande, lo que permite ahorrar tiempo al entrenar un modelo, pues si se entrenase con todos los ejemplares del conjunto de datos se llevaría mucho tiempo.

La implementación del descenso de gradiente por mini-lotes se puede hacer por medio del método `.fit()` a través del argumento `batchsize=TAMANO_LOTE`. Por ejemplo, usando la instancia `modelo`, se tiene que:

```
modelo.fit(x=X,
           y=y,
           epochs=NUM_EPOCHS,
           verbose=1,
           batch_size=TAMANO_LOTE
)
```

donde `batch_size=TAMANO_LOTE` es un número entero que específica el tamaño del subconjunto de datos sobre el cual entrenar un modelo.

Por ejemplo, si se usa un lote igual a 32 para el método de `fit()`, y se compara el rendimiento del entrenamiento de dos modelos idénticos en arquitectura salvo en este punto, se obtienen los resultados de la Figura 3.4. Los resultados del uso de un lote de 32 ejemplares para entrenamiento son evidentes, pues se reduce el número de épocas para la convergencia del modelo. Sobra decir que este tamaño de lote es el que usa TensorFlow por valor determinado si no se especifica uno. Como sea el caso, quien diseñe una red debe también sopesar este punto, pues habrá ocasiones en las condiciones de los datos en que valga la pena que un modelo le lleve menos épocas en converger. Este sería, pues, un motivo de experimentación para el entrenamiento de redes neuronales artificiales.

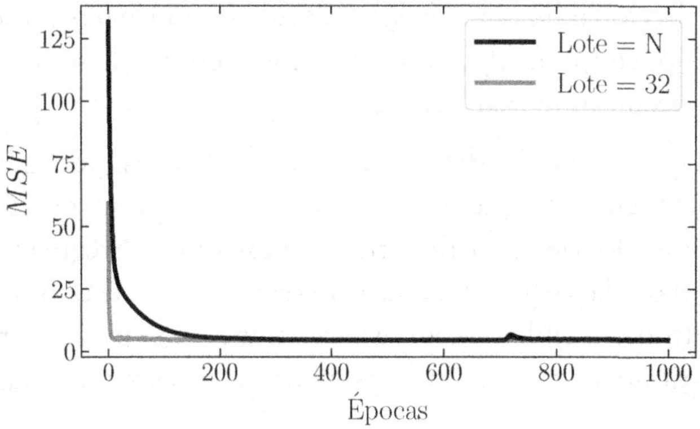

Figura 3.4: Comparación del desempeño de un modelo entrenado por medio del descenso de gradiente y el descenso de gradiente por mini-lotes.

3.5.2. Descenso de gradiente estocástico

Si se lleva el descenso de gradiente por mini-lotes al extremo, utilizando un tamaño de lote unitario para entrenar un modelo, se implementaría el algoritmo del **descenso de gradiente estocástico**. Según Goodfellow et al. (Goodfellow et al., 2016), los algoritmos de optimización que emplean un solo ejemplar de datos a la vez se denominan *métodos estocásticos*.

La implementación del descenso de gradiente estocástico se lleva a cabo a través de los siguientes pasos:

1. Implementar la correcta aleatorización de los ejemplares de los conjuntos de entrenamiento y validación antes de ser usados para entrenar un modelo. Otra variante en este paso, es seleccionar, durante el entrenamiento, cada uno de los lotes unitarios a través de un método aleatorio.

2. Seleccionar un tamaño de lote igual a la unidad (en TensorFlow se puede usar alguno de los dos métodos descritos arriba especificando `batch_size = 1`.)

Una gran ventaja del algoritmo de descenso de gradiente estocástico repara en que es muy útil para evitar permanecer dentro de mínimos locales en funciones de costo muy irregulares. Esto sucede así por la irregularidad intrínseca que aporta la estocasticidad al algoritmo; sin embargo, en caso contrario, ante un costo regular, este algoritmo quizás presente variaciones para valores de un mínimo global.

Para contrarrestar la problemática de un gradiente *ruidoso*, como el que presenta el algoritmo de descenso de gradiente estocástico, y aumentar la velocidad de convergencia a valores óptimos, TensorFlow y `Keras` proveen hiperparámetros adicionales a la clase `SGD` de optimizadores. En concreto, se tienen a disponibilidad las opciones de *momentos* y *momentos de Nesterov* (de la palabra inglesa momentum):

```
tf.keras.optimizers.SGD(
    learning_rate=0.01,
    momentum=0.0,
    nesterov=False,
    name='SGD',
    **kwargs
)
```

Del anterior código, los valores predeterminados de los atributos de dicha clase, ambos, son nulos. Lo que hacen estas opciones es introducir una modificación a la ecuación del descenso de gradiente que describe la actualización de los pesos y sesgos (Ecs. 2.39 y 2.40), de tal forma que el objetivo principal es mitigar los problemas de varianza que se presentan en las soluciones del algoritmo del descenso de gradiente al introducir *momentum* o impulso, que acelera la actualización en la dirección del gradiente que es más relevante, y también reduce oscilaciones. Estas técnicas no se tratan en esta obra, pero se sugiere consultar la documentación técnica de TensorFlow que las describe (TensorFlow, 2023b).

Por otra parte, la Figura 3.5 presenta tres curvas de entrenamiento a modo de comparación entre el tamaño de lote elegido para el algoritmo del descenso de gradiente. Tal como se observa, cuando se hace uso de un solo ejemplar del lote (descenso estocástico), no encuentra diferencias muy significativas que si se usasen 32 ejemplares. Lo que sí es significativo es que el uso de un mini-lote reduce el número de épocas para la convergencia de los modelos.

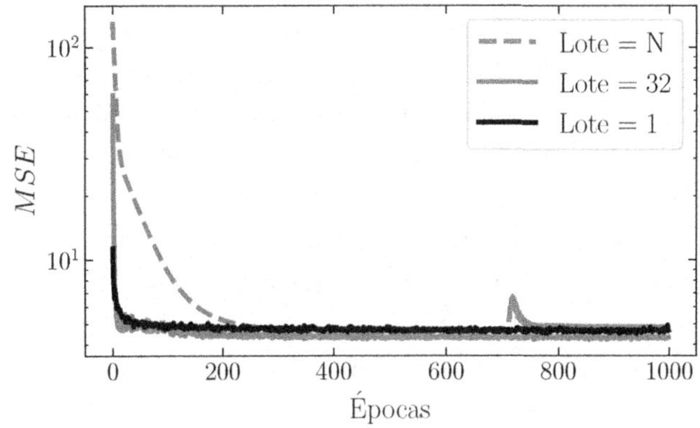

Figura 3.5: Comparación del descenso de gradiente estocástico (línea negra), con descenso de gradiente con otro tamaño de lote.

Una gran desventaja del algoritmo de descenso de gradiente estocástico que debe tenerse en cuenta radica en el tiempo de entrenamiento. Especificar que el entrenamiento se lleve a cabo para un solo ejemplar de entradas/objetivos del conjunto de datos de entrenamiento, se traduce en tiempos de entrenamiento largos.

Finalmente, es muy relevante recordar que el uso de la clase `SGD` de los optimizadores de TensorFlow permite implementar objetos con distintos valores en sus atributos. Esto significa que el analista, diseñador o ingeniero de redes neuronales artificiales debe tener en cuenta qué valores usa, cómo trabaja los lotes de sus conjuntos de datos y qué técnicas avanzadas adhiere al entrenamiento usando el algoritmo de descenso de gradiente; pues dependiendo de ellos, estaría especificando una u otra de las variantes que hasta aquí se han descrito.

3.5.3. AdaGrad

AdaGrad es un algoritmo de entrenamiento el cual debe su nombre a los gradientes adaptativos del descenso de gradiente (Duchi et al., 2011). Este algoritmo introduce una variación en la que la tasa de aprendizaje se ajusta individualmente para cada uno de los pesos de un modelo, a través de un escalamiento proporcional al inverso de la raíz cuadrada de la suma de los valores históricos de los gradientes (acumulación de gradientes). Es decir, este algoritmo adapta la tasa de aprendizaje a los parámetros, realizando actualizaciones más pequeñas (tasas de aprendizaje bajas) para los parámetros asociados a las características que aparecen con frecuencia, y actualizaciones más grandes (tasas de aprendizaje altas) para los parámetros asociados a las características poco frecuentes. Por esta razón, es muy adecuado para tratar conjuntos de datos muy dispersos.

En TensorFlow el algoritmo de AdaGrad se implementa a través de la clase del mismo nombre. Esta tiene los siguientes valores predeterminados para sus atributos de clase:

```
tf.keras.optimizers.Adagrad(
    learning_rate=0.001,
    initial_accumulator_value=0.1,
    epsilon=1e-07,
    name="Adagrad",
    **kwargs)
```

En el anterior código, `learning_rate` es una tasa de aprendizaje inicial, `initial_accumulator_value` es un valor que asocia la acumulación de los gradientes y `epsilon` controla la estabilidad numérica. Al igual que el caso del algoritmo de descenso de gradiente modificado, se recomienda con AdaGrad primero usar los valores predeterminados y después experimentar con ellos. Así mismo, más sobre detalles de este algoritmo y recomendaciones sobre los parámetros, pueden ser consultados en el módulo de optimizadores de la documentación de TensorFlow.

3.5.4. Adadelta

Adadelta, por las siglas en inglés de *An Adaptive Learning Rate Method* (en castellano, «*método de tasa de aprendizaje adaptativo*»), es un algoritmo de descenso de gradiente estocástico que se basa en una tasa de aprendizaje adaptativa al igual que AdaGrad (Zeiler, 2012).

El Algoritmo Adadelta es una extensión más robusta de AdaGrad, puesto que adapta las tasas de aprendizaje con base en una ventana móvil de actualizaciones del gradiente, en lugar de la acumulación de los gradientes de épocas previas. Esto permite que bajo Adadelta se sigan optimizando los pesos, incluso cuando se han realizado muchas actualizaciones. Otra diferencia con respecto de AdaGrad, es que con Adadelta no es necesario establecer una tasa de aprendizaje global.

En TensorFlow el algoritmo de Adadelta tiene su propia clase, con valores predeterminados para sus atributos:

```
tf.keras.optimizers.Adadelta(
    learning_rate=0.001,
    rho=0.95,
    epsilon=1e-07,
    name="Adadelta",
    **kwargs
)
```

donde `learning_rate` es una tasa de aprendizaje inicial a partir de la cual se hace su adaptación, `rho` es un hiperparámetro que controla la velocidad de decaimiento para la tasa de aprendizaje, y `epsilon` es un valor de estabilidad numérica. Se recomienda usar los valores predeterminados de estos atributos de clase y, a partir de ello, hacer la correspondiente modificación en una campaña experimental con objetivos de mejora de un modelo.

3.5.5. RMSProp

El algoritmo **RMSProp** acumula la suma de gradientes utilizando una ventana móvil al igual que Adadelta, con suavizado exponencial. Además, éste algoritmo puede combinarse con momentos de Nesterov (Tieleman y Hinton, 2012). La implementación de RMSProp en TensorFlow es una clase homónima, con los siguientes atributos:

```
tf.keras.optimizers.RMSprop(
    learning_rate=0.001,
    rho=0.9,
    momentum=0.0,
    epsilon=1e-07,
    centered=False,
    name="RMSprop",
    **kwargs
)
```

donde `learning_rate` es una taza inicial, `rho` es un factor de descuento en relación con el historial de los gradientes, `epsilon` es una constante de estabilidad numérica, `momentum` es una opción que controla la combinación del algoritmo con momentos, y `centered` es una bandera booleana que permite normalizar los gradientes, con el consecuente costo de demanda de recursos computacionales sí se cambia su valor a `True`.

3.5.6. Adam, Nadam y AdaMax

Adam, de *adaptive moment estimation* (en castellano, *«estimación por impulsos adatpativos»*), al igual que AdaGrad y Adadelta, es un algoritmo de tasa de aprendizaje adaptativa. Esta adaptación se hace a través del uso de las normas de las medias móviles del histórico de los gradientes durante cada etapa de entrenamiento, así como a través de momentos de primer y segundo orden de estos gradientes (Kingma y Ba, 2015).

En TensorFlow el algoritmo de Adam está implementado a través de su propia clase en el módulo de `optimizers`. Sus atributos y los valores predeterminados de los mismos son:

```
tf.keras.optimizers.Adadelta(
    learning_rate=0.001,
    beta_1=0.9,
    beta_2=0.999,
    epsilon=1e-07,
    amsgrad=False,
    name="Adam",
)
```

En el código anterior, `learning_rate` es una tasa de aprendizaje inicial, `beta_1` y `beta_2` son velocidades de decaimientos para los momentos de primero y segundo orden respectivamente, `epsilon` es un valor de estabilidad numérica, y `amsgrad` es una bandera booleana que activa la variante AMSGrad a Adam.

Por otra parte, de Adam se desprenden algunas otras variantes del algoritmo, entre las que se destacan dos:

1. **Nadam** — De acuerdo con la documentación de TensorFlow, Nadam es, esencialmente, Adam combinado con momentos de Nesterov. Su nombre se deriva de *Nesterov-accelerated adaptive moment estimation* (Dozat, 2016).
2. **AdaMax** — Es una variante en la que se modifica la norma de los gradientes (Kingma y Ba, 2015).

Tanto como Nadam y AdaMax también se encuentran implementadas en TensorFlow a través de clases homónimas (TensorFlow, 2023b). La clase de Nadam es:

```
tf.keras.optimizers.Nadam(
    learning_rate=0.001,
    beta_1=0.9,
    beta_2=0.999,
    epsilon=1e-07,
    name="Nadam",
    **kwargs
)
```

donde `learning_rate` es una tasa de aprendizaje de referencia, `beta_1` y `beta_2` son velocidades de decaimientos para los momentos de primero orden y de la norma L_∞, respectivamente, y `epsilon` es una constante de estabilidad numérica. La implementación de AdaMax en TensorFlow esta descrita como sigue:

```
tf.keras.optimizers.Adamax(
    learning_rate=0.001,
    beta_1=0.9,
    beta_2=0.999,
    epsilon=1e-07,
    name="Adamax",
    **kwargs
)
```

donde `learning_rate` es también una tasa de referencia, `beta_1` y `beta_2` similares a Nadam, y `epsilon` constante de estabilidad numérica.

La diferencia entre Nadam y AdaMax se encuentra en su codificación, por lo que, ante una posible aplicación de los mismos, es importante revisar las fuentes científicas y técnicas que reportan y describen su funcionamiento (Schmidt et al., 2020).

3.5.7. Selección de un algoritmo de entrenamiento

Esta sección ha revisado de manera breve e introductoria varios de los algoritmos implementados en TensorFlow. Ante tal diversidad, clases y subclases de algoritmos, surgirían las dudas de qué algoritmo elegir y qué valores establecer para cada uno de los hiperparámetros. En realidad no existe nada escrito sobre cuál algoritmo usar, porque cada conjunto de datos sobre los que se construye un modelo es diferente, por lo que se recomienda, en cada caso, investigar reportes técnicos o científicos en los que se dé luz sobre el algoritmo más utilizado para una aplicación o casos específicos. Esta decisión también depende de la disponibilidad del tiempo del diseñador de redes neuronales, de sus herramientas y del equipo de computación del que dispone. Y cuando no se tienen reportes o información colegiada, lo mejor es experimentar tal como describe en el capítulo próximo, bien dedicando tiempo a hacer comparaciones entre varias opciones o a establecer el diseño de experimentos de forma sistemática.

Como sea el caso, siempre se debe tener en cuenta que los problemas que son abordados por medio de redes neuronales artificiales pueden ser diferentes entre sí, y no se puede concluir mucho sobre los optimizadores a partir de un ejemplo. Así, la experimentación y la repetición de pruebas para obtener más datos siempre son deseables para encontrar un mejor modelo.

3.6. Problemas de gradientes

Relacionado con los gradientes de un modelo, pueden existir problemas relacionados que afecten el desempeño de este. Dos de los problemas más tipificados son el **desvanecimiento de gradientes** y el **gradiente explosivo.**[40]

El problema que plantea el de desvanecimiento de gradientes y el gradiente explosivo es un desafío en el entrenamiento de redes neuronales artificiales, especialmente en aquellas con arquitecturas de múltiples capas ocultas. Estos problemas ocurren cuando los gradientes, que son utilizados para actualizar los pesos de la red mediante el algoritmo de retropropagación, se vuelven muy grandes (explotan) o muy pequeños (se desvancecen) durante el proceso de entrenamiento.

Los gradientes explosivos pueden causar inestabilidad en el entrenamiento y actualizaciones erráticas de los pesos, lo que impide que una red converja a una solución óptima. Por otro lado, los gradientes desvanecidos provocan que los pesos en las capas más profundas de la red se actualicen muy lentamente o prácticamente no se actualicen en absoluto, lo que lleva a un aprendizaje deficiente o estancado. Ambos problemas dificultan el entrenamiento efectivo de redes neuronales y han sido objeto de numerosas investigaciones para encontrar soluciones adecuadas. Existen técnicas como la inicialización de los pesos, el *abandono*, la *regularización* o *capas de normalización por lotes* en TensorFlow para mitigar estos problemas. Aunque no se abordan todas éstas técnica, algunas de éstas se presentan en en los subsecuentes capítulos.

[40] Del inglés, *vanishing gradient* y *exploding gradient*, respectivamente.

3.7. Resumen del capítulo

TensorFlow, desarrollada por ingenieros de Google, es actualmente una de las bibliotecas más utilizadas en la industria tecnológica, debido a su versatilidad y eficiencia en el ámbito de aprendizaje automático y redes neuronales. Numerosos gigantes tecnológicos, instituciones de investigación y desarrolladores individuales colaboran y contribuyen al ecosistema de TensorFlow, tanto para la investigación de vanguardia como para el desarrollo e implementación de nuevas tecnologías y aplicaciones. De ahí la relevancia del porqué de su uso en esta obra.

En el presente capítulo se ha llevado a cabo una introducción a TensorFlow, centrando la atención en la adaptación y mejora del modelo de red neuronal presentado en el capítulo anterior. Así mismo, se han introducido y revisado diversos conceptos fundamentales en el campo de las redes neuronales y el aprendizaje profundo, proporcionando al lector una sólida base para comprender las ventajas y características de esta herramienta.

El siguiente capítulo profundizará en las técnicas y prácticas modernas que son comúnmente adoptadas en el diseño y construcción de modelos basados en redes neuronales artificiales. Con el apoyo de TensorFlow como plataforma de referencia, se ilustrarán y discutirán estas técnicas, proporcionando una visión integral de las mejores prácticas y estrategias en el desarrollo de soluciones de aprendizaje profundo. El enfoque estará en proporcionar conocimientos aplicables y prácticos que permitan al lector abordar problemas reales y complejos en los ámbitos de las ciencias y la ingeniería.

3.8. Problemas

3.1. Cree una red neuronal artificial con TensorFlow para modelar la función del Problema 2.5.:

$$f(x_1, x_2) = x_1^2 - x_1x_2 + 3x_2^2.$$

Use los mismos valores para x_1 y x_2 que se definen en el problema 2.5.. Para la red neuronal considere diez neuronas ocultas para una capa oculta, mil épocas de entrenamiento, un $\alpha = 0.01$ y `SGD()`.

3.2. Considere las mismas especificaciones del problema 3.1. para crear un modelo de red neuronal de la función, pero ahora agregue ruido a los datos a partir de una distribución normal $\mathcal{N}(0, 0.5)$.

3.3. Desarrolle una red neuronal en TensorFlow para un conjunto de datos creados a partir de la *función de Himmelblau* (1972):

$$f(x_1, x_2) = \left(x_1 + x_2^2 - 7\right)^2 + \left(x_1^2 + x_2 - 11\right)^2,$$

Para la construcción del conjunto de datos, considere valores de $-6 < x_1 < 6$ y $-6 < x_2 < 6$. Además, use diez neuronas ocultas para una capa oculta, cien épocas de entrenamiento, un $\alpha = 0.01$ y `SGD()`. Registre el valor del MSE al final del entrenamiento.

3.4. A partir de las especificaciones del Problema 3.3., desarrolle tres nuevos modelos salvo que cada uno de ellos use los siguientes algoritmos de entrenamiento:

(i) `RMSprop`.

(ii) `Adam`.

(iii) `Adadelta`.

(iv) `AdaGrad`.

Entrene estos nuevos modelos y registre el error de entrenamiento. ¿Qué algoritmo se desempeña mejor?

3.5. Guarde cada uno de los modelos de los problmas de este capítulo través de la función `save()`. Luego elabore un programa en el que se carguen todos y se les asigne variables de mismo nombre.

3.6. Defina en Python una nueva función llamada `himmelblau(x1, x2)`. Luego, evalúe la misma en el punto $P_o(3,2)$ y almacene el resultado en una variable llamada `opt_1`. Finalmente cargue el modelo de red neuronal que se hizo en el Problema 3.3., haga una predicción usando P_o a través de la función `predict()` y guarde el resultado en una variable llamada `opt_1_rna`.
¿Qué tan alejado está `opt_1_rna` de `opt_1`?

3.7. Proponga un nuevo modelo de red neuronal artificial para las especificaciones de la función de Himmelblau del Problema 3.3.. Use diferentes números de capas y neuronas ocultas y busque hiperparámetros adecuados para reducir el error entre una predicción `opt_1_rna` y `opt_1`.

Capítulo 4

Prácticas y técnicas modernas

«La estandarización de hoy es el fundamento necesario en el que se basa la mejora de mañana. Si uno piensa en la estandarización como aquello que refleja la mejor práctica que se conoce hoy en día, pero que se mejorará mañana, entonces llegará lejos. Pero si uno piensa en los estándares como algo limitador, entonces se detendrá el progreso».

Henry Ford (1891 - 1945).

A lo largo del segundo y tercer capítulo se han revisado varios conceptos fundamentales de las redes neuronales artificiales. Esto ha permitido establecer y describir por medio de la matemática y la programación cómo simular una red de neuronas biológicas. No obstante, en la práctica moderna del ciclo de modelado de redes neuronales artificiales existen elementos y técnicas generales que deben tenerse en cuenta para construir y diseñar modelos que sean útiles y funcionales que no se vieron en esos capítulos.

En el presente capítulo, se abordan los elementos y las metodologías contemporáneas, empleadas en el desarrollo y construcción de modelos de redes neuronales artificiales, tal como se encuentran en uso y reportadas en entornos empresariales del desarrollo de modelos de inteligencia artificial y en el ámbito académico especializado. Se delinean los procedimientos fundamentales necesarios para la implementación de arquitecturas de redes neuronales, la gestión adecuada de conjuntos de datos y, además, se examinan los enfoques analíticos esenciales para evaluar y monitorear el desempeño del proceso de entrenamiento de dichos modelos.

4.1. Ciclo de entrenamiento y construcción de redes neuronales

Actualmente en el modelado de redes neuronales artificiales se siguen una serie de pasos o etapas, las cuales forman un ciclo para lograr modelos más o menos fiables dependiendo de las características de sus hiperparámetros y los datos con que se entrenan. Este ciclo podría reducirse a las siguientes cuatro etapas o pasos:

1. *Definición de los datos del problema.* En esta etapa se definen y se seleccionan los datos que corresponden a las entradas y salidas del problema que se busca modelar por medio de redes neuronales artificiales. Además, se requiere que se segmenten los datos para crear los conjuntos que se destinarán para el entrenamiento, la validación y la prueba de un modelo. Aquí también se puede o no hacer un pre-procesado o tratamiento a dichos datos.

2. *Creación del modelo*. En esta etapa se define la arquitectura de un modelo. Es decir, se definen el número de capas ocultas, el número de neuronas en las capas ocultas, el número de entradas y salidas de acuerdo con el conjunto de datos, así como el tipo de las funciones de activación para las neuronas. En otras palabras, esta etapa consiste en armar las capas de una red neuronal.
3. *Compilar el modelo*. En esta etapa se definen las métricas, los métodos y los hiperparámetros para optimizar el modelo, así como el método para inicializar los valores de los parámetros de una red (pesos y sesgos), además se define cómo debe medirse el rendimiento de un modelo seleccionando la función del costo y los conjuntos de datos adicionales.
4. *Entrenar el modelo*. En esta etapa se procede a iniciar el entrenamiento de una red neuronal artificial. Aquí es necesario definir el número total de épocas que durará el mismo, o bien, un criterio mediante el cual se detenga el entrenamiento (como lo puede ser un valor crítico del error).

Si se siguen de manera general estos pasos, es posible desarrollar un código de construcción de redes neuronales legible para un problema dado.[41] Durante el resto del libro se siguen estos pasos y se deja de lado el construir redes neuronales desde cero.

[41] Aunque esto podría contribuir a la estandarización de una metodología para la construcción y diseño de modelos, la realidad es que a nivel internacional aún no se tiene colegiado un método al cual ceñirse, pero es muy común encontrar en la literatura y los reportes científicos sobre redes neuronales un proceder que se apega a estos pasos.

4.2. Tratamiento y acondicionamiento del conjunto de datos

Se entiende como tratamiento y *acondicionamiento de datos del problema* a la acción de pre-procesar y definir los datos de entrenamiento de un modelo para que éste pueda predecir con mayor facilidad las regularidades que representa. Las técnicas más comunes son la estandarización y la normalización:

- **Estandarización.** En esta técnica las entradas $\mathbf{x}$ se transforman de acuerdo con sus estadísticos, como lo son la media y la desviación estándar muestrales. Esto se hace para forzar a un conjunto de datos a poseer propiedad de una distribución normal. Así, la i-ésima característica de un vector de entradas en su forma escalada se calcula por medio de la siguiente ecuación:

$$\tilde{x}_i = \frac{x_i - \bar{x}}{s}, \qquad \text{para} \quad i \in \{1, 2, 3, \ldots D\} \tag{4.1}$$

  donde D se refiere al total de características o entradas, $\bar{x}$ y s son la media y la desviación estándar correspondientes a todos los valores de la i-ésima característica de un conjunto de tamaño N.

- **Normalización.** Esta técnica convierte los valores de las entradas a valores estandarizados para modificar su rango. Así, la i-ésima característica de un vector de entradas en su forma normalizada se calcula por medio de la siguiente ecuación:

$$\breve{x}_i = \frac{x_i - min(x)}{max(x) - min(x)}, \qquad \text{para} \quad i \in \{1, 2, 3, \ldots D\} \tag{4.2}$$

donde $max(x)$ y $min(x)$ son los valores máximos y mínimos de la i-ésima característica de un conjunto de datos.

Es importante notar que las ecuaciones de la estandarización y la normalización hacen uso de estadísticos de muestra y no de parámetros de una población, puesto que se asume que los datos contenidos en un conjunto de entrenamiento pertenecen a una muestra. Sin embargo, en el caso de que los datos de entrenamiento correspondan a toda una población, en su lugar se deberá considerar el uso de parámetros (esto es, σ y μ).

El tratamiento y acondicionamiento de datos puede ir más allá de la sola estandarización y normalización; por ejemplo, en muchas ocasiones un conjunto de datos puede presentar problemáticas como las siguientes:

- Variables que no cuentan con valores en todas sus características.
- Datos que son erróneos y que no corresponden con los valores de una característica dada.
- Datos que pertenecen a *distribuciones no paramétricas*.[42]
- Datos que presentan severos problemas de valores atípicos, ya sea porque su obtención fue inadecuada, o porque en la medición se está colectando algo que no fue tomado en cuenta en el diseño de un experimento.

En tales casos, las técnicas y tratamientos para abordar dichos problemas se refieren a métodos estadísticos avanzados, como la *imputación estadística*, o el *análisis de distribuciones de probabilidad no paramétrico*. Estos métodos están fuera del alcance del presente trabajo y sólo se considerará la estandarización y la normalización en los capítulos siguientes.

[42] Es decir, aquellas que no pueden definirse por parámetros o estadísticos.

4.3. Conjuntos de entrenamiento, validación y prueba

Los algoritmos de entrenamiento de una red neuronal artificial trabajan haciendo predicciones o estimaciones basadas a partir de las características de un conjunto de datos. Estas características son utilizadas para construir el modelo, pero lo común es que no se tome un sólo conjunto para ese propósito y, en su lugar, se segmenten múltiples conjuntos de datos.

En concreto, se suelen utilizar tres conjuntos en diferentes etapas de la creación de un modelo de redes neuronales:

1. Conjunto de entrenamiento, $\mathcal{S}_E$.
2. Conjunto de validación, $\mathcal{S}_V$.
3. Conjunto de prueba, $\mathcal{S}_P$.

La Figura 4.1 presenta un diagrama conceptual de la segmentación de los conjuntos de datos referidos. En ésta se observa que el conjunto $\mathcal{S}_V$ forma parte de $\mathcal{S}_E$, mientras que $\mathcal{S}_P$ es independiente de los mismos (usualmente se construye a través de nuevas observaciones). Esto es porque cada conjunto cumple un rol cuando se construye y se evalúa una red neuronal.

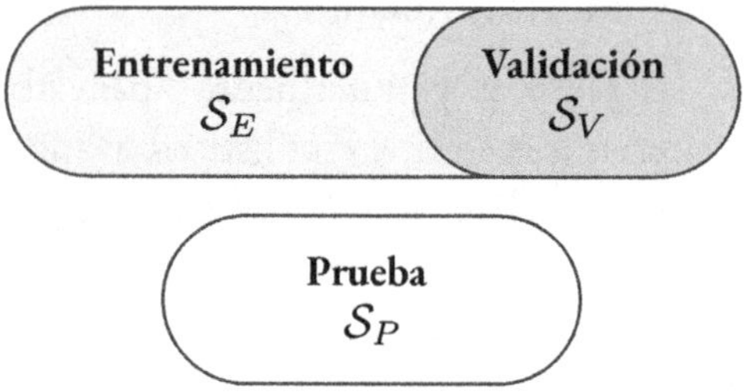

Figura 4.1: Conjuntos de datos y sus características.

El rol de cada conjunto corresponde a lo siguiente: el modelo se entrena inicialmente con $\mathcal{S}_E$, el cual contiene los ejemplares necesarios para ajustar los valores de los parámetros de la red neuronal artificial. Esto es, durante cada época de entrenamiento se evalúa el error de entrenamiento con este conjunto, y en función de su resultado se ajustan los parámetros del modelo usando el algoritmo de entrenamiento. Esta descripción es, en general, lo que se ha trabajado y descrito hasta este punto en la construcción de una red neuronal artificial.

Por otra parte, el conjunto de datos de validación $\mathcal{S}_V$ permite una evaluación del ajuste del modelo para datos con los que no es entrenado. Esto tiene la ventaja de validar el modelo durante su mismo entrenamiento, por lo que permite calcular un error que refleje posibles anomalías en su desempeño (como el sobreajuste y subajuste). Como tal, el conjunto $\mathcal{S}_V$ se deriva de $\mathcal{S}_E$ (véase Figura 4.1).

Una vez que se entrena y valida el modelo se puede optar por la construcción y uso de un conjunto de datos de prueba $\mathcal{S}_P$, el cual contiene datos independientes de $\mathcal{S}_E$ y $\mathcal{S}_V$. El propósito de este conjunto es evaluar la generalización de predicción o estimación de un modelo a partir de datos diferentes a los que se usaron tanto para su entrenamiento y validación. Por esta razón, en la práctica, un valor reducido en el error de prueba de un modelo con respecto a los datos de $\mathcal{S}_P$ siempre es deseable, ya que implica que un modelo tiene buena capacidad para generalizar predicciones.

La Tabla 4.1 presenta un resumen de algunas características de estos conjuntos así como recomendaciones de porcentajes de $\mathcal{S}_E$ y $\mathcal{S}_V$.[43]

[43]Es importante señalar que estos porcentajes son recomendaciones diseminadas en mucha de la literatura de redes neuronales artificiales, y quizás son un buen punto de partida para diseñar una red neuronal artificial, pero depende de la disciplina y el área donde se pretende desarrollar un modelo, pudiesen existir

Conjunto	Propósito	Tamaño de los datos
Entrenamiento $\mathcal{S}_E$	Entrenar el modelo	70-80 %
Validación $\mathcal{S}_V$	Calibrar el modelo	20-30 %
Prueba $\mathcal{S}_P$	Evaluar desempeño	nuevos datos

Tabla 4.1: Los tres conjuntos de datos.

Una manera de medir el desempeño de un modelo es recurriendo a funciones de medidas de error al final de cada época para los conjuntos $\mathcal{S}_E$ y $\mathcal{S}_V$, y luego, después del total de épocas, hacer el cálculo del error de las predicciones del modelo respecto a los datos contenidos en $\mathcal{S}_P$. En la siguiente sección se presentan métodos para separar conjuntos de datos y hacer estas mediciones.

4.3.1. Segmentar datos con NumPy y scikit-learn

Retomando el ejemplo del conjunto de datos que se generó para entrenar la red neuronal *desde cero*, el siguiente código presenta el enfoque a través de NumPy para segmentar un conjunto de datos:

```
import numpy as np
from sklearn.model_selection import train_test_split
np.random.seed(1)

# Definir y preparar datos
N = 1000
N_prueba = 100

X = np.linspace([-1.],[10.],N)
y = 2 * X + 2
y_ruido = np.random.normal(0.0, 2.0, size=(N,1))
y = y + y_ruido
```

especificaciones o investigaciones que recomienden valores diferentes, los cuales surgen de experimentación sobre casos específicos.

```
X_entr,X_valid,y_entr,y_valid = train_test_split(
        X,
        y,
        test_size=0.3,
        random_state=1
    )

X_prueba = np.linspace([10.], [13.], N_prueba)
y_prueba = 2 * X_prueba + 2
y_ruido = np.random.normal(0.0, 2.0, size=(N_prueba, 1))
y_prueba = y_prueba + y_ruido
```

Vale la pena analizar este código linea por linea, para explicar qué modificaciones tiene y qué se agrega para segmentar los conjuntos de datos:

- Las primeras dos líneas cargan la librería NumPy y el método `train_test_split` de scikit-learn el cual automatiza la segmentación de un conjunto de datos.
- Luego se crean dos variables para indicar el tamaño de los conjuntos de los datos. `N_prueba` es una variable de tipo entero la cual se usará para indicar el tamaño de $\mathcal{S}_P$.
- Subsecuentemente, se crean datos con ruido, similar a lo que se hizo en la sección anterior, salvo que en ellas se hace uso de métodos y funciones de NumPy.
- Luego, se asignan las siguientes variables:
    - `X_entr`. Es el tensor de características para entrenamiento.
    - `X_valid`. Es el tensor de características para validación.
    - `y_entr`. Es el vector de objetivos para entrenamiento.
    - `y_valid`. Es el vector de objetivos para validación.
- Estas variables se crean a través de la función `train_test_split`, la cual divide tensores, o arreglos

en subconjuntos aleatorios de entrenamiento y validación. Esta función requiere como sus dos primeros argumentos los datos de las carácteristicas, y los datos de los objetivos, luego, el argumento `test_size=` indica el porcentaje, en decimales, que se usará para construir el conjunto de validación; `random_state=` es un número que controla la aleatorización de los datos.

- Finalmente se crean datos para prueba, que se almacenan en las variables `X_prueba` y `y_prueba`. Es relevante señalar que estos datos corresponden a valores para $10 \leq x \leq 13$, es decir, son datos con valores en x diferentes a los usados para entrenar y validar el modelo.

Con el código que se ha mostrado previamente es posible generar datos de entrenamiento, validación y prueba para un modelo, lo que corresponde al primer paso del ciclo de entrenamiento de una red neuronal artificial: *definición de datos del problema*.

4.3.2. Segmentación de datos con TensorFlow

Gran parte de los tutoriales y la literatura académica hacen uso de las funciones de scikit-learn y NumPy para segmentar datos. Existe una tendencia actual dentro del desarrollo de software de IA, en que se construyan, entrenen y ejecuten modelos dentro de una sola plataforma, lo cual también aplica en el tratamiento de datos. Tal es el caso de TensorFlow, que ya incorpora muchas herramientas para diversos propósitos, entre los que se encuentra la opción de segmentar tensores para crear los conjuntos de entrenamiento y validación.

Por ejemplo, el siguiente código es una variante del programa anterior para crear conjuntos de entrenamiento, validación y prueba sólo a través de TensorFlow:

```
import tensorflow as tf
tf.random.set_seed(1)

# Definir y preparar datos
N = 1000
N_prueba = 100

X = tf.linspace([-1.], [10.], N)
X = tf.random.shuffle(X)
y = 2 * X + 2
y_ruido = tf.random.normal((N, 1), 0.0, 2.0)
y = y + y_ruido

N_valid = int(N * 0.3)
N_entr = N - N_valid

X_entr, X_valid = tf.split(X,
num_or_size_splits=[N_entr, N_valid])

y_entr, y_valid = tf.split(y,
num_or_size_splits=[N_entr, N_valid])

X_prueba = tf.linspace([10.], [13.], N_prueba)
y_prueba = 2 * X_prueba + 2
y_ruido = tf.random.normal((N_prueba, 1), 0.0, 2.0)
y_prueba = y_prueba + y_ruido
```

La explicación de este fragmento de código es la siguiente:

1. La primera línea carga TensorFlow. En seguida, luego se establece una variable de control de datos aleatorios.
2. En lo que sigue, se asignan los tamaños de los conjuntos de datos.
3. Luego se crean los valores de datos para **X**, e inmediatamente, se aleatoriza a estos mediante la función `tf.random.shuffle()`. Cuando se use TensorFlow, siempre deben aleatorizarse los datos de las características o entradas de esta manera antes de crear la variable `y`. Así, hay certeza de que los datos de las entradas y los objetivos corresponden al mismo índice y, además, se aleatorizan.

4. Aprovechando la función `int()` de Python que convierte números flotantes a enteros, se crean las variables de ese tipo para especificar los tamaños de los conjuntos de entrenamiento y validación: `N_entr` y `N_valid`.
5. También se implementa la función `tf.split()`, la cual segmenta un conjunto de datos en subconjuntos. Para el caso mostrado `tf.split()` usa como primer argumento el conjunto a segmentar y como segundo argumento una lista de Python en donde se indican los tamaños de la partición, en este ejemplo `[N_entr, N_prueba]`. Esto se hace tanto para la variable `X` como `y`.
6. Finalmente, las últimas líneas crean el conjunto de prueba.

Estos conjuntos, independientemente del método que se seleccione para crearlos, servirán para dar seguimiento al desempeño de un modelo. Más aún, en la práctica se requiere que el analista o diseñador de un modelo haga revisiones a las curvas del error que se presentan durante el entrenamiento de un modelo, así como el valor de error respecto del conjunto de prueba.

4.4. Curvas de entrenamiento y validación

Una vez que se tienen conjuntos de datos para entrenamiento, validación y prueba, entonces se pueden usar para evaluar el desempeño de un modelo de red neuronal artificial. Esto se hace al analizar las curvas del error de entrenamiento y validación como las que se muestran en la Figura 4.2.

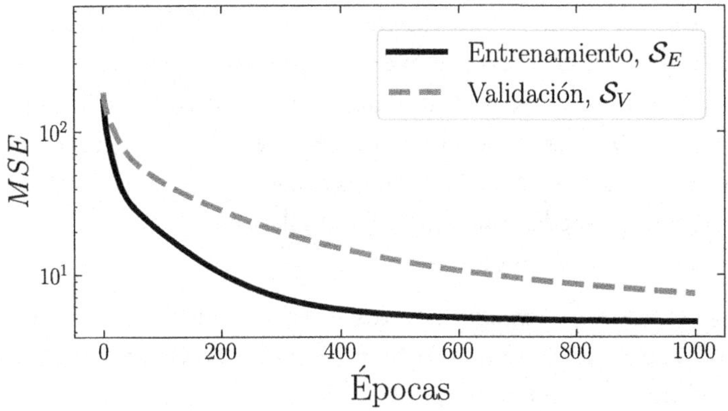

Figura 4.2: Curva de entrenamiento del modelo de red neuronal.

El análisis que se hace en la evaluación del desempeño de un modelo se centra en los siguientes puntos:

1. *Revisión del error de entrenamiento y validación*. Estos errores dan una idea de lo bien que el modelo es capaz de ajustarse a los datos de entrenamiento y generalizar a los nuevos datos, respectivamente. Así, un modelo con un error de entrenamiento y un error de validación con valores reducidos, indica un buen desempeño. Esto fácilmente se revisa con las curvas de ambos errores.
2. *Convergencia del error*. Ambas curvas de entrenamiento y validación deberían llegar a converger hacia un punto relativamente estable. Esto indica que el modelo ha aprendido una buena representación de los datos.
3. *Estabilidad*. Ambos errores deben ser relativamente estables después de que el modelo haya convergido, lo que indica que el modelo no está ajustando en exceso los datos.

4. *Desfase entre las curvas de entrenamiento y validación*. La diferencia entre las curvas de entrenamiento y validación puede dar una idea de si el modelo se está calibrando demasiado o poco. Si la diferencia es pequeña, puede indicar que el modelo es capaz de generalizar bien los nuevos datos. Si la diferencia es grande, puede indicar que el modelo no es capaz de generalizar bien los nuevos datos.

La detenida observación de estos errores durante el entrenamiento de un modelo es una tarea muy importante en la construcción de una red neuronal artificial, pues su desempeño depende del tipo de curvas de error que se obtienen, así como de los resultados del error para un conjunto de pruebas. Estas variables son, pues, el objeto de estudio si se desea experimentar para obtener mejores modelos. Existen dos anomalías extremas que deben de evitarse en el momento de la construcción de un modelo: el sobreajuste y el subajuste.

4.5. Anomalías del desempeño de un modelo: sobreajuste y subajuste

La evaluación del entrenamiento y desempeño de un modelo de red neuronal artificial se puede llevar a cabo mediante las curvas de error de entrenamiento y validación, así como del cálculo del error del modelo sobre el conjunto de prueba. En la práctica, se suele tipificar el desempeño de un modelo con base en estas medidas. La literatura del Machine Learning identifica el subajuste y el sobreajuste como los dos problemas principales al entrenar un modelo (Goodfellow et al., 2016)

4.5.1. Subajuste

El **subajuste** es un tipo de problema que presentan los modelos que tienen altos errores para predecir nuevos datos, por lo que los errores para los conjuntos de entrenamiento, validación y prueba son muy altos, pues el ajuste a estos es insuficiente. Por ejemplo, en la Figura 4.3 se presenta el caso de datos y las predicciones del modelo con subajuste. En dicha figura se observa que gran parte de las predicciones (línea sólida) poseen una distancia significativa respecto de los datos (puntos grises). Además, las predicciones presentan una ausencia de toda tendencia de los mismos; es decir, las predicciones siguen una tendencia lineal descendente y los datos una tendencia parabólica.

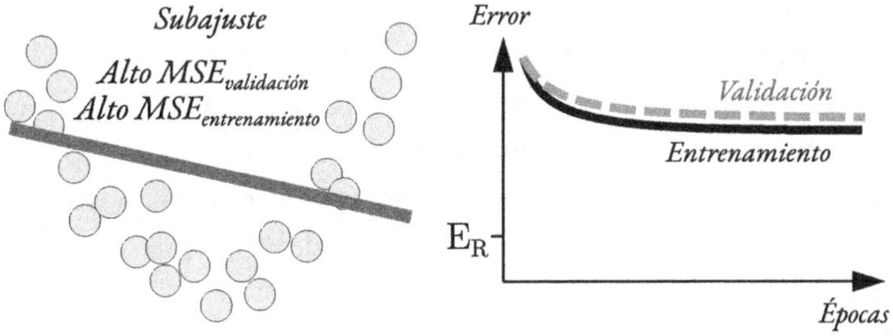

Figura 4.3: Desempeño de un modelo con problema del subajuste.

Algunas de las razones por las que se presenta el subajuste son las siguientes:

1. El modelo tiene muy poca complejidad. Es decir, no se cuenta con un suficiente número de capas ocultas o neuronas artificiales que permitan modelar los datos ni su tendencia.
2. Existe un alto grado de regularización inducido en el modelo, lo que hace que las predicciones sigan una tendencia uniforme.
3. No se entrenó el modelo con el suficiente número de épocas,

por lo que no se llegó a valores cercanos a óptimos en los parámetros de la red.

4. No hubo una selección idónea en los hiperparámetros del modelo como tampoco propiedades que le favorecieran (por ejemplo, la funciones de activación).

Diversas estrategias pueden ser empleadas para mitigar el fenómeno de subajuste en el ámbito de aprendizaje automático, lo cual implica un adecuado equilibrio entre la capacidad del modelo y la complejidad de la tarea a resolver. Entre estas estrategias se encuentran incrementar la complejidad del modelo, suspender la aplicación de técnicas de regularización y aumentar el número de épocas de entrenamiento.

Incrementar la complejidad del modelo puede lograrse mediante la adición de un mayor número de neuronas o capas ocultas en la arquitectura de la red neuronal artificial. Al hacerlo, se expande la capacidad de representación del modelo, permitiendo así una mejor adaptación a las características intrínsecas del conjunto de datos en cuestión.

Por otro lado, la regularización es un proceso que busca prevenir el sobreajuste, añadiendo un término de penalización a la función de pérdida, limitando así la complejidad del modelo. No obstante, en situaciones donde el subajuste es el problema principal, la supresión de la regularización puede resultar beneficioso al permitir al modelo una mayor flexibilidad para ajustarse a los datos.

Finalmente, un incremento en la duración del proceso de entrenamiento, es decir, en el número de épocas, puede conducir a una convergencia más adecuada del algoritmo de optimización. Esto, a su vez, podría favorecer una reducción en el error de entrenamiento y, en consecuencia, en el subajuste experimentado por el modelo.

Es esencial destacar que la selección e implementación de estas estrategias debe ser llevada a cabo con precaución y en función de un análisis exhaustivo del problema y los datos disponibles. Esto permitirá optimizar la capacidad predictiva del modelo sin incurrir en riesgos de subajuste.

4.5.2. Sobreajuste

El **sobreajuste** consiste en que un modelo se hace experto para predecir los datos observados del conjunto de entrenamiento, de tal forma que ajusta exactamente los datos de entrenamiento, teniendo como consecuencia la pérdida de generalización para predicciones de nuevos datos de entrada. La Figura 4.4 presenta el caso del sobreajuste, en donde se puede observar que la línea gris oscura, que corresponde a las predicciones del modelo, predice exactamente todos los datos observados (círculos grises). Un vistazo a las curvas del error de entrenamiento y validación da muestra de que el error de entrenamiento se muestra muy por debajo del error de validación; este es un síntoma muy claro de que existe sobreajuste en un modelo.

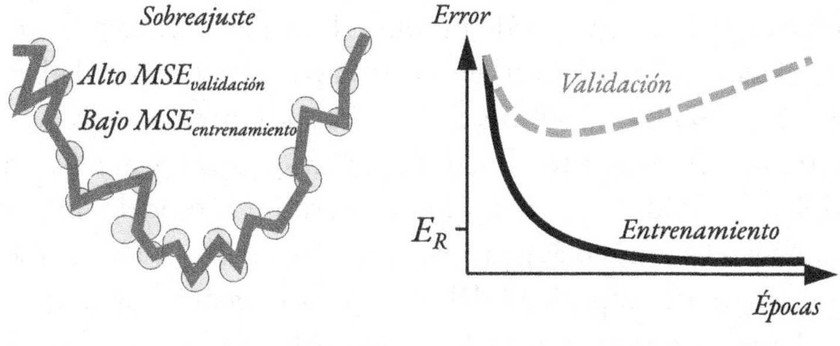

Figura 4.4: Desempeño de un modelo con problema del sobreajuste.

Del mismo modo, existen diversas técnicas orientadas a contrarrestar el sobreajuste en modelos de aprendizaje automático, lo cual implica prevenir que el modelo memorice los datos de entrenamiento en lugar de generalizar a partir de ellos. Entre dichas técnicas se incluyen la reducción de la complejidad del modelo, el entrenamiento con un menor número de épocas, la inducción de regularización y la ampliación del conjunto de entrenamiento.

Reducir la complejidad del modelo implica simplificar su arquitectura, disminuyendo la cantidad de neuronas o capas ocultas. Esto limita la capacidad del modelo para memorizar detalles específicos de los datos de entrenamiento, promoviendo una generalización más efectiva a casos no observados previamente.

Entrenar con un menor número de épocas puede evitar que el modelo se ajuste en exceso a los datos de entrenamiento. Al detener el entrenamiento antes de que el modelo alcance una convergencia completa, se puede favorecer la generalización en lugar de la memorización.

La inducción de regularización es una técnica ampliamente utilizada para prevenir el sobreajuste, añadiendo un término de penalización a la función de pérdida. Esta penalización limita la complejidad del modelo y, en consecuencia, su capacidad para memorizar detalles específicos de los datos de entrenamiento.

Ampliar el conjunto de entrenamiento implica agregar más ejemplos al conjunto de datos, lo que permite al modelo aprender patrones y relaciones más generales entre las variables. Este enfoque puede mejorar la capacidad del modelo para generalizar a nuevos casos. La regularización es, sin duda, una de las técnicas más comunes y recurridas para prevenir el sobreajuste. Se aborda en mayor detalle en la siguiente sección.

En general, las curvas de entrenamiento y validación proporcionan una representación visual de cómo está aprendiendo el modelo y pueden utilizarse para evaluar su rendimiento, identificar cualquier problema con el modelo y tomar decisiones sobre cómo mejorar su entrenamiento. En este sentido, quien diseñe una red neuronal artificial deberá supervisar su entrenamiento, revisar la validación e interpretar los resultados del error. Tómese, por ejemplo, el caso de un error de referencia E_R, o criterio de error que previamente se ha establecido en un modelo y que se muestra en las Figuras 4.3 y 4.4. Se observa que un modelo subajustado presenta errores de validación y entrenamiento muy alejados de E_R, mientras que el modelo que sobreajusta los datos de entrenamiento presenta errores de validación alejados, pero errores de entrenamiento incluso por debajo de la referencia.

Un modelo de calidad óptima en el ámbito del aprendizaje automático suele exhibir ciertas características que son deseables. Tal como se ilustra en la Figura 4.5, un buen modelo presenta errores de entrenamiento y validación similares, los cuales se aproximan a una referencia E_R. Además, este modelo es capaz de ajustarse adecuadamente a la tendencia subyacente de los datos observados.

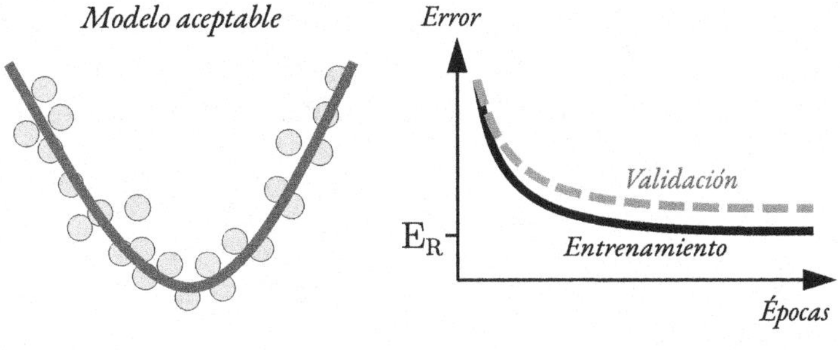

Figura 4.5: Ejemplo de un modelo con un buen desempeño.

Si bien no existe una metodología universal para alcanzar un modelo que cumpla como el que presenta un desempeño similar al de la Figura 4.5, el objetivo primordial es lograr curvas que se asemejen a las representadas en ello. La búsqueda de este equilibrio óptimo entre el error de entrenamiento y el de validación permitirá desarrollar modelos con una capacidad predictiva robusta y una generalización efectiva a casos no observados previamente.

4.6. Regularización

A las técnicas que se usan para prevenir el sobreajuste con el objetivo de mejorar la generalización se les conoce como **técnicas de regularización**. Como se ha visto en la sección previa, un modelo que presente problemas de sobreajuste se especializa en los datos del conjunto de entrenamiento que al ser medido respecto a datos de validación, o prueba, presenta altos valores de error. Entonces, la regularización tiene por objetivo reducir la diferencia entre el error de entrenamiento y los errores de validación y prueba.

La técnica de regularización más comúnmente empleada en la práctica es la llamada *weight decay*, o en español, *decaimiento de valor de los pesos*. Aquí simplemente se referirá a la misma como *regularización*, y lo que hace ésta es introducir un factor λ que modifica los pesos de una red neuronal artificial a través del costo o la pérdida.[44]

[44] Aquí se considera el costo en su forma del MSE, pero puede extenderse a otras formas matemáticas; por ejemplo, la pérdida dada por la *cross-entropy* para problemas de clasificación.

La regularización más empleada es la **regularización** $L2$, también conocida como *regresión de arista*[45] o de Tikhonov,[46] la cual modifica el costo C de la siguiente manera:

$$C_{L2} = \frac{1}{2NO}\sum_{i=1}^{N}\sum_{m=1}^{O}\left(\hat{y}_m^{(i)} - y_m^{(i)}\right)^2 + \underbrace{\frac{\lambda}{2}\sum_{l=1}^{r^{(L)}}\sum_{j=1}^{r^{(l-1)}}\sum_{k=1}^{r^{(l)}}\left(w_{jk}^{(l)}\right)^2}_{\text{Término de regularización}}. \tag{4.3}$$

La anterior Ecuación 4.3 implica que, durante la optimización, mientras se minimiza el costo, el término λ estimula al mismo tiempo una penalización a los parámetros $w_{jk}^{(l)}$. Esto da lugar a pesos con menor valor que contribuyen a la estimación o predicción de los datos de un problema. Por lo tanto, los pesos que son útiles sólo para ejemplares muy específicos del conjunto de entrenamiento, pero no para el comportamiento o tendencia de todos los datos, decrecen en su valor (decaen), lo que muestra que esta técnica permite mantener o mejorar la generalización de un modelo de red neuronal artificial.

Otra forma técnica de regularización corresponde a la denominada *regressión LASSO*[47], o **regularización** $L1$:

$$C_{L1} = \frac{1}{2NO}\sum_{i=1}^{N}\sum_{m=1}^{O}\left(\hat{y}_m^{(i)} - y_m^{(i)}\right)^2 + \underbrace{\lambda\sum_{l=1}^{r^{(L)}}\sum_{j=1}^{r^{(l-1)}}\sum_{k=1}^{r^{(l)}}\left|w_{jk}^{(l)}\right|}_{\text{Término de regularización}}. \tag{4.4}$$

---

[45] Del inglés *ridge-regression*.

[46] En honor al científico y matemático ruso Andrey Nikolayevich Tikhonov, quien se desarrolló dicha técnica para resolver problemas de optimización.

[47] Del inglés *Least Absolute Shrinkage and Selection Operator* (operador de mínima contracción absoluta y de selección).

El control de este efecto de regularización en un modelo se logra mediante la adecuada selección del valor del hiperparámetro λ. Por esto, como es posible notar en ambas ecuaciones 4.3 y 4.4, si se usan altos valores de λ, se podría inducir subajuste, porque se ponderarían los pesos con valores muy reducidos, que tendrían como consecuencia un modelo simplificado. Por el contrario, si se elige un valor nulo para este hiperparámetro, la regularización no tendría efecto alguno. La correcta selección de λ puede lograrse a través de experimentación con el modelo, o bien a través de recomendaciones colegiadas por un grupo de investigadores o ingenieros que hayan trabajado sobre un problema donde se aplique regularización. En la última sección de este capítulo se tratarán en lo general algunos métodos para seleccionar hiperparámetros.

Una tercera técnica de regularización corresponde al **dropout** (en español, *regularización por abandono*), y es una de las técnicas de regularización más eficaces que surgieron en la década del 2010 (Srivastava et al., 2014). Esta técnica consiste en eliminar de manera temporal la salida de cierta cantidad K de neuronas en algunas capas ocultas de forma aleatoria con una probabilidad p; luego se entrena la red y se actualizan los pesos, tras lo cual se restauran las salidas de las neuronas apagadas. El proceso se repite hasta completar las épocas. El uso de estas técnicas de forma práctica se toca a continuación.

4.7. Regularización en TensorFlow

En esta sección se verá cómo implementar las técnicas de regularización en un modelo. Para tales efectos, se usarán los datos y la arquitectura de red neuronal artificial que se vio en el segundo capítulo y se empleará el algoritmo de descenso de gradiente por mini-lotes con un tamaño de lote de `batch_size=32`. Es importante señalar que las técnicas de regularización son más adecuadas en modelos del Deep Learning que modelos sencillos como el que se ha visto hasta este momento. Por esta razón se debe tener cautela en cuanto a las expectativas cuando se aplican a una red neuronal de arquitectura sencilla.[48]

4.7.1. Regularización L_1

La regularización L_1 es en una técnica que penaliza los pesos en proporción a la suma de los valores absolutos de estos. Lo anterior ayuda a ponderar los pesos de las características irrelevantes o apenas relevantes a valores cercanos o iguales a o, lo que tiende a reducir el sobreajuste en un modelo. En TensorFlow la técnica L_1 se implementa pasando argumentos a instancias de las capas de un modelo dado.

Por ejemplo, en el siguiente código `kernel_regularizer` es el argumento sobre el cual se indica la instancia del regulador y `tf.keras.regularizers.l1(0.1)` es la instancia de la clase del regulador L_1. Para efectos de ilustrar cómo afecta la regularización un modelo, se crearán dos redes, una regularizada con

[48] En la literatura, por ejemplo, se menciona el término *vanilla neural network* para referirse a modelos con máximo dos capas ocultas; es decir, el término alude a un modelo sencillo en contraposición de modelos del Deep Learning con múltiples y diversas capas ocultas.

$\lambda = 0.1$ y otra sin regularizar, pero ambas con cien neuronas en su capa oculta y su entrenamiento consistirá en cien épocas:

```
import matplotlib.pyplot as plt
import tensorflow as tf
from tensorflow.keras.metrics import mse

N = 1000
X = tf.linspace([-1.], [10.], N)
y = 2 * X + 2
y_ruido = tf.random.normal((N, 1), 0.0, 2.0)
y = y + y_ruido

# Modelo 1
model = tf.keras.Sequential([
tf.keras.layers.Dense(
units=100,
activation='sigmoid',
kernel_regularizer=tf.keras.regularizers.l1(0.1)),
tf.keras.layers.Dense(units=1)
])

model.compile(
optimizer=tf.keras.optimizers.SGD(),
loss=tf.keras.losses.MSE)

hist_error = model.fit(x=X, y=y, epochs=100, verbose=0)

# Modelo 2
model_2 = tf.keras.Sequential([
tf.keras.layers.Dense(
units=100,
activation='sigmoid'),
tf.keras.layers.Dense(units=1)
])

model_2.compile(
optimizer=tf.keras.optimizers.SGD(),
loss=tf.keras.losses.MSE)
hist_error_2 = model_2.fit(x=X,y=y,epochs=100,verbose=0)

plt.plot(range(100), hist_error.history['loss'], 'k-')
plt.plot(range(100), hist_error_2.history['loss'], 'k--')
plt.legend()
plt.show()
```

La Figura 4.6 presenta los resultados de comparar un el modelo anterior con un modelo sin regularización. Es importante señalar que el cambio es notable, pues dado que la regularización induce simplificación del modelo, esto tiene un efecto directo en el error de entrenamiento: se aumenta. Esto se debe a que el modelo regularizado se simplifica, por lo que pierde precisión con respecto al modelo sin regularizar.

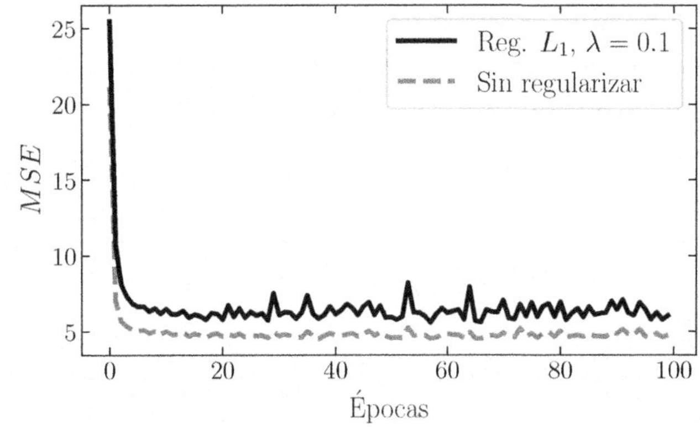

Figura 4.6: Efecto de la regularización L_1 en un modelo de regresión de cien neuronas ocultas.

Los resultados anteriores no deben de verse como negativos, en el sentido que para modelos con muy pocas neuronas, las técnicas de regularización no impactan de manera importante, incluso podrían generar modelos con menores capacidades de predicción. Esta es una desventaja al momento de tratar de evitar el sobre ajuste por medio de la regularización en modelos sencillos. Sin embargo, para arquitecturas demandantes, como las que se usan en aplicaciones de visión por computadora, la regularización sí impacta en el desempeño de un modelo y evita sobreajuste, de ahí el por qué se usa recurrentemente en modelos más grandes.

4.7.2. Regularización L_2

La regularización L_2 penaliza los pesos en proporción a *la suma de los cuadrados de los pesos*. La regularización L_2 conduce los valores atípicos de los pesos a niveles cercanos a 0 (esta es la gran diferencia entre ambas técnicas). En TensorFlow la técnica L_2 se implementa igual que la técnica L_1 descrita en la sección anterior. Sólo se debe introducir `tf.keras.regularizers.l2(0.01)` al momento de crear las capas ocultas.

Retomando el ejemplo que se hizo en la regularización L_1, para aplicar regularización L_2, habría que modificar e incluir la siguiente parte en el código:

```
# ...
# Modelo 1
model = tf.keras.Sequential([
tf.keras.layers.Dense(
units=100,
activation='sigmoid',
kernel_regularizer=tf.keras.regularizers.l2(0.1)),
tf.keras.layers.Dense(units=1)
])
# ...
```

En el código anterior, `kernel_regularizer` es el argumento sobre el cual se indica la instancia del regulador. Así, la Figura 4.7 muestra una comparación entre el modelo previamente usado, sin regularización L_2 y con ello. Estos resultados sugieren que, para los datos modelados, la técnica L_2 no es tan agresiva como L_1. Esto encuentra su en que L_2 regulariza con base en los cuadrados de los pesos y no por su valor absoluto (véase Ecuación 4.3).

El uso de las técnicas de regularización L_1 y L_2 debe hacerse con miras a experimentar sobre estrategias para mejorar el desempeño de un modelo. Con base en esto, es difícil concluir cuándo usar una u otra, lo recomendable es experimentar y usar la que mejor funcione.

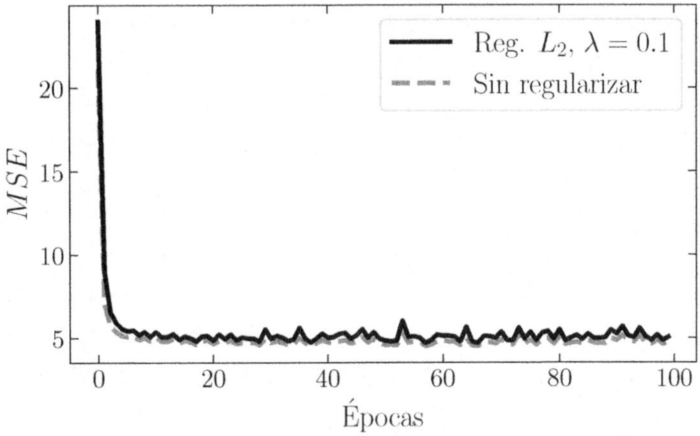

Figura 4.7: Efecto de la regularización L_2 en un modelo de regresión de cien neuronas ocultas.

4.7.3. Dropout

La técnica de abandono, o *Dropout*, es una de las técnicas de regularización más eficaces y más utilizadas para las redes neuronales artificiales (Srivastava et al., 2014). Como se vio en el capítulo anterior, esta consiste en establecer aleatoriamente las salidas de las neuronas ocultas un valor igual a cero[49] con una cierta frecuencia dada por una tasa de probabilidad. Esto se hace durante cada época de entrenamiento de un modelo, lo que ayuda a evitar el sobre ajuste.

[49] Lo que en la práctica se conoce como *apagar* una neurona.

Contrario a las técnicas de regularización L_1 y L_2, el dropout se encuentra implementado en TensorFlow como una clase de capa:

```
tf.keras.layers.Dropout(
rate,
noise_shape=None,
seed=None,
**kwargs)
```

En el anterior código, `rate` es un escalar que controla la fracción o porcentaje de neuronas que se apagan aleatoriamente durante el entrenamiento, `noise_shape` representa la forma del dropout que se multiplica con la entrada, y `seed` es un entero que controla la aleatorización en el dropout. Implementando dropout para el ejemplo de este capítulo, esta técnica se especificaría entonces como una capa después de cada capa oculta en el paso de construcción del modelo, tal que:

```
# ...
# Modelo 1
model = tf.keras.Sequential([
tf.keras.layers.Dense(units=100, activation='sigmoid'),
tf.keras.layers.Dropout(0.5),
tf.keras.layers.Dense(units=1)])
# ...
```

Para este caso de programa y códigos mostrados, se selecciona un valor de `0.5`, qué indica que se apague el cincuenta por ciento de las neuronas de la capa oculta durante cada época del entrenamiento. La Figura 4.8 presenta la comparación del modelo de referencia con la modificación que incluye dropout al 50 %. Se observa que, para este caso, sí existe un cambio significativo porque en realidad durante todas las épocas sólo se estaría trabajando con la mitad de las neuronas. De ahí que el error de entrenamiento para el modelo regularizado sea alrededor del doble al que presenta el modelo sin influencia de esta técnica.

Al igual que en la diversidad de opciones que se vieron con los algoritmos de entrenamiento, se sugiere llevar a cabo experimentos o investigar en reportes y artículos técnicos y científicos. Se deben analizar los métodos usados para problemas similares al que se desea abordar mediante redes neuronales artificiales. Esto es importante porque no hay una única técnica que sea la mejor para todos los casos, ya que cada problema tiene su propia complejidad. Además, los problemas pueden ser tan diferentes entre sí como las disciplinas científicas que los estudian

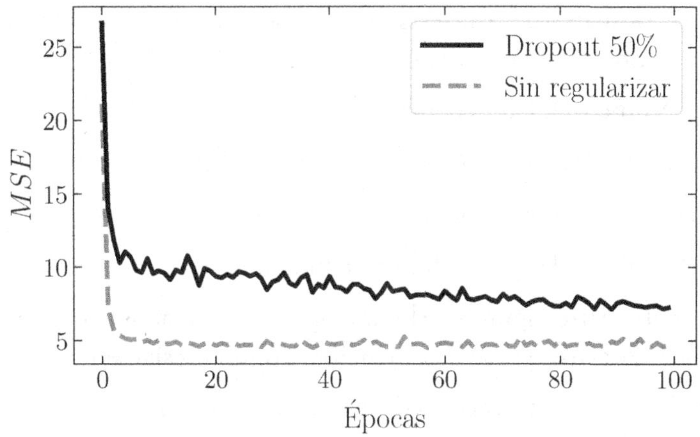

Figura 4.8: Efecto de la técnica dropout en un modelo de regresión de cien neuronas ocultas.

4.8. Diseño de redes neuronales artificiales mediante experimentación

Un *experimento* consiste en el cambio de las condiciones de un sistema o proceso con el objetivo de medir el efecto sobre sus propiedades o respuesta. Esta definición de experimento puede ser aplicada al modelado de una red neuronal, tratando a la misma como un sistema y a su error de entrenamiento, de validación o de prueba como variables en las cuales enfocarse para mejorar un modelo. Así, dado que una red neuronal es un modelo y tiene características, métodos e hiperparámetros que la definen (como su arquitectura), entonces el diseño de la misma puede ser conducido mediante experimentación.

Recapitulando, hasta esta sección se han visto los siguientes hiperparámetros de una red neuronal:

1. Número de capas ocultas.
2. Número de neuronas en una capa oculta.
3. Taza de aprendizaje α.
4. Número de épocas de entrenamiento.

Por otra parte, algunos de los métodos mencionados para entrenar una red neuronal que se han mencionado son los siguientes:

1. Porcentajes y tamaños de conjuntos de datos.
2. Métodos de regularización (que a su vez tienen hiperparámetros).
3. Métodos de preprocesado de datos.

Además de lo anterior, como se vio, existen otras clases de algoritmos de entrenamiento más allá del método del descenso de gradiente, por lo que también podría considerarse experimentar con diferentes algoritmos de entrenamiento de un modelo. Por lo tanto, estos hiperparámetros y métodos son susceptibles de experimentación con el fin de diseñar una red neuronal artificial para un conjunto de datos de un problema dado. Supóngase pues, que se desea encontrar el número de neuronas ocultas en una red neuronal artificial como la que se usó en la sección anterior. En este caso, un buen punto de partida es usar el mismo código presentado en las secciones precedentes y así variar el número de neuronas de la red neuronal desde cero hasta un máximo establecido, mientras se monitorea el error de prueba MSE_{prueba} que se logra al predecir sobre el conjunto $\mathcal{S}_P$.

Por poner un ejemplo, supóngase que se estudia el efecto del número total de neuronas ocultas y el total de épocas de entrenamiento sobre el error de predicción MSE utilizando el conjunto de datos de entrenamiento de este capítulo. Así, hay dos variables de estudio claramente definidas, una que corresponde a la arquitectura de los modelos y otra su duración de entrenamiento. Además, supóngase que se establece como como máximo un total de cincuenta neuronas y se estudian dos valores de épocas para entrenamiento: cien y doscientos. Este ejemplo muestra un estudio más complejo y profundo, pues se pretende entrenar cien modelos variando sus neuronas y sus épocas de entrenamiento.

La Figura 4.9 presenta los resultados del ejemplo que se menciona en el párrafo anterior. Tal como se observa, esta figura presenta dos líneas, cada una de ellas corresponde a dos valores del total de épocas de entrenamiento de los modelos. Por otra parte, cada punto que conforma a las líneas es un modelo con el total de neuronas asignadas a la capa oculta (ver el eje horizontal de dicha gráfica).

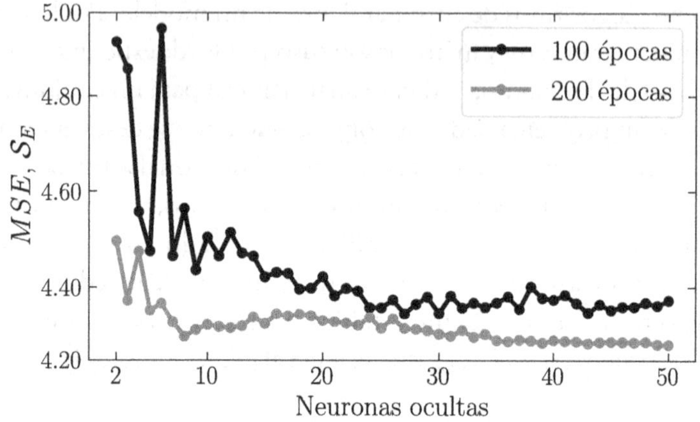

Figura 4.9: Ejemplo de experimentación para medir la influencia del número de neuronas y épocas de entrenamiento en el MSE de un modelo.

A partir de la gráfica mostrada en la anterior figura, se pueden establecer algunas conclusiones:

- Doscientas épocas de entrenamiento tienen un mejor impacto en el desempeño del modelo que cien; como tal, esto es consistente con la teoría de optimización vista en el segundo y tercer capítulos; aunque en el presente ejemplo no se hace medición de un error de prueba, a efectos ilustrativos, sí demuestra cómo los modelos tienden a mejorar su desempeño.
- Para los modelos que se entrenan con doscientas épocas, se observa que a partir de diez neuronas ocultas no hay realmente una mejora en el desempeño de modelos con más neuronas. De ahí que pueda establecerse el uso de diez unidades ocultas para el propósito de modelar los datos del ejemplo.

El tipo de experimentación mostrada en la Figura 4.9 es lo que se desea en la construcción de modelos más sofisticados, pues para un conjunto de datos, es importante explorar diversas arquitecturas para elegir la que mejor represente un conjunto de datos. Además, el estudio de variables podría extenderse para considerar otros hiperparámetros de una red neuronal.

La experimentación será un tema recurrente a lo largo de este libro para ilustrar el diseño de los modelos que se describen y mencionan en los siguientes capítulos. Aunque siempre se limitará a casos y usos relativamente simples como los dos presentados en esta sección. Sin embargo, la trascendencia de dicha simplicidad, tal como se hace en el sector de la investigación y el desarrollo tecnológico, se haría mediante la técnica del *Diseño de Experimentos*, la cual toca temas avanzados de la estadística y de la probabilidad que, a su vez, entraña múltiples métodos, cada uno con sus características propias. Por espacio y por estar fuera del objetivo de este libro no se tratará este tipo de técnicas. No obstante, el lector o la lectora encontrarán excelentes referencias del mismo en los trabajos de Montgomery (2008) y Gutiérrez-Pulido (2012).

4.9. Resumen del capítulo

En el presente capítulo, se han abordado diversas técnicas y prácticas esenciales para el entrenamiento efectivo de redes neuronales artificiales. Es importante considerar estos enfoques durante el proceso de diseño y construcción de modelos de este tipo, dado que pueden surgir anomalías en su desempeño. Además, el empleo adecuado de dichas técnicas y prácticas puede contribuir significativamente a la reducción o eliminación de tales inconvenientes en el rendimiento de un modelo, ya que pueden presentarse anomalías en su desempeño, como lo son el sobreajuste o el subajuste. Estas anomalías pueden manifestarse en situaciones como la incapacidad de generalizar adecuadamente a datos no observados previamente, la presencia de errores de entrenamiento y validación significativamente dispares, o la inestabilidad en la convergencia del algoritmo de optimización.

Al aplicar estos enfoques de manera sistemática y rigurosa, se puede optimizar la capacidad predictiva del modelo, asegurando su robustez y fiabilidad en la resolución de problemas reales y complejos en diversos ámbitos de aplicación.

La siguiente sección del libro se enfoca en presentar y detallar las aplicaciones más destacadas de las redes neuronales artificiales. A lo largo de esta parte, se mencionarán de forma puntual los conceptos y métodos abordados en el capítulo actual, resaltando su importancia en el desarrollo de soluciones prácticas fundamentadas en redes neuronales artificiales.

4.10. Problemas

4.1. Defina un diagrama simple en el cual se ilustre el ciclo de entrenamiento y construcción de modelos basados en redes neuronales artificiales.

4.2. ¿A qué se refiere el término «*vanilla neural network*»?

4.3. Mencione tres causas de subajuste de un modelo de red neuronal artificial.

4.4. Mencione tres causas de problema de sobreajuste de un modelo de red neuronal artificial.

4.5. Repita el modelo del Problema 3.3. pero incluya regularización $L2$ y compare las curvas de entrenamiento. ¿Qué efecto tiene regularizar el modelo para el conjunto de datos de la función Himmelblau?

4.6. Repita el modelo del Problema 3.3. pero incluya segmentación de datos para construir un conjunto de validación.

4.7. Desarrolle un programa para hacer experimentación sobre el número de neuronas de un modelo en una única capa oculta para el caso de la función de Himmelblau. A partir de ello, obtenga una gráfica como la que se muestra en la Figura 4.9 y determine cuál es el mejor modelo (experimente con diferente número de neuronas y épocas).

Parte II:

Aplicaciones

Capítulo 5

Regresión

> «*Mediante el estudio de sistemas como el perceptrón se espera que las leyes fundamentales de organización, que son comunes a todos los sistemas de tratamiento de la información incluidos los de las máquinas y los hombres, puedan llegar a entenderse*» .
>
> Frank Rosenblatt (1928 - 1971).

La regresión, en lo que refiere a la estadística, es una herramienta que permite encontrar y evaluar la relación entre dos o más variables. Abarca distintas formas, entre las que se destacan la *regresión lineal* y la *regresión multivariable*, incluidas en innumerables textos académicos, técnicos y científicos.

En el ámbito del Machine Learning, rara vez se usa un modelo basado en redes neuronales artificiales para modelar un problema que posea cualidades propias de linealidad, es decir, donde se asume una correspondencia lineal entre dos o más variables. No obstante, la regresión lineal puede funcionar como base didáctica para comprender problemas más complejos. Por ejemplo, la predicción del esfuerzo de un material que está sujeto a compresión, o los litros de combustible que gasta un automóvil dadas ciertas características que definen su funcionamiento y desempeño, como la velocidad máxima que alcanza. También se pueden considerar variables externas al automóvil, como la resistencia del aire al movimiento, la calidad del combustible con que se lo alimenta o el coeficiente de fricción de un terreno. Incluso todas ellas al mismo tiempo.

Más aún, la regresión en su forma general es una de las técnicas más empleadas por científicos e investigadores en diferentes disciplinas, puesto que con esta técnica se hace posible crear modelos sofisticados que permiten *predecir* la respuesta de un fenómeno o un sistema.

Este capítulo presenta formalmente la técnica de la regresión en su forma general. Luego se verá el caso de las técnicas de regresión lineal y múltiple antes de dar paso a la construcción de modelos de regresión más complejos y sofisticados con redes neuronales artificiales. Aprovechando lo aprendido en la Parte I, se usará TensorFlow para construir modelos de regresión para el caso de conjuntos de datos reales y no sintéticos. De esta forma, se verán algunos grupos de técnicas de correlación que permitirán establecer qué tanta relación existe entre dos variables. Dado que Pandas es una librería muy útil para trabajar conjuntos de datos, en esta unidad se comenzará con su uso. Esto servirá para luego comprender con mayor profundidad la técnica de regresión desde la perspectiva de las redes neuronales artificiales.

5.1. Regresión

En estadística y matemáticas, la **regresión** se refiere al proceso de modelar y analizar la relación entre una variable dependiente y y una o más variables independientes $\mathbf{x}$. El objetivo es encontrar una función $f(\mathbf{x})$ que describa de manera óptima la relación entre las variables independientes y la variable dependiente. En forma matemática, esto significa que una regresión es la relación descrita por:

$$f : \mathbb{R}^D \rightarrow \mathbb{R}, \tag{5.1}$$

donde $\mathbb{R}$ es el conjunto de los números reales. Así, se puede decir que la tarea de la regresión es encontrar los parámetros de la relación que pudiese existir entre $\mathbf{x}$ y y. Esta definición es general, puesto que la misma puede abarcar comportamientos tanto lineales como no lineales para dicha relación. Lo más común y recurrente en la literatura es que se establece una relación lineal entre dichas variables y luego a partir de ahí se busca otro tipo de asociaciones, por ejemplo, de segundo, tercer o cuarto orden en términos de exponentes.

En su forma lineal, la regresión para un conjunto de datos $\mathcal{S}$ conformado de los pares ordenados $(\mathbf{x}^{(i)}, y^{(i)})$, encuentra la siguiente formalidad matemática:

$$y^{(i)} = \mathbf{w}^{\top}\mathbf{x}^{(i)} + b \qquad \text{para} \quad i = 1, \ldots, N, \tag{5.2}$$

donde $y^{(i)}$ y $\mathbf{x}^{(i)}$ son el i-ésimo[50] objetivo y el i-ésimo vector de características respectivamente, $\mathbf{w}$ es un vector de parámetros o coeficientes, b un valor escalar conocido como *sesgo*,[51] y N es el total de observaciones contenidas en $\mathcal{S}$. Al establecer una relación lineal

[50] Los superíndices indican el número de la observación o ejemplar del conjunto $\mathcal{S}$.

[51] Similar al usado en las redes neuronales artificiales.

de la forma que en se muestra en la Ecuación 5.2, se hace posible postular una función para describir el *modelado por regresión* de la siguiente forma:

$$f(\mathbf{x}^{(i)}) = \mathbf{w}^\top \mathbf{x}^{(i)} + b. \tag{5.3}$$

En la Ecuación 5.3, $f(\mathbf{x}^{(i)}) = \hat{y}^{(i)}$, y corresponde a la i-ésima predicción para $\mathbf{x}^{(i)}$. Como tal, la Ecuación 5.3 es un modelo de primer orden,[52] del cual se pretenden encontrar los parámetros $\mathbf{w}$ y b para predecir un nuevo y. Así, la Ecuación 5.3 puede considerarse como una hipótesis que pretende codificar la regularidad lineal entre la relación de las variables que contiene. Aunque esto último presupone que debe existir una medida para determinar que efectivamente las variables de un conjunto de datos siguen una regularidad lineal.

5.1.1. Análisis de correlación entre dos o más variables

Un **análisis de correlación** consiste en un enfoque estadístico fundamentado en metodologías matemáticas con el propósito de discernir el grado de asociación entre dos o más variables. Este examen proporciona datos esenciales para establecer la viabilidad de aplicar un modelo de regresión, tal como se expone en la Ecuación 5.3, con el fin de caracterizar un conjunto de datos y, posteriormente, emplearlo para realizar predicciones.

El análisis de correlación se fundamenta en el **coeficiente de correlación de Pearson**, el cual es una medida de qué tan fuerte es la relación entre dos variables. Cuando se tienen valores de base

[52]Esto es, el orden de los exponentes en cada uno de los términos en $\mathbf{x}$ se considera igual a la unidad.

escalar almacenados en una estructura de datos que corresponden a una muestra de tamaño n (por ejemplo, pares ordenados del tipo $\{(\mathbf{x}^{(i)}, y^{(i)})\}_{i=1}^{n}$), el coeficiente de correlación muestral de Pearson r_{xy} se define como sigue:

$$r_{xy} = \frac{\sum_{i=1}^{n} (x_i - \bar{x})(y_i - \bar{y})}{\sqrt{\sum_{i=1}^{n} (x_i - \bar{x})^2}\sqrt{\sum_{i=1}^{n} (y_i - \bar{y})^2}}, \tag{5.4}$$

donde los subíndices de r_{xy} indican las variables sobre las cuales se hace el cálculo de la correlación, y $\bar{x}$ es la media muestral definida por:

$$\bar{x} = \frac{1}{n}\sum_{i=1}^{n} x_i$$ Repetida, ver Ecuación 1.73.

Parte del análisis de correlación tiene su fundamento en la correcta interpretación de este coeficiente, pues r_{xy} puede tomar diversos valores. Por ejemplo, para los *diagramas de dispersión* que se presentan en la Figura 5.1, el r_{xy} se interpreta de la siguiente manera:

- Correlación positiva. Sucede cuando $0 < r_{xy} \leq 1$, y un valor de $r_{xy} = 1$ significa una correlación positiva perfecta, mientras que valores cercanos al cero indican una correlación positiva débil.
- Correlación negativa. Se da cuando $-1 \geq r_{xy} > 0$, y un valor de $r_{xy} = -1$ indica una correlación negativa perfecta, por lo que valores negativos cercanos al cero indican una correlación negativa débil.
- Correlación cero. Tiene lugar cuando es $r_{xy} = 0$. Un valor cero en r_{xy} indica que no existe relación o asociación lineal entre las variables.

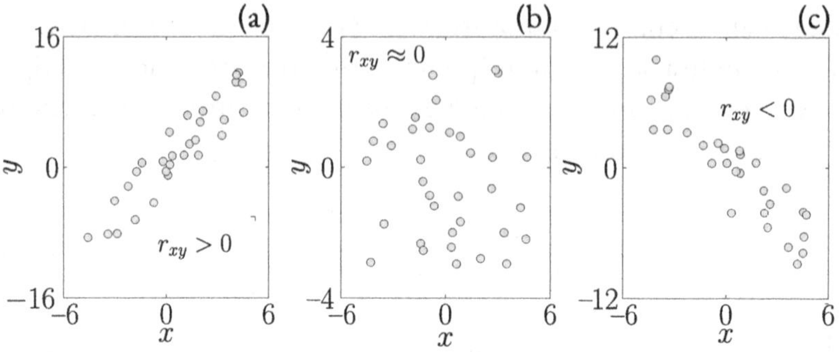

Figura 5.1: Diagrama de dispersión para tres muestras: (a) fuerte correlación positiva entre x y y, (b) débil correlación entre x y y, y (c) fuerte correlación negativa entre x y y.

Los resultados del coeficiente de correlación de Pearson dotan al analista y al constructor de redes neuronales artificiales de una herramienta muy útil para optimizar su tiempo, pues frente a conjuntos de datos que tengan fuertes correlaciones entre sus variables (negativa o positiva), se puede tomar la decisión de qué variables tener en cuenta para el modelado.

El cálculo del coeficiente de correlación entre dos o más variables puede efectuarse con la librería NumPy a través de la función `corrcoef()`. Por ejemplo, el siguiente programa crea dos variables x y y, y luego, en una nueva variable `r_xy` se almacena el resultado obtenido por `corrcoef()`:

```
import numpy as np

x = np.array([10.43, 10.01,  7.21, 9.24, 9.67, 8.39])
y = np.array([10.33, 9.71, 7.45, 8.99, 9.62, 8.28])

r_xy = np.corrcoef(x, y)
print(r_xy)
```

Sí se ejecuta este anterior programa, arroja el siguiente arreglo 2×2 como resultado:

```
[[1.         0.99219367]
 [0.99219367 1.        ]]
```

Este resultado para `r_xy` se refiere a una *matriz de coeficientes de correlación de Pearson* $\mathbf{R}_{xy}$, en la cual se ordenan los coeficientes entre cada una de las variables involucradas. Para el ejemplo, indica una muy fuerte correlación. Esto, además, puede describirse como sigue:

$$\mathbf{R}_{xy} = \begin{bmatrix} r_{xx} & r_{xy} \\ r_{xy} & r_{yy} \end{bmatrix} \approx \begin{bmatrix} 1 & 0.99 \\ 0.99 & 1 \end{bmatrix}, \tag{5.5}$$

donde la diagonal presenta valores igual a la unidad porque sería la correlación entre sí mismas, tanto para x como y. Esto siempre será así cuando se lleva a cabo el cálculo de dicha matriz,[53] por lo que valores diferentes a la unidad en la diagonal de la misma podrían indicar un error de metodología en su cálculo.

Los resultados de la matriz $\mathbf{R}_{xy}$ del ejemplo anterior pueden ser directamente contrastados con los datos que se presentan en la Figura 5.2, donde se observa que los datos siguen una regularidad lineal y existe una fuerte correlación positiva entre x y y.

Cabe aclarar que, en la práctica, y en mayoría de las ocasiones, siempre se tendrán conjuntos de datos de tamaños relativamente grandes (de $N > 10,000$). Y para complicar más la situación, estos conjuntos no sólo trabajan una sola característica, digamos x_1, sino que, en ocasiones pueden contar n de ellas (esto es, $x_1, x_2, \ldots x_n$). Por esta razón se hace conveniente obtener la matriz de correlaciones

[53] Esta aseveración puede comprobarse llevando a cabo el cálculo del coeficiente de Pearson usando la Ecuación 5.4 con datos de una misma variable.

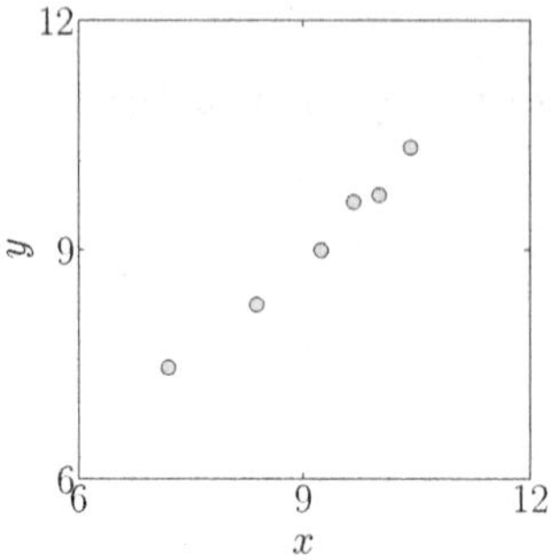

Figura 5.2: Gráfica de dispersión de los datos x y y.

de Pearson de una forma más legible mediante un **mapa de calor**, el cual presenta de una forma visual la condición de correlación entre variables. Por ejemplo, el siguiente código usa las librerías Seaborn y Matplotlib[54] para generar la visualización de los resultados proveídos por la Ecuación 5.5, y que se muestra en la Figura 5.3.

```
import numpy as np
import matplotlib.pyplot as plt
import seaborn as sns

x = np.array([10.43, 10.01,  7.21, 9.24, 9.67, 8.39])
y = np.array([10.33, 9.71, 7.45, 8.99, 9.62, 8.28])

r_xy = np.corrcoef(x, y)
sns.set(font_scale=2)

sns.heatmap(r_xy,
        xticklabels=[r'$x$', r'$y$'],
        yticklabels=[r'$x$', r'$y$'],
        annot=True,
        cmap='bone_r')

plt.show()
print(r_xy)
```

[54] Para más información de cómo instalar librerías, véase Apéndice A.

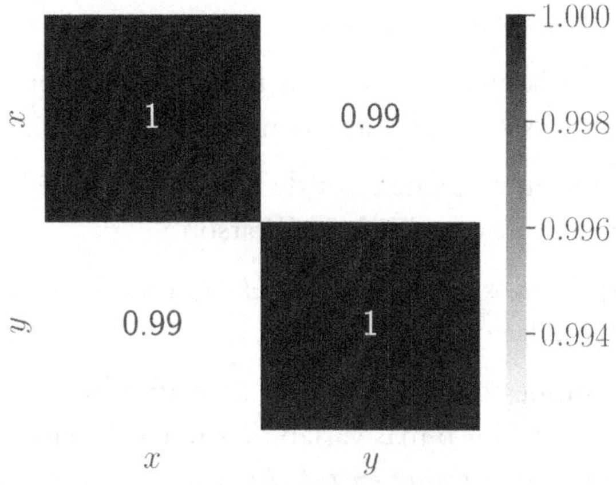

Figura 5.3: Mapa de calor de $\mathbf{R}_{xy}$.

En la Figura 5.3 puede observarse en escala de grises la intensidad y el número correspondiente al coeficiente de correlación de Pearson para cada variable. Así, se tiene una correlación positiva de 0.99 para x y y, el color negro indica la correlación perfecta de estas variables consigo mismas. Como tal, la gráfica de esta figura hace más legible la matriz $\mathbf{R}_{xy}$, y en el caso de múltiples variables permite identificar la correlación de las mismas de una manera más eficiente.

Al analizar la correlación siempre hay que tener en cuenta que esta no indica *causalidad*. En realidad, la correlación cuantifica la fuerza de la relación entre las características de un conjunto de datos, no así que una es causa de la otra.

Como resumen, los siguientes pasos involucran la técnica del análisis de correlación empleada en esta sección, los cuales son fundamentales cuando se pretenda desarrollar modelos de regresión:

1. Graficar los diagramas de las variables a considerar. Esto se hace a través del diagrama de dispersión (en Matplotlib se usa la función `scatter()`).
2. Calcular la matriz del coeficiente de correlación de Pearson. En NumPy se puede hacer con `corrcoef()`.
3. Generar un mapa de calor de los resultados de la matriz del coeficiente de correlación de Pearson.
4. Interpretar los valores de los coeficientes y determinar si existe o no correlación entre las variables.

Dado el supuesto de que se haya identificado una correlación significativa entre dos o más variables, surge la interrogante: *¿cuál es el siguiente paso a seguir en tal situación?* Aunque es plausible desarrollar un modelo avanzado, como una red neuronal artificial, este enfoque puede resultar costoso en términos de tiempo de desarrollo, dado que, como se abordó en la Parte I, existen numerosas alternativas e hiperparámetros a tener en cuenta en dicho proceso. En consecuencia, ante este dilema, una opción más adecuada sería la construcción de un modelo de regresión lineal.

5.1.2. Regresión lineal

La **regresión lineal** es el caso más simple de la técnica de regresión, a través de la que se pretende predecir una respuesta escalar cuantitativa y con base en una característica x. Así, para un conjunto de datos $\mathcal{S}$, de tamaño N, donde i representa el i-ésimo ejemplar u observación del mismo, se tiene que:

$$\hat{y}^{(i)} = wx^{(i)} + b, \tag{5.6}$$

donde $\hat{y}^{(i)}$ es una predicción para un valor dado de $x^{(i)}$. Esta ecuación, no es diferente de la ecuación de una recta y tampoco representa algo fuera de lo visto hasta el final de la Parte I. La gracia de aplicar la regresión lineal es determinar los valores óptimos de sus parámetros, w y b que permitan que las predicciones $\hat{y}^{(i)}$ tengan el menor error posible con respecto a datos observados $y^{(i)}$. Por ejemplo, el método del *descenso de gradiente*, permite ir modificando los valores de los parámetros que minimicen el siguiente costo C:

$$C = \frac{1}{2N} \sum_{i=1}^{N} \left(\hat{y}^{(i)} - y^{(i)} \right)^2, \tag{5.7}$$

y al sustituir 5.6 en esta última ecuación, se tiene que:

$$C = \frac{1}{2N} \sum_{i=1}^{N} \left(\left(wx^{(i)} + b \right) - y^{(i)} \right)^2, \tag{5.8}$$

luego, al derivar con respecto de w y b para encontrar los mínimos se tiene que:

$$\frac{\partial C}{\partial w} = \frac{1}{N} \sum_{i=1}^{N} x^{(i)} \left(\left(wx^{(i)} + b \right) - y^{(i)} \right), \tag{5.9}$$

y

$$\frac{\partial C}{\partial b} = \frac{1}{N} \sum_{i=1}^{N} \left(\left(wx^{(i)} + b \right) - y^{(i)} \right). \tag{5.10}$$

Si se aplica el descenso de gradiente, se tiene que el ajuste de los parámetros está descrito por las siguientes expresiones:

$$w \leftarrow w - \alpha \frac{\partial C}{\partial w}, \tag{5.11}$$

$$b \leftarrow b - \alpha \frac{\partial C}{\partial b}, \tag{5.12}$$

donde α es la tasa de aprendizaje. De la Parte I se sabe que se conoce como descenso del gradiente porque el ajuste se hace iterativamente a los dos gradientes de las ecuaciones 5.11 y 5.12. Así, para aplicar este método se procede a los siguientes pasos para cada una de las épocas:[55]

1. Se inicializan los parámetros del modelo w y b.
2. Se hacen predicciones para todos los N ejemplares y se mide el costo.
3. Se calculan los gradientes.
4. Se ajustan los parámetros.

Para la regresión simple, en la actualidad existen librerías que tienen incorporados métodos estadísticos que se basan en variantes del descenso del gradiente. Tales son los casos de las librerías *scikit-learn* y *scipy*. La primera cuenta con la clase `LinearRegression()`, mientras que la segunda dispone del método `linregress()` del módulo de funciones estadísticas `stats`. Es importante mencionar que aunque no se profundiza en éstas librerías en lo que resta del capítulo, se muestra su resultado a través del ejemplo que se describe a continuación.

La Figura 5.4 presenta un diagrama de dispersión de una muestra de los primeros mil ejemplares del conjunto de datos *SOCR Data Dinov 020108 HeightsWeights* (UCLA Statistics Online Computational Resource, 2010). Estos datos corresponden a las variables de $estatura$ y $peso$, para personas de 18 años, y son usados para llevar a cabo un ejercicio de regresión simple.

[55] Estos pasos no son el único método, puesto que dependiendo de la forma matemática de C, se puede tener una *solución de forma cerrada* que consiste en una ecuación para calcular los parámetros de un modelo. Dado que esto no aporta una ventaja didáctica en el presente capítulo, se omite a lo largo del mismo.

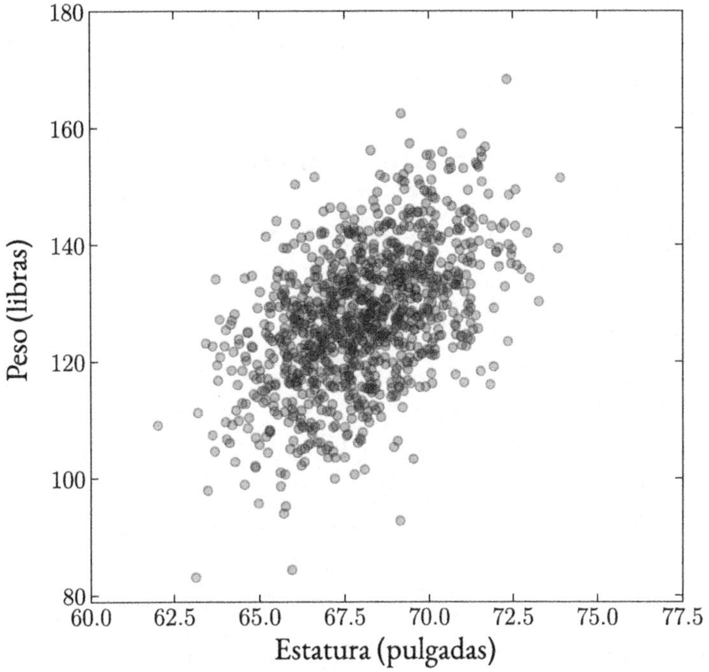

Figura 5.4: Estatura versus peso. Unidades en pulgadas y libras, respectivamente.

El siguiente programa hace el análisis de la correlación para obtener la matriz de correlación de Pearson a partir del conjunto de datos SOCR:

```
import pandas as pd
import numpy as np
import matplotlib.pyplot as plt
import seaborn as sns

datos = pd.read_csv('SOCR-HeightWeight.csv', sep=',')
print(datos.head(3))

x = datos.iloc[:1000, 1].to_numpy()
y = datos.iloc[:1000, 2].to_numpy()

r_xy = np.corrcoef(x, y)

sns.set(font_scale=2)
sns.heatmap(r_xy,
        xticklabels=[r'$x$', r'$y$'],
        yticklabels=[r'$x$', r'$y$'],
        annot=True, cmap='gray_r'
        )
plt.show()
print(r_xy)
```

El anterior programa roja una correlación de alrededor de 0.5 para las variables involucradas. En consola se muestra el siguiente resultado:

```
   Index  Height(Inches)  Weight(Pounds)
0      1        65.78331        112.9925
1      2        71.51521        136.4873
2      3        69.39874        153.0269
[[1.         0.4990]
 [0.4990     1.    ]]
```

Vale la pena explicar línea por línea este programa:

1. Primero se cargan las librerías Pandas, NumPy, Matplotlib y Seaborn.
2. Se hace uso del método `read_csv()` de Pandas para cargar los datos contenidos en archivo CSV. Se usan como argumentos el nombre del archivo que los contiene en formato

de cadena de caracteres (`'SOCR-HeightWeight.csv'`) y el tipo de separación que se considera para las columnas de los datos (`'sep=',''`). Esta operación se almacena en una variable `datos`, de tipo `DataFrame` que es un objeto de estructura de datos de `Pandas`.

3. Luego, se hace uso del método `iloc[]` para indexar los primeros mil ejemplares contenidos en `datos` de las columnas 1 y 2 para asignarlos a las variables `x` y `y`. Aquí, vale la pena explicar que los números que se encuentran entre corchetes se leen como sigue: `[:1000, 1]` significa *tomar hasta los 1000 elementos de la primera columna*. Así mismo, se aprovecha el método `to_numpy()` para convertir estas indexaciones a arreglos tipo NumPy.

4. Las últimas líneas calculan la matriz de correlaciones y generan la misma con el formato del paquete `seaborn`.

La Figura 5.5 forma parte del resultado del programa descrito en la lista anterior.

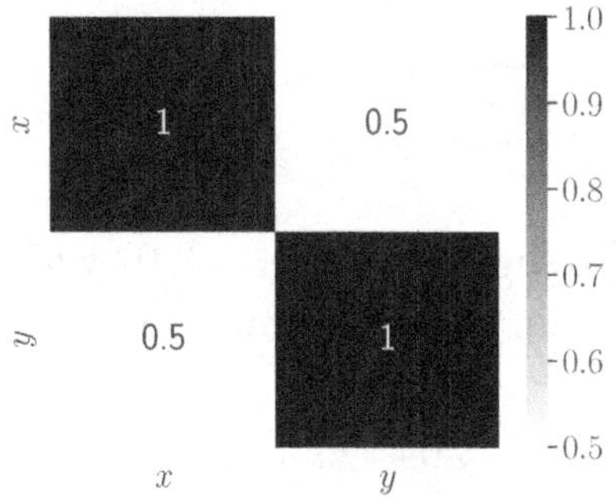

Figura 5.5: Mapa de calor de $\mathbf{R}_{xy}$ para el ejemplo de $estatura-peso$.

La correlación del modelo del problema anterior es igual a $r_{xy} \approx 0.5$. Vale la pena, entonces proponer la siguiente relación para cada i-ésimo ejemplar en el conjunto de datos del problema:

$$peso^{(i)} = w * estatura^{(i)} + b. \tag{5.13}$$

El siguiente programa implementa `linregress()` de `scipy` para encontrar w y b:

```
import pandas as pd
from scipy import stats

datos = pd.read_csv('SOCR-HeightWeight.csv', sep=',')

x = datos.iloc[:1000, 1].to_numpy()
y = datos.iloc[:1000, 2].to_numpy()

res = stats.linregress(x, y)
print("w = ", res.slope)
print("b = ", res.intercept)
```

el cual arroja el siguiente resultado:

```
w =  3.042358104764699
b =  -79.54157917997995
```

Estos resultados sugieren que $w \approx 3.04$ y $b \approx -79.54$. Por lo cual se puede construir el siguiente modelo:

$$peso^{(i)} = 3.04 * estatura^{(i)} - 79.54. \tag{5.14}$$

La gráfica de la Figura 5.6 presenta la comparación del modelo de la Ecuación 5.14. Tal como se puede observar, los modelos de regresión lineales son de rápida implementación en Python y muy útiles en la práctica.

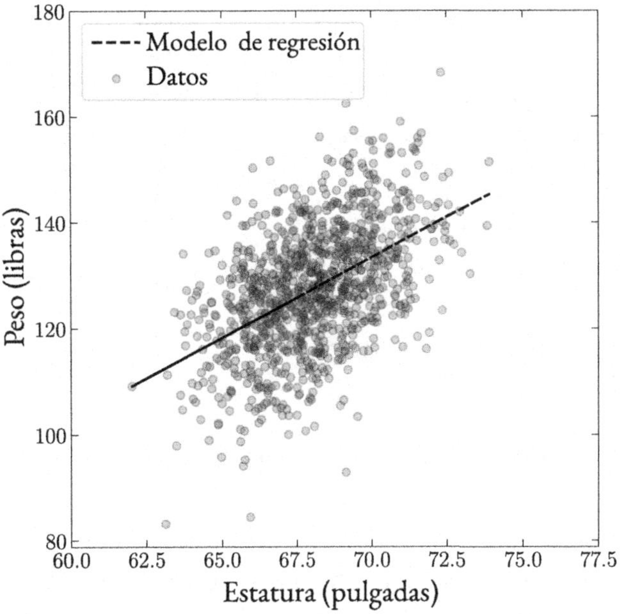

Figura 5.6: Comparación de los datos y el modelo 5.14.

Hasta este punto se han efectuado varios análisis que luego servirán para explicar la regresión de manera más general. Queda, sin embargo, hacer un análisis del error de predicción que un modelo como el de la Ecuación 5.14 presenta con respecto a observaciones con las que se construyó, o bien, con un nuevo conjunto de datos.

5.1.3. Análisis del error de un modelo de regresión

Como bien se explicó en la Parte I, Los conjuntos de validación $\mathcal{S}_V$ y de prueba $\mathcal{S}_P$ cumplen el propósito de medir el error de un modelo respecto de predicciones para datos no usados durante la construcción del mismo. Para un modelo de regresión toda vez que se obtienen sus parámetros es importante medir la *calidad* de éste para predecir nuevos datos; esto se hace a través de un **error global**, y un **error local**. Por ejemplo, la Figura 5.7 presenta un esquema del proceso de medición de error en la acepción del caso de regresión.

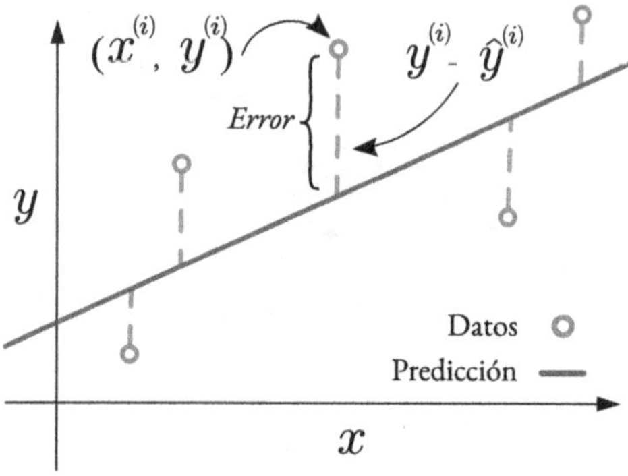

Figura 5.7: Esquema de medición del error entre un ejemplar $y^{(i)}$ de un conjunto de datos, y una predicción $\hat{y}^{(i)}$.

Las métricas del error consisten en evaluar *todas* las predicciones individuales $\hat{y}^{(i)}$ respecto de los datos observados $y^{(i)}$ (ejemplares) de un conjunto de datos de tamaño n. Luego, el tratamiento que se le da a estas mediciones individuales, tal como se apunta arriba, suele ser obteniendo su media, o bien, evaluando sus máximos o mínimos locales. Sin embargo, la selección de alguno de estos dos enfoques depende en gran medida de los datos y del problema que se pretenda analizar y modelar. Veamos las dos clases de métricas para evaluar el error de un modelo predictivo de regresión.

Métricas de error global

Las métricas del error global evalúan la media de las diferencias individuales entre las predicciones $\hat{y}$ de un modelo con respecto a datos observados y. Estas mediciones se hacen sobre la base de los conjuntos de validación $\mathcal{S}_V$ y de prueba $\mathcal{S}_P$, puesto que en ellos se contienen datos con los cuales no se entrenó o se ajustó un modelo.[56]

En la siguiente lista se enumeran las métricas de error más comunes para evaluar el desempeño global un modelo de regresión:

1. Error cuadrático medio, MSE:

$$MSE = \frac{1}{n} \sum_{i=1}^{n} \left(\hat{y}^{(i)} - y^{(i)}\right)^2. \tag{5.15}$$

   Esta medida puede adoptar valores en un rango de $0 \leq MSE \leq \infty$, siendo un valor igual a cero un ajuste perfecto entre los datos y las predicciones de un modelo, mientras que valores grandes reflejan un pobre desempeño del mismo. Las unidades de esta métrica del error son el cuadrado de la unidad del valor observado.

2. Raíz del error cuadrático medio, $RMSE$:

$$RMSE = \sqrt{\frac{\sum_{i=1}^{n} (\hat{y}^{(i)} - y^{(i)})^2}{n}}. \tag{5.16}$$

   Esta medida puede adoptar valores en un rango de $0 \leq RMSE \leq \infty$, y al igual que el MSE, cuando se tiene un valor igual a cero significa que existe un ajuste perfecto entre los datos y las predicciones de un modelo, mientras que valores grandes reflejan un pobre desempeño. Las unidades de esta métrica del error son igual al de la unidad del valor observado.

[56] Es muy importante distinguir de una función de pérdida como el costo C respecto de una función de medida del error: la primera sirve para entrenar y ajustar un modelo a través de un algoritmo de aprendizaje, mientras que la segunda evalúa un modelo ya entrenado. Esto no exime que en la regresión, una forma matemática pueda usarse para cualquiera de las dos etapas.

3. Error medio absoluto, MAE:

$$MAE = \frac{1}{n}\sum_{i=1}^{n}\left|\hat{y}^{(i)} - y^{(i)}\right|. \tag{5.17}$$

Esta medida también puede adoptar valores en un rango de $0 \leq MAE \leq \infty$, y valores igual al cero se traducen en un ajuste perfecto, mientras que altos valores corresponden a un pobre desempeño del modelo. Las unidades son igual al de la unidad del valor observado.

4. Error porcentual absoluto medio:

$$MAPE = \frac{100\,\%}{n}\sum_{i=1}^{n}\left|\frac{\hat{y}^{(i)} - y^{(i)}}{y^{(i)}}\right|. \tag{5.18}$$

Esta medida también puede adoptar valores porcentuales en un rango de $0 \leq MAPE \leq \infty$. Valores mayores al $100\,\%$ indican un muy pobre desempeño del modelo, mientras que valores igual al $0\,\%$ sugieren un ajuste perfecto. Esta métrica no puede usarse para valores observados igual o cercanos al cero (esto es, $y^{(i)} \approx 0$), puesto que ello derivaría en una indeterminación en el denominador de su forma matemática.

5. Coeficiente de determinación, R^2:

$$R^2 = 1 - \frac{\sum_{i=1}^{n}(\hat{y}^{(i)} - y^{(i)})^2}{\sum_{i=1}^{n}(y^{(i)} - \overline{y})^2}. \tag{5.19}$$

En esta expresión $\overline{y}$ indica la media de todos los valores observados. Esta es una medida adimensional que establece la correlación entre las predicciones de un modelo respecto de valores observados. Puede adoptar valores entre $-\infty \leq R^2 \leq 1$, siendo la unidad un valor de ajuste perfecto.

El análisis del error global, medido para dos o más modelos, usualmente se efectúa a través de la comparación de alguna o varias de las métricas ya mencionadas. Esto se hace recurriendo a tablas o gráficas de barra con el propósito de contrastar modelos y seleccionar el que menor error de predicción presente. Por ejemplo, para los datos de la Figura 5.6, se construyen dos modelos de regresión lineal, con predicciones $\hat{y}_A$ y $\hat{y}_B$, cada uno entrenado con diferentes tamaños de datos, $n_A = 10$ y $n_B = 1000$ respectivamente, y luego, una vez obtenidos sus parámetros, se evalúa su MSE para los últimos mil datos del conjunto SOCR. En código esto se traduce de la siguiente manera:

```
import pandas as pd
from tensorflow.keras.metrics import mse
from scipy import stats

datos = pd.read_csv(
    'SOCR-HeightWeight.csv',
    sep=',')
x_prueba = datos.iloc[-1000:, 1].to_numpy()
y_prueba = datos.iloc[-1000:, 2].to_numpy()

x_A = datos.iloc[:10, 1].to_numpy()
y_A = datos.iloc[:10, 2].to_numpy()

x_B = datos.iloc[:1000, 1].to_numpy()
y_B = datos.iloc[:1000, 2].to_numpy()

res_A = stats.linregress(x_A, y_A)
res_B = stats.linregress(x_B, y_B)

y_A_pred = res_A.slope * x_prueba + res_A.intercept
y_B_pred = res_B.slope * x_prueba + res_B.intercept

MSE_A = mse(y_prueba, y_A_pred)
MSE_B = mse(y_prueba, y_B_pred)

print("MSE_A = ", MSE_A.numpy())
print("MSE_B = ", MSE_B.numpy())
print("RMSE_A = ", MSE_A.numpy() ** 0.5)
print("RMSE_B = ", MSE_B.numpy() ** 0.5)
```

Los resultados de este programa se presentan en la Tabla 5.1. Tal como se observa, un modelo entrenado con un conjunto de diez datos evidentemente presenta un mayor error que el modelo entrenado con mil datos.

	Parámetros			Error de predicción	
Modelo	n	w	b	MSE	$RMSE$
$\hat{y}_A$	10	4.80	-197.09	116.82	10.80
$\hat{y}_B$	1000	3.04	-79.54	100.33	10.01

Tabla 5.1: Comparación de error de predicción de dos modelos de regresión lineal entrenados con diferente tamaño de muestra del conjunto SOCR HeightsWeights.

Se puede decir que la medición del error global pretende dar una visión general del desempeño de un modelo. No obstante, habrá ocasiones en que existirán rangos de valores de una variable de entrada en los que una predicción sea de mayor interés que para otros (por ejemplo, rangos de temperatura a los que una máquina podría fallar), por lo que el uso de una medida de error global podría no ser suficiente. Frente a esta situación, medir el error de predicción para valores de entrada de manera local serviría como una revisión a detalle de las capacidades y desempeño de un modelo en regiones de interés.

Error local de un modelo

Contrario a las mediciones del error de predicción global de un modelo, la medición del error local es una estrategia focal, pues su propósito es evaluar a detalle su desempeño. También, esta medición se hace única y exclusivamente cuando un modelo ha sido entrenado, por lo que en tal caso sólo se puede usar un conjunto de prueba $\mathcal{S}_{\mathcal{P}}$ y no de validación. Finalmente, dado que esta medición se hace sobre todos los ejemplares de dicho conjunto, su resultado es un arreglo de errores que posteriormente sirve para graficarse y poder observar máximos y mínimos del mismo.

La siguiente lista enumera las medidas de error local más comunes para un modelo de regresión:

1. Error absoluto, AE:

$$AE = \left|\hat{y}^{(i)} - y^{(i)}\right|. \tag{5.20}$$

   Esta medida de error puede tomar los valores $0 \leq AE \leq \infty$, donde un valor igual al cero significa predicción perfecta con respecto al i-ésimo ejemplar observado, mientras que altos valores significan un desempeño pobre del modelo. Las unidades que toma son igual a las del valor observado.

2. Error relativo, RE:

$$RE = \left|\frac{\hat{y}^{(i)} - y^{(i)}}{y^{(i)}}\right|. \tag{5.21}$$

   Esta medida puede adoptar un rango de valores $0 \leq RE \leq 1$, siendo un valor igual a cero una predicción perfecta, mientras que un valor igual a la unidad, significa un pobre desempeño. Debe tenerse en cuenta que el RE no puede calcularse para observaciones $y^{(i)}$ igual a cero, pues esto causaría indeterminación en su ecuación.

3. Error porcentual, PE:

$$PE = 100\,\% \times \left|\frac{\hat{y}^{(i)} - y^{(i)}}{y^{(i)}}\right|. \tag{5.22}$$

Esta medida puede adoptar valores $0 \leq PE \leq 100\,\%$, siendo un valor igual a cero una predicción perfecta, mientras que un valor igual a $100\,\%$ significa un pobre desempeño del modelo.

Contrario a las métricas del error global, los errores locales no se encuentran fácilmente integrados en una librería o paquete de Python, y es tarea de quien evalúa un modelo el construir funciones específicas o calcular el error a partir de las predicciones del mismo. El siguiente programa implementa el cálculo del error de predicción de uno de los modelos entrenados en la sección anterior (se emplean los resultados de los parámetros del modelo B):

```
import pandas as pd
import matplotlib.pyplot as plt
import numpy as np

datos = pd.read_csv(
    'SOCR-HeightWeight.csv',
    sep=',')
x_prueba = datos.iloc[-1000:, 1].to_numpy()
y_prueba = datos.iloc[-1000:, 2].to_numpy()

y_B_pred = 3.04 * x_prueba - 79.54

AE = np.abs(y_prueba - y_B_pred)
RE = AE / y_prueba
PE = RE * 100.


fig, (ax1, ax2, ax3) = plt.subplots(3, sharex=True)

ax1.scatter(range(x_prueba.shape[0]), AE,
            facecolors='white',
            edgecolors='gray'
            )
ax1.set_ylabel(r'$AE$', fontsize=16)
ax1.tick_params(axis='y', labelsize=14)

ax2.scatter(range(x_prueba.shape[0]), RE,
            facecolors='white',
            edgecolors='black'
            )
```

```
ax2.set_ylabel(r'$RE$', fontsize=16)
ax2.tick_params(axis='y', labelsize=14)

ax3.scatter(range(x_prueba.shape[0]), PE,
            facecolors='gray',
            edgecolors='black'
            )
ax3.set_ylabel(r'$PE$', fontsize=16)
ax3.tick_params(axis='x', labelsize=14)
ax3.tick_params(axis='y', labelsize=14)
ax3.set_xlabel(r'Observaciones', fontsize=16)
plt.show()
```

La gráfica que se presenta en la Figura 5.8 es el resultado de los errores locales de predicción del modelo de regresión lineal usando los valores de la Tabla 5.1. En ella debe notarse que, aunque los resultados son similares en su tendencia, se debe tener especial cuidado en interpretar las magnitudes de los ejes verticales. En este caso particular se observa un error máximo AE de aproximadamente 40 libras, y un error máximo PE de alrededor de 50 %, ambos para la muestra de datos usadas del conjunto SOCR HeightsWeights (es decir, las últimas mil observaciones del mismo).[57] En el análisis del error local, siempre es importante usar gráficas independientes para cada una de las mediciones que se hagan. Esto último evita confusiones durante el mismo y permite separar cada medición para tomar decisiones ulteriores con base en sus resultados.

[57] Aunque no es el propósito principal de esta sección la discusión profunda de los resultados de este ejemplo, vale la pena preguntarse qué tan bueno es que un modelo pudiese presentar hasta un error máximo de alrededor de 40 libras para los datos de la muestra sobre los cuales se hacen predicciones. Sobre ello y ante cualquier posible conclusión, siempre es recomendable reportar los resultados a detalle cuando se trabaje en el desarrollo y entrenamiento de un modelo, pues dependiendo del contexto, las predicciones de éste podrían ser o no un soporte para tomar decisiones que le atañen a los más interesados.

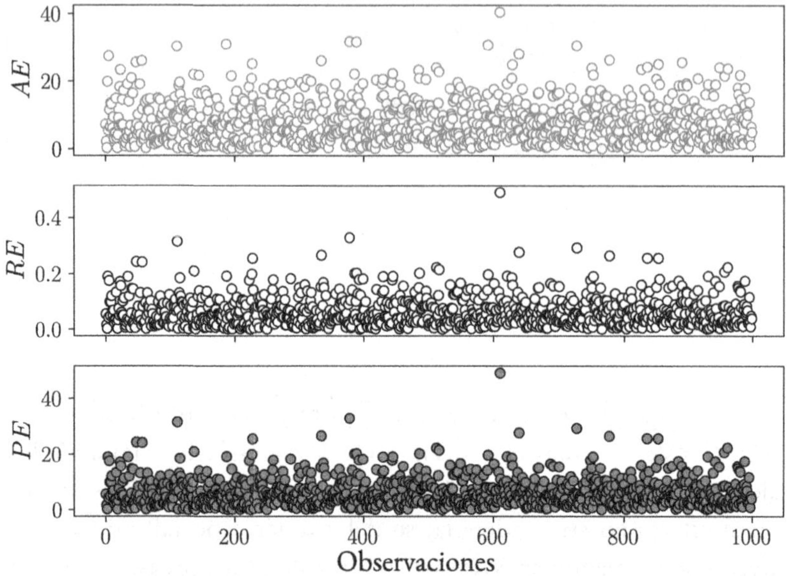

Figura 5.8: Resultados de los errores AE, RE y PE para un modelo de regresión lineal con parámetros $w = 3.04$ y -79.54 dl conjunto de datos SOCR HeightsWeights. Donde: unidades de AE son libras, RE es adimensional, y PE está expresado en porcentaje.

Un análisis más detallado del error estaría acompañado de una figura similar a la 5.8 acompañada de una tabla de resultados máximos del error local como la que se presenta en la Tabla 5.2, que contiene resultados que se obtienen a partir del cálculo de los errores máximos del problema estudiado. Esto se hace agregando la siguiente línea al código previamente presentado:

```
print(np.max(AE), np.max(RE), np.max(PE))
```

	Parámetros		Error local máximo de predicción		
Modelo	w	b	AE (libras)	RE (-)	PE (%)
$\hat{y}_B$	3.04	-79.54	40.44	0.49	49.09

Tabla 5.2: Error de predicción local de un modelo de regresión lineal para una muestra de tamaño $n = 1000$ del conjunto SOCR.

Es importante resaltar que el análisis del error en el contexto de la regresión lineal simple resulta esencial para evaluar el desempeño y establecer los límites de dicho modelo. La regresión lineal simple, siendo un método estadístico y matemático que busca modelar la relación lineal entre dos variables cuantitativas, en el pasado ha demostrado ser eficaz en la construcción de modelos predictivos en una amplia variedad de problemas y disciplinas. No obstante, aunque esta forma de regresión es de gran utilidad en numerosos casos, existen ocasiones en las que la relación entre dos variables puede no ser suficiente para comprender un problema en toda su complejidad. En tales situaciones, es posible que se requiera considerar enfoques alternativos y más sofisticados para desarrollar modelos predictivos precisos y robustos.

En resumen, aunque el análisis del error en la regresión lineal simple es útil para conocer los límites de un modelo en particular, es fundamental tener en cuenta la diversidad de enfoques y técnicas disponibles en el campo de la estadística y el Machine Learning para abordar problemas más complejos, y así mejorar la precisión y robustez de las soluciones propuestas.

5.1.4. Regresión múltiple

En la práctica es común encontrarse con problemas en los que una variable y puede depender de dos o más D características $x_1, x_2, x_3, \ldots, x_D$. En tal caso, para un conjunto de datos de tamaño N, donde i representa el i-ésimo ejemplar u observación del mismo, una hipótesis inicial podría ser establecer un modelo que tenga la siguiente relación lineal:

$$\hat{y}^{(i)} = \mathbf{w}^\top \mathbf{x}^{(i)} + b, \tag{5.23}$$

donde:

$$\mathbf{x}^{(i)} = \begin{bmatrix} x_1^{(i)} \\ x_2^{(i)} \\ x_3^{(i)} \\ \vdots \\ x_D^{(i)} \end{bmatrix}, \tag{5.24}$$

y este vector contiene las D características de un problema; además, se tiene que:

$$\mathbf{w} = \begin{bmatrix} w_1 \\ w_2 \\ w_3 \\ \vdots \\ w_D \end{bmatrix}. \tag{5.25}$$

El vector $\mathbf{w}$ contiene los parámetros, y b es el sesgo o intercepto. A esta forma se le conoce como **regresión múltiple** ya que consiste en aproximar una variable y suponiendo dependencia lineal de $x_1, x_2, x_3, \ldots, x_D$.

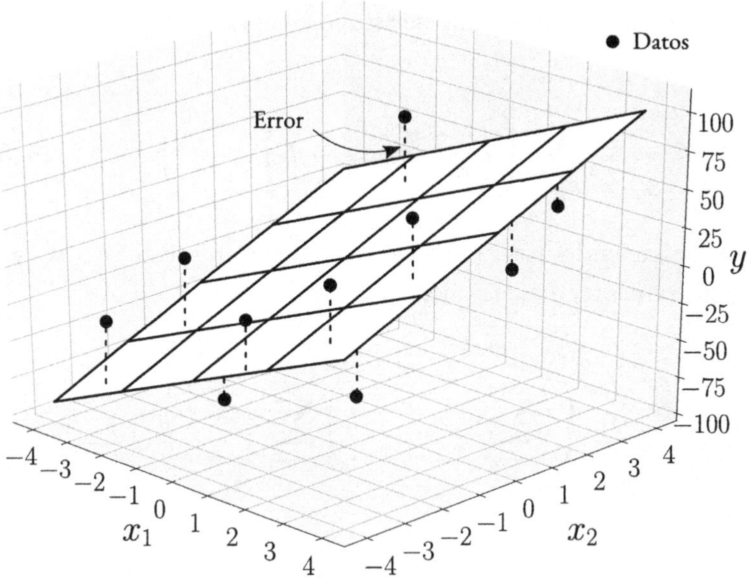

Figura 5.9: Plano de regresión múltiple de dos variables x_1 y x_2.

Por ejemplo, la regresión lineal múltiple para dos variables x_1 y x_2, puede pensarse como el *mapeo* que surge de tomar ambas para formar un plano en tres dimensiones como se lo presenta la Figura 5.9, y el error de un modelo de este tipo serían las distancias entre las observaciones individuales con respecto de tal plano. El entrenamiento de un modelo de regresión lineal múltiple parte de reducir el error entre la aproximación de dicho plano respecto de los datos observados. Esto puede llevarse a cabo mediante el algoritmo del descenso gradiente a partir de un costo C como sigue:

$$C = \frac{1}{2N} \sum_{i=1}^{N} \left(\hat{y}^{(i)} - y^{(i)} \right)^2 \tag{5.26}$$

Por lo tanto, el desarrollo de este costo es como sigue:

$$C = \frac{1}{2N}\sum_{i=1}^{N}\left(\left(\sum_{j=1}^{D} w_j {x_j}^{(i)} + b\right) - y^{(i)}\right)^2. \tag{5.27}$$

Luego, haciendo las derivadas de C con respecto de $\mathbf{w}$ y b respectivamente, se tiene que:

$$\frac{\partial C}{\partial w_j} = \frac{1}{N}\sum_{i=1}^{N}\left(\left(\sum_{j=1}^{D} w_j {x_j}^{(i)} + b\right)\sum_{j=1}^{D} {x_j}^{(i)} - y^{(i)}\sum_{j=1}^{D} {x_j}^{(i)}\right), \tag{5.28}$$

$$\frac{\partial C}{\partial b} = \frac{1}{N}\sum_{i=1}^{N}\left(\left(\sum_{j=1}^{D} w_j {x_j}^{(i)} + b\right) - y^{(i)}\right), \tag{5.29}$$

así mismo, para una época, el ajuste de los parámetros es:

$$w_j \leftarrow w_j - \alpha\frac{\partial C}{\partial w_j}, \tag{5.30}$$

$$b \leftarrow b - \alpha\frac{\partial C}{\partial b}, \tag{5.31}$$

donde α es la tasa de aprendizaje. En Python existen librerías como scipy o scikit-learn con módulos y funciones para llevar a cabo un modelado de regresión múltiple, lo que facilita su uso para crear modelos sobre conjuntos de datos.

Una gran diferencia de la regresión múltiple con respecto de la regresión simple es que el análisis de correlación entre variables se hace con herramientas más sofisticadas y basadas en pruebas de hipótesis.

Por ejemplo, existen pruebas estadísticas de *multicolinealidad* para determinar si existe o no correlación entre las variables independientes de un modelo. También existen pruebas para determinar las posibles interacciones entre dos o más variables independientes; esto es, pueden existir efectos parciales en y debido a que una o más características puedan tener influencia sobre otras. Existen otras pruebas, como las de *homoscedasticidad*, *heteroscedasticidad*, *multicolinealidad* y *autocorrelación* que se hacen para determinar si los supuestos iniciales de un modelo son correctos. Sin embargo, todas estas técnicas merecen un tratado y explicación aparte de lo que aquí se presenta, por lo que no se les describe ni se profundiza en ellas, ya que éstas quedan fuera del alcance de la presente obra. Para el caso, véase la obra de Gujarati (2010, Capítulos.10-13).

5.1.5. Coeficiente de determinación ajustado

Para el propósito de este trabajo, resulta relevante evaluar ciertos aspectos de un modelo de regresión múltiple, particularmente el error en relación con los datos experimentales. La evaluación mencionada se lleva a cabo mediante las expresiones de las métricas del error, presentadas en la sección anterior. En el contexto de la regresión múltiple, la medida sobresaliente es el **coeficiente de determinación ajustado**, R^2_{aj}, pues éste estima la efectividad de las variables independientes para explicar la variable dependiente.

La ecuación de R^2_{aj} es la siguiente:

$$R^2_{aj} = 1 - (1 - R^2)\frac{n-1}{n-k-1}, \tag{5.32}$$

donde n se refiere al tamaño de la muestra, o número de ejemplares en el conjunto de prueba; k es el total de características, y R^2 es el coeficiente de determinación. El coeficiente ajustado es muy útil, pues penaliza la inclusión de más características a un modelo. Esto se traduce en que, contrario al R^2, el coeficiente R^2_{aj} podría no ver mejora si se incluyen más variables y, por consecuencia, es una medida para descartar variables que no tienen influencia sobre el ajuste del modelo.

Un ejemplo ilustrativo se contiene en la Tabla 5.3, en la que se comparan los tres coeficientes R^2 y R^2_{aj} para el caso de la predicción del consumo de gasolina de automóviles con tres modelos que toman en cuenta diversas características. En el ejemplo se observa un primer modelo que sólo considera el peso de un automóvil, el cual tiene una potencia de predicción medida con en $R^2 = 0.82$ y $R^2_{aj} = 0.81$. Un segundo modelo aumenta ambos coeficientes si se incluye la velocidad promedio como característica. Finalmente un tercer modelo toma en cuenta el desgaste en los neumáticos. Si bien se aumenta el R^2 al incluir esta característica, se observa que R^2_{aj} se mantiene invariante. Para estos resultados ilustrativos, se consideraría descartar el desgaste de neumáticos como una variable para predecir el consumo en combustible de un automóvil dado.

	Características			Error	
Modelo	Peso del automóvil	Velocidad promedio	Desgaste en neumáticos	R^2	R^2_{aj}
1	SI	NO	NO	0.82	0.81
2	SI	SI	NO	0.89	0.88
3	SI	SI	SI	0.91	0.88

Tabla 5.3: Ejemplo de comparación de R^2 y R^2_{aj} para tres modelos de consumo de combustible para automóviles. Donde: SI se refiere a que el modelo incluye la característica indicada; NO indica que el modelo no incluye la característica indicada.

5.1.6. Ejercicio de regresión múltiple

El siguiente programa muestra un ejemplo de la construcción de tres modelos, dos de ellos de regresión múltiple, para el conjunto de datos *Concrete Slump Test Data Set*, CSTDS (YehI-Cheng, 2007). Esto a partir de la clase `LinearRegression` del módulo `linear_model` de la librería scikit-learn. Dicho conjunto tiene tres variables de respuesta, pero sólo se tomará una de ellas, a saber, «*28-day Compressive Strength (Mpa)*», la cual corresponde a la resistencia mecánica de compresión de material tipo concreto. Por otra parte este conjunto también posee siete características, de las cuales sólo se toman cinco para el ejemplo. Entonces, el programa considera las siguientes características y respuesta para construir modelos de regresión múltiple:

1. Características o variables de entrada:
    - Cantidad de cemento en kg/m^3, *cement* x_1,
    - Cantidad de escoria en kg/m^{3}a, *slag* x_2,
    - Cantidad de ceniza volante en kg/m^3, *fly ash* x_3,
    - Cantidad de agua en kg/m^3, *water* x_4,
    - Agregado burdo en kg/m^3, *coarse aggregate*, x_5.
2. Respuesta o variable de salida:
    - Resistencia mecánica a la compresión para veintiocho días en megapascales, *compressive strength* y.

El programa construye tres modelos: (a) el primer modelo sólo toma en cuenta la característica x_1 (cantidad de cemento); (b) el segundo modelo toma en cuenta las características x_1 (cantidad de cemento), x_4 (cantidad de agua) y x_5 (agregado burdo); el tercer modelo toma en cuenta las cinco características.

Por lo mencionado arriba, en el programa se crean tres vectores de características diferentes:

- Modelo 1 : $\mathbf{x}^\top = [x_1]$.
- Modelo 2 : $\mathbf{x}^\top = [x_1, x_4, x_5]$.
- Modelo 3 : $\mathbf{x}^\top = [x_1, x_2, x_3, x_4, x_5]$.

```
import pandas as pd
import numpy as np
from sklearn.linear_model import LinearRegression
from sklearn.metrics import r2_score

# Definicion y preparacion de los datos
datos = pd.read_csv("slump_test.data", sep=',')
datos = datos.drop(['No'], axis=1)

modelo_1_x = datos.iloc[:, 0].to_numpy()
modelo_1_x = modelo_1_x[:, np.newaxis]
modelo_2_x = datos.iloc[:, [0, 3, 5]].to_numpy()
modelo_3_x = datos.iloc[:, [0, 1, 2, 3, 5]].to_numpy()

y = datos.iloc[:, 9].to_numpy()
y = y[:, np.newaxis]

# Creacion, compilacion y evaluacion de modelos

# Modelo 1 - k=1
k_1 = 3
n_1 = modelo_1_x.shape[0]
modelo_1_y = LinearRegression()
modelo_1_y.fit(modelo_1_x, y)
y_pred_1 = modelo_1_y.predict(modelo_1_x)
R2_1 = r2_score(y_pred_1, y)
R2_1_aj = 1 - (1 - R2_1) * (n_1 - 1) / (n_1 - k_1 - 1)
print("Result. Modelo 1 |> R^2 =  %.2f; R^2_aj = %.2f"
      % (R2_1, R2_1_aj))

# Modelo 2 - k=3
k_2 = 3
n_2 = modelo_2_x.shape[0]
modelo_2_y = LinearRegression()
modelo_2_y.fit(modelo_2_x, y)
y_pred_2 = modelo_2_y.predict(modelo_2_x)
R2_2 = r2_score(y_pred_2, y)
```

```
R2_2_aj = 1 - (1 - R2_2) * (n_2 - 1) / (n_2 - k_2 - 1)
print("Result. Modelo 2 |> R^2 = %.2f; R^2_aj = %.2f"
      % (R2_2, R2_2_aj))


# Modelo 3 - k=5
k_3 = 5
n_3 = modelo_3_x.shape[0]
modelo_3_y = LinearRegression()
modelo_3_y.fit(modelo_3_x, y)
y_pred_3 = modelo_3_y.predict(modelo_3_x)
R2_3 = r2_score(y_pred_3, y)
R2_3_aj = 1 - (1 - R2_3) * (n_3 - 1) / (n_3 - k_3 - 1)
print("Result. Modelo 3 |> R^2 = %.2f; R^2_aj = %.2f"
      % (R2_3, R2_3_aj))
```

La Tabla 5.4 muestra resultados de modelos de regresión. Los dos primeros modelos no son adecuados para el conjunto CSTDS debido a valores negativos de R^2 y R^2_{aj}, indicando un pobre desempeño en predecir y. El tercer modelo, con cinco características, tiene un mejor rendimiento con valores saludables en ambos coeficientes. Con este ejemplo se ilustra el por qué es siempre recomendable comparar diferentes modelos, pues así se determina el más adecuado en representar datos y realizar predicciones.

Modelo	R^2	R^2_{aj}
1	-3.03	-3.16
2	-0.44	-0.48
3	0.88	0.87

Tabla 5.4: Resultados de los modelos para el conjunto CSTDS.

5.1.7. Gráficas de predicción versus datos

Cuando se tiene un modelo de regresión múltiple resulta complejo graficar la predicción del mismo con respecto a alguna variable, porque se involucran múltiples variables independientes que interactúan simultáneamente para predecir la variable dependiente. Se podrían realizar gráficas de planos y observaciones como los de la Figura 5.6, sin embargo muchas veces esto es difícil de interpretar y también resulta en una tarea compleja el reportar dichos resultados para comunicar la efectividad de un modelo. En tal caso, es más conveniente hacer la gráfica de dispersión entre los valores de las predicciones y las observaciones en un diagrama de *observaciones versus predicciones* tal como se muestra en la Figura 5.10 para los modelos del conjunto de datos CSTDS que se vieron más arriba. Este tipo de diagramas vienen además acompañados de una *línea de predicción ideal*, la cual representa una predicción perfecta. Como tal, esta línea es una referencia, pues apoya en la visualización de los errores de las predicciones de un modelo respecto de las observaciones.

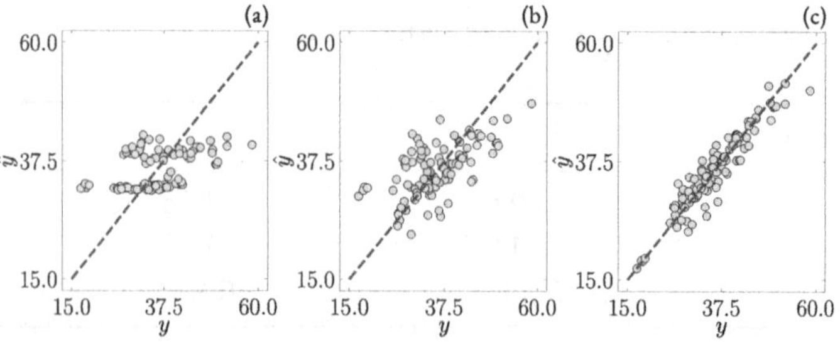

Figura 5.10: Diagrama de observaciones versus predicciones para los modelos del conjunto de datos CSTDS: (a) modelo 1, (b) modelo 2, y (c) modelo 3. Unidades de los ejes en megapascales (MPa).

Los diagramas de la Figura 5.10, demuestran que la gráfica que mejor se ajusta a la línea corresponde a la del modelo 3; siempre se recomienda usar diagramas como estos, pues son independientes del número de características que un modelo posea, y en realidad son muy efectivos para visualizar qué tan buenas aproximaciones se hacen con los mismos.

Es importante mencionar que en los métodos de regresión lineal múltiple se pueden abarcar todavía más técnicas y herramientas estadísticas para *curar* y mejorar un modelo, por lo que sería inadecuado cubrirlas todas. Sin embargo, con suerte lo presentado hasta este punto apoyaría para alcanzar a ceñir el objetivo del capítulo: ver los tipos de regresión. Además, las herramientas y métodos vistos en ésta y en la anterior sección cumplimentan los requisitos para emprender el camino a la regresión por medio de redes neuronales artificiales. No obstante, antes de ello sería importante mencionar otras formas más generales y complejas de la regresión.

5.2. Otras formas de regresión

La regresión general se define como una función $f : \mathbb{R}^D \to \mathbb{R}$, lo que implica que puede adoptar múltiples formas, no limitándose a ser lineales como sugieren las hipótesis de regresión simple y múltiple. Más aún, por cuanto a la tarea de regresión, las hipótesis pueden ir más allá de suposiciones lineales y, dependiendo del problema que se pretenda abordar, se pueden proponer formas más complejas en relación con el orden de los exponentes. De éstas, quizás las más conocidas y destacadas son las siguientes:

- *Regresión polinomial.* Es un enfoque que emplea hipótesis polinomiales para ajustar los datos en un problema. Este método permite capturar relaciones no lineales entre las variables y proporciona una mayor flexibilidad en el modelado. En el caso de una única característica x, la regresión polinomial puede representarse como sigue:

$$\hat{y} = w_1 x + w_2 x^2 \ldots w_n x^n + b. \tag{5.33}$$

- *Regresión no lineal*. Es el caso general que subsume a la regresión polinomial, y en ella se pueden proponer formas matemáticas más complejas dependiendo de los datos del problema que se pretende modelar, por lo que suele depender del conocimiento que se tenga del mismo y de su alcance. Generalmente, los modelos que recurren a este tipo de regresión, se cosechan y se trabajan durante muchos años, y se requiere un estudio profundo de la disciplina que les circunscribe. Tan es así que muchos de estos modelos toman elementos de la misma. Una forma matemática como ejemplo es la siguiente:

$$y = ke^{cx} + b. \tag{5.34}$$

  donde c y k son constantes.

- *Regresión de múltiple salida*. Este caso corresponde al mapeo del tipo $f : \mathbb{R}^D \rightarrow \mathbb{R}^O$, donde O es distinto de la unidad. En este caso de regresión la salida no es una sola variable y se pueden tener múltiples salidas que ajustar. Además, ésta también puede adoptar formas no lineales, por lo que se considera el caso más general de la regresión, pues todas las formas que se mencionaron y se han visto en esta sección se subsumen a ella.

Las anteriores formas de regresión tienden a ser complejas, además de que se requiere que quien les use y proponga cuente con el conocimiento suficiente para poder establecer sus límites.

5.3. Regresión con TensorFlow

En la Parte I de este libro se ha visto qué son las redes neuronales artificiales, qué las constituyen, y se han dado los pasos para crear un modelo de este tipo, *desde cero*. También se introdujo la librería TensorFlow, la cual permite crear modelos de una forma más rápida y eficiente.

La tarea de regresión y un modelo de este tipo —incluso tan compleja como las vistas en la sección precedente—, pueden ser abordados a través de una red neuronal artificial, pues ésta puede verse como una función, tal que se puede proponer un modelo de la forma $f_{ANN} : \mathbb{R}^D \to \mathbb{R}^O$, donde f_{ANN} es una red neuronal de propagación. Así, es posible proponer una forma de regresión f_{ANN} para modelar un conjunto de datos de D características y O salidas, incluso en el que se presenten regularidades no lineales. Es en este punto donde las redes neuronales artificiales demuestran una ventaja, pues, para el caso de la regresión, vistas como una función, pueden representar problemas complejos y difíciles de modelar por medio de otros métodos.

En TensorFlow, el modelado de problemas de regresión a través de redes neuronales artificiales de propagación se consigue apilando la cantidad necesaria de capas ocultas `layers` de la clase `Dense()` dentro de un modelo de la clase `Sequential()`, hasta finalizar con una capa de salida que especifique el total de neuronas para cada salida de una red neuronal. Por ejemplo, las siguientes instrucciones crean un modelo y lo asignan a la variable `modelo`:

```
import tensorflow as tf
from tensorflow.keras import layers

modelo = tf.keras.Sequential([
  layers.Dense(units=12, activation='relu', input_shape=(4,)),
  layers.Dense(units=6, activation='relu'),
  layers.Dense(units=1)
  ])
```

El modelo que se crearía con el código anterior se le conoce como *modelo secuencial* de TensorFlow, y en su caso concreto vendría a tener las siguientes características:

- Dos capas ocultas del tipo `Dense()` con doce y séis neuronas ocultas cada una (`units=16` y `units=6`).
- Ambas capas ocultas usan funciones de activación *ReLU* (`activation='relu'`).
- La primera capa oculta tiene recibe entradas con forma `(4, )` (`input_shape=(4,)`).
- Sólo tiene una salida (`layers.Dense(units=1)`).

Es importante notar que un modelo secuencial se inicia pasando una lista `[]` especificando las capas ocultas y de salida con las cuales habría de estar compuesto. Esto es:

```
import tensorflow as tf
modelo = tf.keras.Sequential([. . .])
```

Cuando se crea una red neuronal con TensorFlow para tareas de regresión, siempre debe tenerse cuidado de no especificar una función de activación para la capa de salida, pues en estos casos se usa una función de activación del tipo identidad; esto es, $f(x) = x$.

El siguiente programa hace la comparación entre el modelo 3 de la sección anterior y un modelo de red neuronal de dos capas ocultas para el conjunto de datos CSTDS:

```
import pandas as pd
import numpy as np
import tensorflow as tf
from tensorflow.keras import layers
from sklearn.linear_model import LinearRegression
from sklearn.metrics import r2_score

tf.random.set_seed(1)
datos = pd.read_csv("slump_test.data", sep=',')
datos = datos.drop(['No'], axis=1)

modelo_3_x = datos.iloc[:, [0, 1, 2, 3, 5]].to_numpy()

y = datos.iloc[:, 9].to_numpy()
y = y[:, np.newaxis]

modelo_3_y = LinearRegression()
modelo_3_y.fit(modelo_3_x, y)
y_pred_3 = modelo_3_y.predict(modelo_3_x)

X = modelo_3_x

modelo_ANN = tf.keras.Sequential([
    tf.keras.layers.BatchNormalization(),
    tf.keras.layers.Dense(units=3, activation='sigmoid'),
    tf.keras.layers.BatchNormalization(),
    layers.Dense(units=1),])

modelo_ANN.compile(optimizer=tf.keras.optimizers.SGD(),
                   loss=tf.keras.losses.MSE)

modelo_ANN.fit(x=modelo_3_x, y=y,
               epochs=200,
               verbose=0)

y_pred_ANN = modelo_ANN.predict(X)

R2_3 = r2_score(y_pred_3, y)
print("Result. Modelo 3 |> R^2 =  %.2f" % R2_3)
R2_ANN = r2_score(y_pred_ANN, y)
print("Result. Modelo Red |> R^2 =  %.2f" % R2_ANN)
```

El anterior programa arroja los resultados de los coeficientes de determinación. Así, se encuentra que el modelo 3 presenta un

$R^2 = 0.88$, mientras que el modelo de red neuronal artificial muestra una $R^2 = 0.95$. Gráficamente, los resultados de las predicciones se pueden observar en la Figura 5.11, donde se nota que las predicciones del modelo de red neuronal artificial creado con TensorFlow tienden a *ceñirse* más a la línea de predicciones ideal que el modelo de regresión múltiple creado con scikit-learn. Estos resultados sugieren que el modelo de red neuronal es mejor que sus contrapartes, pero sólo para los datos de entrenamiento, pues se ha pasado por alto construir los tres conjuntos de datos para crear el modelo; estos, los conjuntos de entrenamiento, validación y prueba. Además, aunque no se ha hecho explícito, no se normalizaron o estandarizaron los datos del conjunto de datos CSTDS; en la práctica esto último debería ser algo de rutina, pero aquí se ha pasado por alto y en vez de ello se usaron *capas de normalizado por lotes*, `BatchNormalization()`, antes y después de la capa oculta del modelo (ver código de arriba).

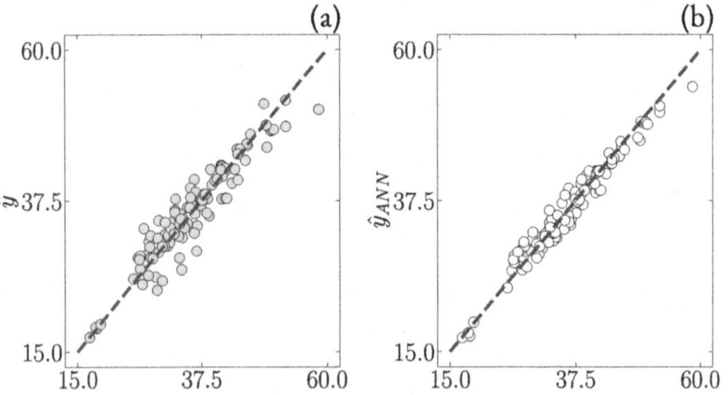

Figura 5.11: Diagrama de observaciones versus predicciones para los modelos del conjunto de datos CSTDS: (a) Modelo 3 de regresión múltiple, (b) modelo de red neuronal artificial. Unidades de los ejes en MPa.

Estoos resultados también sugieren que el modelo de red neuronal es superior al modelo de regresión múltiple. Habrá ocasiones, sin embargo, que aludiendo al *principio de parsimonia*,[58] se preferirá un modelo más sencillo para representar un conjunto de datos —como el de regresión—. Este tipo de decisiones se mencionan y se discuten en el último capítulo del libro.

Finalmente, suponga que se desea tener los detalles del modelo de red neuronal que se ha construido para regresión de los datos del conjunto CSTDS, es decir, su tamaño, su total de capas, la clase de capas que usa y más detalles. Esto se efectúa toda vez que se ha construido y compilado un modelo agregando la siguiente línea:

```
print(modelo_ANN.summary())
```

lo cual muestra una tabla de detalles y resumen del modelo muy similar a la siguiente:

```
_________________________________________________________________
Layer (type)                 Output Shape              Param#
=================================================================
batch_normalization (BatchNo (None, 5)                 20
_________________________________________________________________
dense (Dense)                (None, 3)                 18
_________________________________________________________________
batch_normalization_1 (Batch (None, 3)                 12
_________________________________________________________________
dense_1 (Dense)              (None, 1)                 4
=================================================================
Total params: 54
Trainable params: 38
Non-trainable params: 16
```

[58] El principio de parsimonia, también conocido como la *navaja de Occam*, es un enfoque filosófico que favorece la simplicidad en la explicación de fenómenos o en la construcción de modelos. Sugiere que, ante varias explicaciones o hipótesis, la más sencilla y con menos supuestos suele ser preferible, siempre y cuando se ajuste adecuadamente a los datos o fenómenos observados.

Estos resultados tabulados, indican las capas de normalización (`BatchNormalization()`), seguida por una capa oculta densa de tres neuronas (`Dense()`), y luego por una capa de normalización otra vez, para terminar con una capa de salida densa de una sola neurona. También muestran los parámetros que la red entrena y aquellos que no son objeto de entrenamiento; en este caso, por haber usado las dos capas de normalización, se incrementó el número de parámetros entrenables. Esto en realidad no afecta en gran medida una red neuronal como la que se usa en el ejemplo, pues el conjunto CSTDS tan solo tiene 103 ejemplares y no es un modelo muy complejo. En casos donde los tiempos de entrenamiento y tiempos de inferencias (hacer predicciones), esto podría suponer un tema a revisar con detalle.

Llegados a este punto, quizás es momento de poner en práctica lo que se ha descrito a lo largo de este capítulo para la tarea de regresión y las herramientas para evaluar un modelo de este tipo. La siguiente sección presenta un ejemplo ilustrativo y completo donde se exponen los pasos para construir modelos de redes neuronales de regresión para un conjunto de datos reales y de múltiples características (múltiples entradas), el cual no presenta regularidades lineales en la asociación de estas con respecto a la salida que se considera.

5.4. El conjunto de datos Diamonds

Se trabajará el modelado de regresión con redes neuronales artificiales para el conjunto *Diamonds* (Wickham, 2016), el cual contiene nueve características de 53,940 especímenes de diamante, así como el precio que le corresponde a cada uno de ellos. En dicho conjunto de datos el objetivo o variable de respuesta es, precisamente, el precio de los diamantes. Por lo tanto, se construirá un modelo que sea capaz de predecir el precio de un diamante con base en nueva información de sus características.

La siguiente lista resume las características del conjunto de datos diamonds:

1. Masa de cada diamante, `carat`. Es una variable real, y toma valores desde 0.2 - 5.01.
2. Calidad del corte, `cut`. Es una variable categórica, ordenada de *peor* a *mejor*.
3. Color del diamante, `color`. Es una variable categórica, ordenada de *mejor* a *peor*.
4. Claridad del diamante, `clarity`. Es una variable categórica, ordenada de *peor* a *mejor*.
5. Longitud del diamante en milímetros, x. Es una variable real, y toma valores desde 0.0 - 10.74.
6. Ancho de diamante en milímetros, y. Es una variable real, y toma valores desde 0.0 - 58.9.
7. Profundidad del diamante en milímetros, z. Es una variable real, y toma valores desde 0.0 - 31.8.
8. Porcentaje de profundidad, `depth`. Es una variable real, obtenida por la siguiente ecuación:

$$\text{depth} = 100 \times \frac{z}{x+y}(43 - 79).$$

9. Anchura, `table`. Esta característica representa la anchura de la parte superior del diamante en relación con el punto más ancho.

Luego, la variable de respuesta es `price`, que refiere al precio del diamante, dada en dólares americanos (USD).

5.4.1. Enfoque de modelado con red neuronal

Para crear el modelo de red neuronal artificial del conjunto de datos diamonds, se seguirán los pasos mencionados en el Capítulo 4 de la Parte I:

1. *Definición y datos del problema*. Para el ejemplo, se aleatorizarán las posiciones de los ejemplares; luego se codificarán las variables categóricas en variables de tipo entero; seguido, se normalizarán los datos; finalmente se crearán los conjuntos de datos para entrenamiento (70 %), validación (20 %) y prueba (10 %).

2. *Creación del modelo*. Se usará una arquitectura de dos capas ocultas con diferentes neuronas en cada una de ellas. Así mismo, se usarán funciones de activación del tipo sigmoide y $ReLU$.

3. *Compilar modelo*. Dado que el ejercicio es de regresión, se usará un MSE para el costo en el entrenamiento del modelo; además se usará el conjunto de validación para monitorizar el error del mismo nombre.

4. *Entrenar modelo*. Se entrenará un total de 1, 000 épocas para cada uno de los modelos estudiados.

Para evaluar los modelos construidos siguiendo la lógica de la lista anterior, se usarán las siguientes métricas del error para el conjunto de prueba: (a) $RMSE_P$, (b) R^2, y (c) diagrama de observaciones versus predicciones. Finalmente, por ser un ejercicio complejo y más completo que los anteriores, se usarán las librerías Pandas, scikit-learn, NumPy, Matplotlib y TensorFlow.

5.4.2. Definición y datos del problema

El primer paso consiste en cargar los datos del conjunto diamonds. Para este propósito se usa la librería Pandas, en concreto la función `read_csv()` para cargar en memoria los datos contenidos en un archivo del tipo *comma separated value*:

```
from sklearn.preprocessing import LabelEncoder
from sklearn.preprocessing import MinMaxScaler
from sklearn.metrics import r2_score
import matplotlib.pyplot as plt
import tensorflow as tf
import seaborn as sns
import pandas as pd
import numpy as np

URL = 'https://raw.githubusercontent.com' \
      '/tidyverse/ggplot2/main/data-raw/diamonds.csv'

datos = pd.read_csv(URL)
datos = datos.sample(frac=1, random_state=42)
print(datos.head(5))
print(datos.shape)
```

El resultado del código anterior es una tabla que muestra los primeros cinco renglones de los datos contenidos en la variable del tipo *DataFrame* `datos`,[59] así como la forma de estos:

```
   carat      cut color clarity  depth  table  price     x     y     z
0   0.23    Ideal     E     SI2   61.5   55.0    326  3.95  3.98  2.43
1   0.21  Premium     E     SI1   59.8   61.0    326  3.89  3.84  2.31
2   0.23     Good     E     VS1   56.9   65.0    327  4.05  4.07  2.31
3   0.29  Premium     I     VS2   62.4   58.0    334  4.20  4.23  2.63
4   0.31     Good     J     SI2   63.3   58.0    335  4.34  4.35  2.75
(53940, 10)
```

Estos primeros resultados muestran que el total de datos corresponden a 53,940 observaciones con 10 características. En la tabla de resultados también se puede observar que existen algunas variables

[59]La línea `datos=datos.sample(frac=1, random_state=42)` asegura de aleatorizar los índices de las observaciones después de cargar los datos.

que no son numéricas y en realidad pertenecen a una categoría. Por esto, con la siguiente línea es posible conocer a qué tipo de variables corresponden cada una de las características del conjunto de datos:

```
print(datos.info())
```

Lo cual arroja el siguiente resultado:

```
<class pandas.core.frame.DataFrame>
RangeIndex: 53940 entries, 0 to 53939
Data columns (total 10 columns):
 #   Column   Non-Null Count  Dtype
---  ------   --------------  -----
 0   carat    53940 non-null  float64
 1   cut      53940 non-null  object
 2   color    53940 non-null  object
 3   clarity  53940 non-null  object
 4   depth    53940 non-null  float64
 5   table    53940 non-null  float64
 6   price    53940 non-null  int64
 7   x        53940 non-null  float64
 8   y        53940 non-null  float64
 9   z        53940 non-null  float64
dtypes: float64(6), int64(1), object(3)
```

Este resultado dice que existen tres tipos de variables en el conjunto de datos: (a) `float64`, (b) `object`, y (c) `int64`. Además, se puede verificar que no hay datos tipo `null` en el conjunto.[60] Esta información es muy útil y debe considerarse previo al entrenamiento de un modelo, pues esto es un análisis exploratorio de datos, el cual permite saber con qué tipo de variables se enfrenta el diseñador de un modelo de red neuronal artificial. Primero se eliminarán aquellos

[60]Cuando esto sucede, se deben considerar varias estrategias para tratar; por ejemplo, se pueden imputar valores en aquellos renglones donde existen valores `null`, o bien, eliminar estos renglones cuando se precise no agregan valor al conjunto con el que se desea entrenar un modelo.

renglones de las variables numéricas que contengan ceros[61], y luego se transformarán las variables categóricas a numéricas.

Con la siguiente línea es posible indagar qué variables o características numéricas tienen valores igual a cero:

```
print(datos.describe())
```

Al ejecutar la anterior línea, se obtiene información de que las características x, y, y z contienen valores mínimos igual a cero. Dado que esto no tiene sentido alguno (porque es extraño tener diamantes de tamaño cero) se tienen que eliminar los renglones que contienen estos valores en x, y, y z. Esto se hace con la función `loc()` [62] de Pandas:

```
datos = datos.loc[(datos[['x','y','z']]!=0).all(axis=1)]
datos['vol'] = datos['x'] * datos['y'] * datos['z']
```

Lo que hace este último fragmento de código es mandar instrucciones a Pandas para que conserve todos los renglones que son diferentes de cero y los reasigne a la variable `datos`, prescindiendo así de aquellos renglones que tienen valores nulos en x, y, y z. Luego, se crea una nueva característica a partir de éstas, que es `vol`, la cual se calcula a partir $volume = x \times y \times z$; se ha decidido crear esta nueva característica en afinidad a que la misma subsume a x, y, y z por cuanto a su valor geométrico, que es el volumen calculado de un ejemplar de diamante.

Ahora, para el caso de este conjunto de datos diamonds, es necesario también convertir variables categóricas en variables del

[61] Estrictamente, un valor cero es diferente de un valor nulo en Python; el primero tiene una existencia en memoria, mientras que el segundo no.

[62] A diferencia de la función `iloc()`; la función `loc()` permite ubicar los renglones de un conjunto de datos en los cuales los valores son diferentes de cero.

tipo numérico que indiquen a qué categoría se refieren. Por ejemplo, para investigar las categorías de la característica cut se usa `print(datos.cut.value_counts())`, la cual arroja el siguiente resultado:

```
Ideal        21551
Premium      13791
Very Good    12082
Good          4906
Fair          1610
```

lo cual indica que existen cinco categorías de esta característica `['Ideal', 'Premium', 'Very Good', 'Good', 'Fair']`, las cuales deben convertirse a valores numéricos por cada una de sus clases (por ejemplo, `'Ideal' = 1.0`). Una forma rápida y eficiente para convertir y transformar variables y características categóricas a numéricas es a través de la clase `LabelEncoder()` de la libería scikit-learn; por ejemplo, sabiendo que `cut`, `color`, y `clarity` corresponden a características de valor categórico, se puede emplear el siguiente código para transformar cada una de sus clases a valor numérico:[63]

```
from sklearn.preprocessing import LabelEncoder

etiq = LabelEncoder()
datos['cut'] = etiq.fit_transform(datos[['cut']])
datos['color'] = etiq.fit_transform(datos[['color']])
datos['clarity'] = etiq.fit_transform(datos[['clarity']])
print(datos.info())
```

Este anterior código transforma los datos categóricos, codificarlos como se explica arriba. Una vez que se ejecuta, éste arroja una tabla similar a la siguiente:

[63] Aquí vale la pena enfatizar que este caso es un ejemplo ilustrativo, y esta decisión en un caso real debe sopesarse, ya que no siempre es adecuado convertir variables categóricas a numéricas.

```
<class 'pandas.core.frame.DataFrame'>
Int64Index: 53920 entries, 0 to 53939
Data columns (total 11 columns):
 #   Column   Non-Null Count  Dtype
---  ------   --------------  -----
 0   carat    53920 non-null  float64
 1   cut      53920 non-null  int32
 2   color    53920 non-null  int32
 3   clarity  53920 non-null  int32
 4   depth    53920 non-null  float64
 5   table    53920 non-null  float64
 6   price    53920 non-null  int64
 7   x        53920 non-null  float64
 8   y        53920 non-null  float64
 9   z        53920 non-null  float64
 10  volume   53920 non-null  float64
dtypes: float64(7), int32(3), int64(1)
```

Ahora que todos los datos se encuentran en forma numérica, vale la pena indagar sobre qué tanta correlación existe entre las características y el objetivo del conjunto de datos (variable `price`). Para ello, se usará un mapa de calor similar al que se trabajó en la sección 5.1.2 de este capítulo:

```
import seaborn as sns
import matplotlib.pyplot as plt

sns.heatmap(datos.corr(),
                annot=True,
                cmap='gray_r')

plt.show()
```

La Figura 5.12 presenta el gráfico de la correlación de las variables del conjunto diamonds. Una inspección detallada, permite observar que para la columna *price* del eje horizontal, las variables que más se correlacionan con esta son x, y, z, *vol*, y *carat*. Con estos resultados es posible aducir que estas variables o características están fuertemente relacionadas con el precio de un diamante.

Para este ejemplo se descartará el uso de x, y, y z, y en su lugar se usará sólo *vol*.

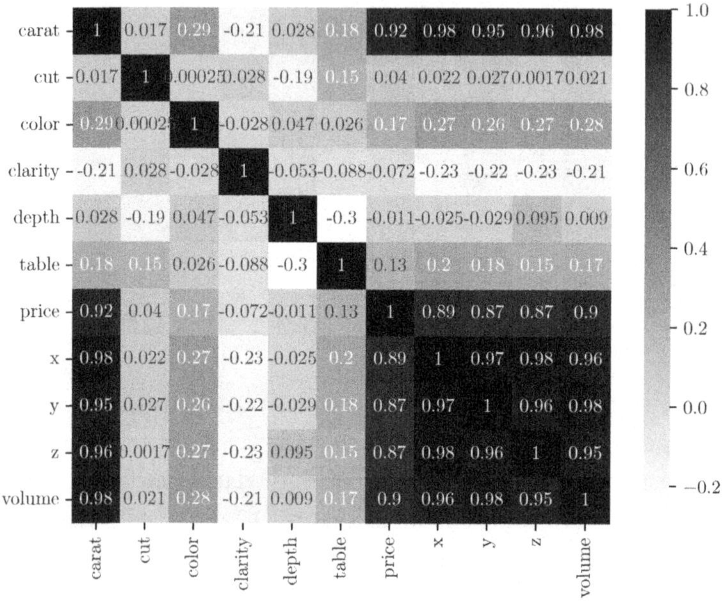

Figura 5.12: Mapa de calor del coeficiente de correlación de Pearson de las variables del conjunto de datos diamonds.

Antes de crear el modelo, se derivarán los datos de entrada `X` y salida `y`, y luego se normalizarán las entradas para, posteriormente, segmentarse y crear conjuntos de entrenamiento, validación y prueba. Esto se puede llevar a cabo usando `MinMaxScaler` de scikit-learn, el cual normaliza los datos según lo hace el siguiente código:

```
X = datos[['carat','cut','color','clarity', 'vol']].to_numpy()
y = datos[['price']].to_numpy()

normalizado = MinMaxScaler()
X = normalizado.fit_transform(X)

# total de observaciones
N = X.shape[0]
# 20\% para validación
N_valid = int(N * 0.2)
# 70\% para entren.
N_entr = int(N * 0.7)
# el resto para prueba
N_prueba = N - N_valid - N_entr

# segmentación de conj. de datos
X_entr, X_valid, X_prueba = tf.split(X,
                            num_or_size_splits=[N_entr,
                                                N_valid,
                                                N_prueba]
                                     )

y_entr, y_valid, y_prueba = tf.split(y,
                            num_or_size_splits=[N_entr,
                                                N_valid,
                                                N_prueba]
                                     )
```

Para el ejemplo, se observa que se usó el 70 % de los datos para crear el conjunto de entrenamiento, mientras que el 20 % para el conjunto de validación y el 10 % restante para prueba.

En el desarrollo de estos códigos se ha logrado generar tres conjuntos de datos distintos: entrenamiento, validación y prueba. De esta manera, se ha alcanzado un estado en el cual los datos están adecuadamente preparados y estructurados para ser utilizados en el proceso de entrenamiento de un modelo de red neuronal artificial de acuerdo con las prácticas establecidas en el campo del Machine Learning.

Creación del modelo

La creación del modelo de red neuronal para el conjunto de datos diamonds se hacen considerando un diagrama similar al de la Figura 5.13, donde se listan las entradas de un modelo, y sus salidas, con una capa oculta de k unidades.

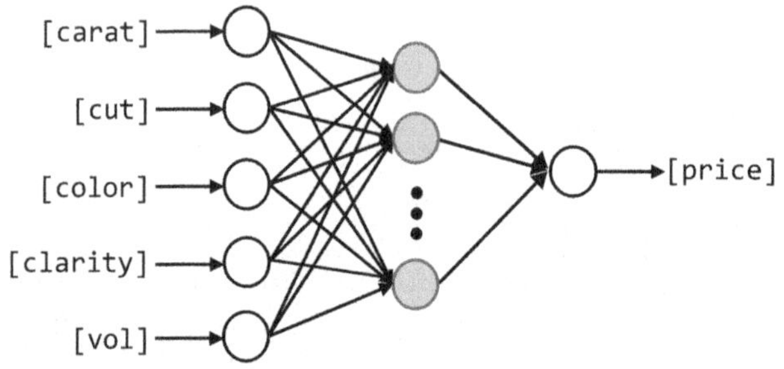

Figura 5.13: Diagrama conceptual del modelo de red neuronal para el conjunto de datos diamonds.

Se creará un modelo secuencial de una capa densa oculta en TensorFlow. Las funciones de activación elegidas serán del tipo $ReLU$:

```
modelo = tf.keras.Sequential([
    tf.keras.layers.Dense(units=10, activation='relu'),
    tf.keras.layers.Dense(units=1)
])
```

Compilar modelo

Toda vez creado el modelo, se procede a su compilación. En este caso, se usará un algoritmo de entrenamiento del tipo descenso del gradiente a través de la clase `SGD()`, y una función de costo del tipo MAE:

```
# Paso 3 | Compilar modelo
# Hiperparametros
NUM_EPOCHS = 100
ALFA = 0.01

modelo.compile(
    optimizer=tf.keras.optimizers.RMSprop(ALFA),
    loss=tf.keras.losses.MAE
)
```

En el anterior fragmento de código se crean dos variables, `NUM_EPOCHS` y `ALFA`, para controlar la tasa de entrenamiento y el número de épocas de entrenamiento de manera más fácil al momento de hacer modificaciones ulteriores al código.

Entrenar modelo

Creado y compilado el modelo, es momento de ejecutar su entrenamiento. Como bien se menciona arriba, se usará inicialmente un valor de cien épocas para entrenar el modelo `NUM_EPOCHS=100`, y se pasaran los datos de entrenamiento —`X_entr` y `y_entr`—, así como los datos para validar el modelo —`validation_data=(X_valid, y_valid)`—. Además, para este ejemplo, se trabajará un lote de tamaño de cien instancias por época de entrenamiento:

```
# Paso 4 | Entrenar el modelo
historial = modelo.fit(X_entr,
                       y_entr,
                       validation_data=(X_valid, y_valid),
                       epochs=NUM_EPOCHS,
                       verbose=1,
                       batch_size=100
                       )
```

En el anterior fragmento de código, se guarda toda la información del entrenamiento en la variable `historial`.

Evaluación del modelo

A fin de evaluar el desempeño del modelo de red neuronal artificial aplicado a la regresión del conjunto de datos diamonds, se empleará el coeficiente de determinación (R^2) como métrica de evaluación. Además, se extraerá información relevante del objeto `historial`, el cual contiene registros del proceso de entrenamiento, con el objetivo de visualizar gráficamente la evolución del error en función de las épocas de entrenamiento, proporcionando una representación clara y cuantitativa del rendimiento del modelo a lo largo del tiempo. Esto se logra mediante el siguiente código:

```
entren = historial.history['loss']
valida = historial.history['val_loss']

y_pred_ANN = modelo.predict(X_prueba)
R2 = r2_score(y_pred_ANN, y_prueba)

print("Result. Modelo ANN |> R^2 =  %.2f" % R2)
```

5.4.3. Resultados

Las curvas de entrenamiento y validación del modelo se presentan en la Figura 5.14, y los resultados del coeficiente de determinación se presentan a continuación:

```
Result. Modelo ANN -- > R^2 =  0.91
```

En estos resultados se puede observar que se ha obtenido un valor de $R^2 = 0.91$, que es un nivel de aproximación a los datos ciertamente aceptable, pues las predicciones del precio de un diamante tienen una tendencia ascendente y entorno a la línea ideal de la gráfica que se presenta. Un resumen de este modelo se puede observar en la siguiente tabla:

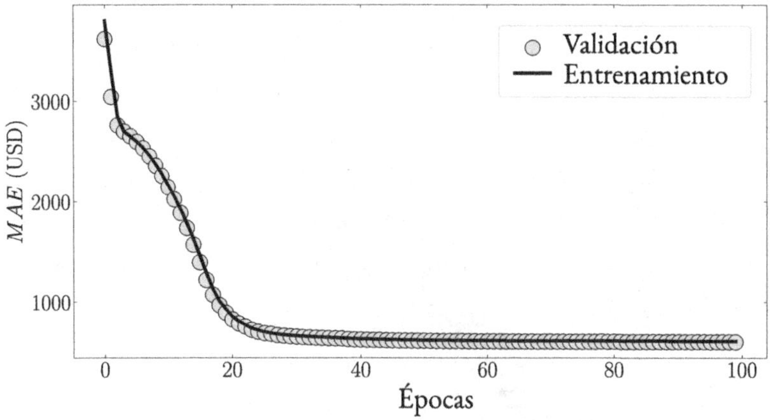

Figura 5.14: Curvas de entrenamiento y validación.

```
Model: "sequential"
_________________________________________________________________
Layer (type)                 Output Shape              Param#
=================================================================
dense (Dense)                (None, 10)                60
_________________________________________________________________
dense_1 (Dense)              (None, 1)                 11
=================================================================
Total params: 71
Trainable params: 71
Non-trainable params: 0
```

Los resultados anteriores muestran que se tiene que el total de parámetros de entrenamiento asciende a setenta —cincuenta pesos entre la capa de entrada y la capa oculta, diez pesos entre la capa oculta y la capa de salida y once sesgos—. Además, la Figura 5.15 presenta la gráfica de predicción versus el precio de los diamantes; se observa un buen ajuste con los mismos.

No obstante, es posible mejorar el valor del R^2 si se incorporan más capas ocultas, si se entrena con mayor número de épocas

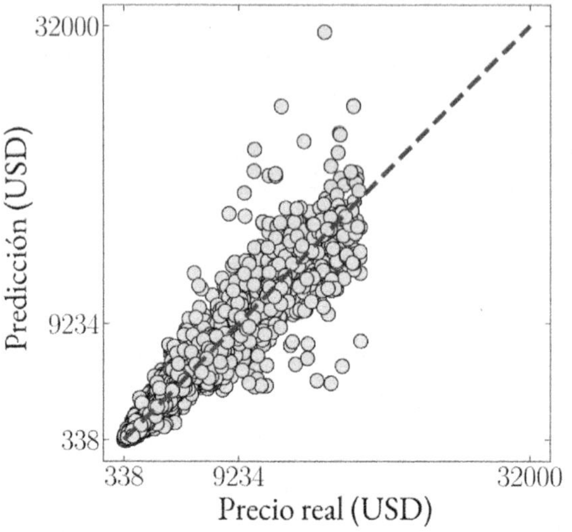

Figura 5.15: Gráfica de predicción del modelo versus datos reales del precio del conjunto diamonds.

el modelo, o si se usan otras propiedades para el algoritmo de entrenamiento. Esto encuentra un asiento en análisis y experimentación multifactorial para determinar un modelo que sea el mejor entre varios elegidos. Sin embargo, para el ejemplo del conjunto diamonds se intentará mejorar un modelo, ya sea bien agregando otra capa oculta y más neuronas artificiales, así como incrementando el número de épocas de entrenamiento.

5.4.4. Mejora del modelo de red neuronal para el conjunto diamonds

La mejora de un modelo de regresión para predecir un valor real se hace sobre la base de un criterio de error. En el caso del modelo para el conjunto de datos diamonds, se hace sobre el valor del R^2. La

Tabla 5.5 presenta algunas propuestas para diseñar modelos respecto al modelo presentado en la sección anterior. Es posible ver que éstas siguen tres propuestas: (a) agregar una nueva capa oculta, (b) agregar más neuronas en las capas ocultas y (c) elevar el número de épocas de entrenamiento.

	Número de neuronas			Épocas
Modelo	Capa 1	Capa 2	Optimizador	entrenamiento
2	10	10	`SGD()`	100
3	32	32	`SGD()`	100
4	32	32	`RMSProp()`	100
5	32	32	`RMSProp()`	500
6	32	32	`SGD()`	500

Tabla 5.5: Experimentos propuestos para el modelado del conjunto diamonds.

Los resultados del R^2 para el conjunto de prueba de estos modelos, considerando el inicial, se presentan en la Tabla 5.6. En ella resulta interesante comparar el modelo 3 con respecto al modelo 6, pues ambos presentan un valor igual a este coeficiente; sin embargo, el modelo 6 se entrenó para 500 épocas, lo que supone un tiempo de construcción del modelo mayor que el caso del modelo 3. Por otra parte, se observa que el modelo 5, con dos capas ocultas al igual que estos mencionados, presenta el mayor valor del R^2.

La Figura 5.16 presenta una matriz de diagramas referentes a la comparación directa de las gráficas de observaciones versus predicciones de los modelos de la Tabla 5.6. En dicha figura es posible detectar que tanto los modelos 3 y 5 son las mejores aproximaciones a la línea ideal.

Experimento	Resultados R^2
Modelo 1	0.91
Modelo 2	0.91
Modelo 3	0.97
Modelo 4	0.94
Modelo 5	0.98
Modelo 6	0.97

Tabla 5.6: Resultados de los experimentos propuestos para modelos del conjunto de datos diamonds.

5.4.5. Conclusiones del ejercicio diamonds

Con respecto al ejemplo que se ha trabajado en esta sección, la selección de alguno de los modelos depende en gran medida tanto de su tiempo de construcción como de su precisión. Además, también pueden crearse mejores modelos experimentando con hiperparámetros como la tasa de aprendizaje, el tamaño del lote de entrenamiento, así como el número de épocas y la cantidad de capas ocultas. Los lectores podrán caer en cuenta que un modelo más grande (en número de capas o neuronas ocultas), no necesariamente significa una mejora en su predicción (por ejemplo, el modelo 3 es superior al modelo 4). Para más ejemplos de experimentación, se recomienda llevar a cabo los problemas y ejercicios que se presentan al final de esta sección.

En este capítulo, se han omitido técnicas de regularización y abandono para mejorar modelos de regresión, ya que los conjuntos de datos analizados son relativamente simples, y su aplicación aportaría mejoras marginales. Sin embargo, en capítulos posteriores con datos más sofisticados, estas técnicas pueden contribuir significativamente al rendimiento del modelo.

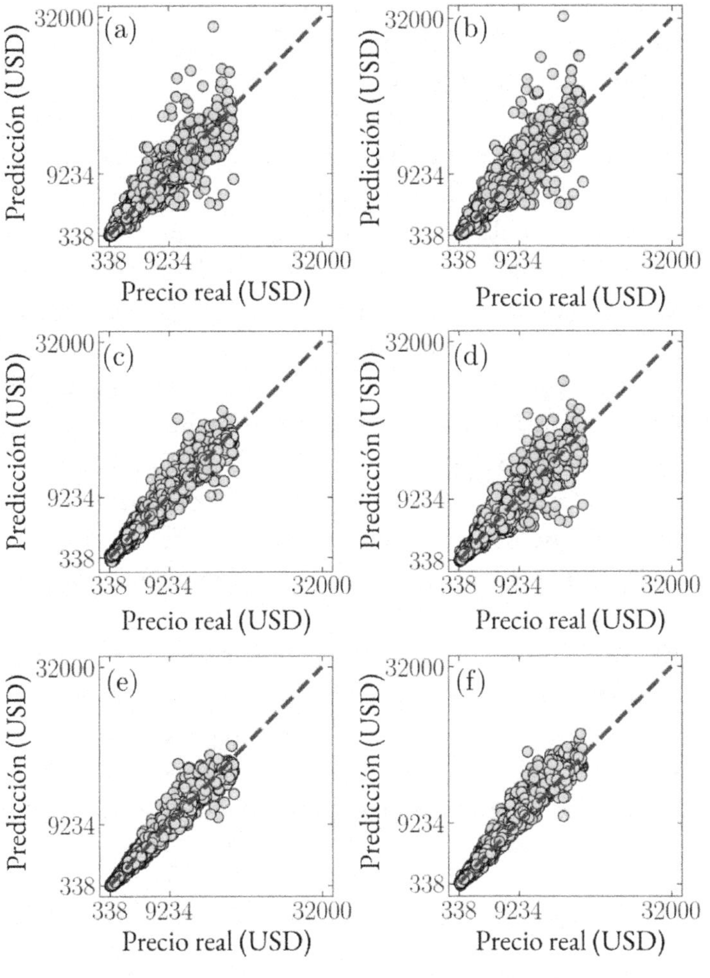

Figura 5.16: Comparación de observaciones versus predicciones del conjunto diamonds para distintos modelos. Donde: (a) modelo 1, (b) modelo 2, (c) modelo 3, (d) modelo 4, (e) modelo 5, y (f) modelo 6.

5.5. Resumen del capítulo

En este capítulo se ha introducido la técnica de *regresión*. Se han visto los métodos y los modelos más simples y tradicionales de ésta, así como las métricas para evaluar su desempeño. Luego, éstos se aplicaron a modelos de regresión basados en redes neuronales artificiales, de los cuales se construyeron varios modelos para hacer regresión de los conjuntos de datos CSTDS y *diamonds*.

Además, como bien se menciona en este capítulo, la regresión puede tomar diversas formas, lo que hace a las redes neuronales artificiales excelentes modelos para abordar problemas complejos y de diversa naturaleza —tanto el conjunto de predicción de precios de diamantes como el CSTDS, corresponden a áreas muy distintas entre una y otra—. Más aún, gracias a interfaces de programación y librerías como TensorFlow, estos modelos ahora son más fáciles de construir, quizás relegando mayor parte de análisis y tiempo a la definición y tratamiento de los datos con los que se construyen. Esto es fácilmente observable en el número total de líneas de código y herramientas empleadas para poder construir los conjuntos de entrenamiento, validación y prueba. Con esto se demuestra que cuando se conoce qué son las redes neuronales gran parte del tiempo en construir un modelo puede volcarse a la construcción correcta de los conjuntos de datos.

5.6. Problemas

5.1. Realice un modelo para el conjunto CSTDS en el cual se consideren tres capas ocultas con máximo diez neuronas de función de activación `tanh()`. Use como métrica del error el RE. ¿Qué diferencias presenta en su desempeño con respecto al ejemplo provisto en este capítulo?

5.2. Realice un modelo para el conjunto CSTDS tal como se ha explicado en el presente capítulo, pero incluya regularización $L2$. ¿Qué diferencias presenta en su desempeño? ¿Hay alguna mejora?

5.3. Construya un experimento en el que se descarten las variables categóricas del conjunto de datos *diamonds*. Use como criterio el valor de $R_a dj^2$.

5.4. Implemente los experimentos de la Tabla 5.5 y obtenga los resultados del coeficiente de determinación R^2 con el objetivo de obtener resultados similares a los mostrados en la Tabla 5.6.

5.5. El conjunto de datos `forest_fires` (Cortez y Morais, 2007), contiene información meteorológica y datos de incendios forestales en la región norte de Portugal. Este conjunto de datos consta de doce características y una salida, que refiere a la superficie quemada del bosque (en hectáreas). El siguiente fragmento de código contiene lo necesario para poder almacenar dicho conjunto en una variable `dataframe` de Pandas:

```
import pandas as pd
import numpy as np
```

```
archivo_csv = "https://archive.ics.uci.edu/ml/" \
              "machine-learning-databases/" \
              "forest-fires/forestfires.csv"
dataframe = pd.read_csv(archivo_csv)
print(dataframe.head())
```

Use el fragmento de código anterior y a partir del conjunto de datos, haga lo siguiente:

(i) Separe las características de la respuesta y haga lo necesario para asignarlas a dos variables `X` y `y`.

(ii) Separe los datos en dos conjuntos: entrenamiento y validación. Use los porcentajes recomendados en la Tabla 4.1.

(iii) Elabore un modelo secuencial en TensorFlow que consista en tres capas ocultas y una salida. La primera capa debe tener 128 neuronas; la segunda capa 64; la tercera capa 32. Use `'relu'` como función de activación para todas las neuronas ocultas.

(iv) Entre el modelo durante 1000 épocas y calcule el R^2 entre predicciones y datos experimentales.

(v) Guarde el modelo como `'bosques.H5'`.

5.6. Siga los mismos pasos del Problema 5.5, pero en esta ocasión descarte la característica `'day'` del conjunto de datos `forest_fires`. Luego haga de nuevo el cálculo de la R^2. Con base en éste último, ¿mejoró o empeoró el modelo?

5.7. ¿Qué estrategias de modelado se podrían implementar para mejorar la predicción de incendios del Problema 5.5?

Capítulo 6

Clasificación

«Creo que nadie que esté familiarizado, ni con los avances matemáticos en otros campos, ni con el abanico de condiciones biológicas especiales que hay que considerar, concebiría jamás que todo pudiera resumirse en una única fórmula matemática, por compleja que esta sea».

Ronald A. Fisher (1890 - 1962).

La clasificación, en conjunto con la regresión, son las dos tareas centrales en el Machine Learning. La clasificación tiene que ver con modelos que estiman la clase a la que pertenece un objeto a partir de sus características, siguiendo determinados criterios. Un ejemplo muy común de aplicación de clasificación es detectar correos electrónicos basura, en la que se entrena un modelo de redes neuronales por medio de un conjunto de otros correos electrónicos etiquetados como *spam* y *no-spam*. De esta forma, un modelo puede aprender a clasificar si efectivamente un nuevo mensaje en la bandeja de entrada pertenecería o no a correo basura.

Desde una perspectiva más amplia que de las redes neuronales, la tarea de la clasificación puede abarcar diferentes tipos de algoritmos y modelos, como lo son *árboles de decisión* y clasificadores *bayesianos*. Sin embargo, este capítulo se centrará en describir las ecuaciones más esenciales que definen esta tarea para las redes neuronales artificiales. No se realizarán análisis comparativos con otros modelos, ya que se requeriría un tratado individual para describirlos adecuadamente. En lugar de detallar estos otros modelos o algoritmos, se presentarán los bloques y la teoría más esencial para entender modelos de clasificación simples, como la regresión logística. Posteriormente, se dará paso a explicar la clasificación en modelos de redes neuronales artificiales.

6.1. Clasificación

La Figura 6.1 presenta una *gráfica de dispersión* que muestra un conjunto de datos que contiene dos clases, definidas por $K_1 = 0$ y $K_2 = 1$. En esta gráfica cada i-ésima observación tiene la forma $\mathbf{x}^{(i)} = [x_1, x_2]^\top$, donde $x_1 \in \mathbb{R}$ y $x_2 \in \mathbb{R}$, las cuales son características que definen una clase. En el ejemplo, todas las observaciones se ilustran por un punto de diferente color —blanco o negro—, el cual indica el tipo de clase a la que pertenece cada una de las mismas. Así, la descripción del conjunto de datos de estas observaciones es la siguiente:

$$\{(\mathbf{x}^{(i)}, y^{(i)})\}_{i=1}^{N}, \tag{6.1}$$

donde N es tamaño del conjunto de datos, $\mathbf{x}^{(i)}$ es un vector de características previamente definidas, y $y^{(i)}$ describe la clase K de una observación tal que $y^{(i)} \in \{0, \ldots, K\}$. De hecho, en modelos de clasificación de Machine Learning, a $y^{(i)}$ se le refiere como **etiqueta**,

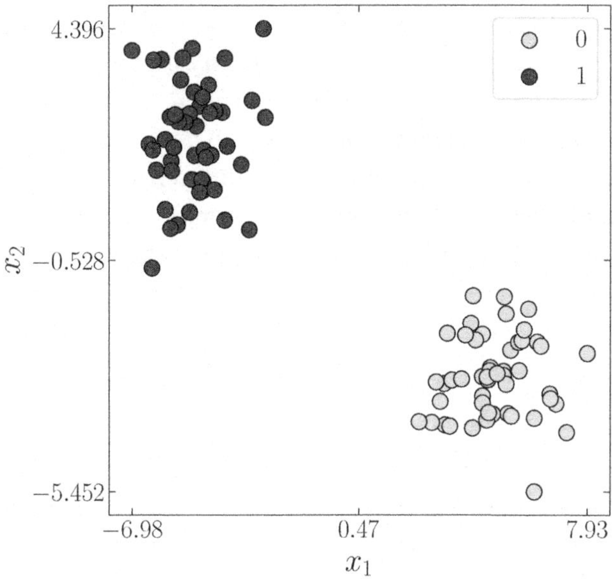

Figura 6.1: Gráfica de dispersión de dos diferentes clases de datos.

ya que describe una clase específica. Aunque en principio su valor puede ser arbitrario, dependiendo del problema, se verá más adelante que algunos valores pueden resultar más útiles que otros.

Véase, por ejemplo, los datos de observaciones que se representan en la Figura 6.1. Aquí $y^{(i)}$ ya no es continua; es decir, los valores que adopta no se adhieren a un rango continuo, pues no representa una respuesta, sino más bien una K clase a la que pertenece cada una de las observaciones con base en ciertas características. En dicha figura, $y^{(i)} \in \{0, 1\}$, porque $K \in \{0, 1\}$. Es decir, sólo hay dos clases que definen a los puntos en ese diagrama (blanco = 0 y negro = 1). De esta manera, la tarea de un modelo consistiría en *estimar* a qué clase pertenece una nueva observación con base en características dadas por

$\mathbf{x}^{(i)}$. Y así, contrario a la regresión, donde se *predecía* una respuesta o variable continua, aquí la tarea consiste en estimar con base en una probabilidad P la clase a la que corresponden los valores de $\mathbf{x}^{(i)}$.

Formalmente, la **clasificación** reside en la tarea de determinar las K clases a la que pertenecen los datos almacenados en un vector $\mathbf{x}$ de D características. Visto como una función, esto implica que la clasificación podría adoptar la siguiente forma matemática:

$$f : \mathbb{R}^D \rightarrow \{1, \ldots, K\}, \tag{6.2}$$

esta descripción matemática quiere decir que la clasificación puede tomar valores reales que representan parámetros o características de algún fenómeno u objeto en concreto (por ejemplo, la humedad promedio de una ciudad). Sin embargo, el tipo de datos contenidos en estas características no necesariamente tiene que circunscribirse al tipo de números reales, pues se pueden también tener números naturales o valores discretos. Todo depende del problema que se aborda y de las variables que más interesen del mismo.

Se puede aducir que la clasificación es la estimación de un atributo, discreto o categórico, a partir de características bien definidas, como lo puede ser el tipo de una flor si se tiene en cuenta su color y su número de pétalos, o la estimación de si una persona que abordó el Titánic sobrevivió a dicha catástrofe teniendo en cuenta su género, edad u otras características registradas durante su abordaje. Por lo tanto, a los modelos destinados para cumplir dicha tarea se les conoce como *modelos de clasificación*. Así, y en lo sucesivo en este capítulo, el uso del término *modelo de clasificación*, a menos que sea especificado de forma diferente, se acota a un modelo de clasificación basado en redes neuronales. Es importante, entonces, saber los tipos más esenciales de la clasificación.

6.2. Clasificación binaria y clasificación multiclase

En lo general, se pueden distinguir dos usos principales en la clasificación: (a) *clasificación binaria*, y (b) *clasificación de múltiples clases*. El primer uso pretende resolver a cual de dos tipos posibles clases pertenecen las características de un grupo de datos, mientras que el segundo tiene por objetivo estimar a cual de tres o más clases pertenecen dichas características. La diferencia estriba en el número total de clases que se pretenden estimar de un conjunto de datos, por lo que en el momento de analizar un problema de clasificación un paso esencial es el conocer K. Además, cada tipo de clasificación una merece una revisión por separado, pues sus elementos encuentran diferencias como se verá a continuación.

6.2.1. Clasificación binaria

La **clasificación binaria** es un caso especial de la tarea de clasificación. En esta, los ejemplares de un conjunto de datos pueden pertenecer a una de dos posibles clases, es decir, $K \in \{0, 1\}$. Así, su objetivo consiste en estimar, por medio de un modelo, la pertenencia de la i-ésima observación a alguna de ellas. En forma funcional, y tomando valores reales en las características de estos datos, esto se describe por $f : \mathbb{R}^D \to \{0, 1\}$.[64]

En el caso binario, la estimación $\hat{y}^{(i)}$ de una clase parte del uso de funciones logísticas, las cuales generan curvas con forma de S, en la que sus dos extremos sirven para determinar a cuál K pertenece

[64]Debe tenerse especial cuidado en distinguir que esta formalidad se acota sólo a características de valor real. Otras descripciones podrían tener en cuenta características de valor discreto (por ejemplo $x_1 \in \{0, 1, 2\}$).

un objeto. Una función logística muy recurrida en la literatura para llevar a cabo tareas de clasificación es la *función sigmoide*:

$$\hat{y}^{(i)} = \sigma\left(z^{(i)}\right) = \frac{1}{1 + e^{-z^{(i)}}}, \tag{6.3}$$

donde:

$$z^{(i)} = \sum_{j=1}^{D} w_j^{(i)} x_j^{(i)} + b. \tag{6.4}$$

Un detenido análisis de la Ecuación 6.4, revela que es muy similar a las expresiones usadas para los casos de regresión. Por esto, el vector de características adopta una forma similar, tal que:

$$\mathbf{x}^{(i)} = \begin{bmatrix} x_1^{(i)} \\ x_2^{(i)} \\ x_3^{(i)} \\ \vdots \\ x_D^{(i)} \end{bmatrix}, \tag{6.5}$$

y los pesos que describen la relación entre estas características y la clase de un objeto, también se pueden describir por un valor de sesgo b y vector $\mathbf{w}$:

$$\mathbf{w} = \begin{bmatrix} w_1 \\ w_2 \\ w_3 \\ \vdots \\ w_D \end{bmatrix}. \tag{6.6}$$

Así, dadas las ecuaciones 6.5 y 6.6, tanto para $\mathbf{w}$ como b, corresponden a parámetros de un modelo de regresión logística —similar a la regresión—. En realidad, en el caso de la clasificación binaria, como se apunta al inicio, el propósito de esta tarea es *estimar* una clase discreta; mientras que en la regresión se intenta *predecir* un valor real. Sin embargo, se debe de hacer una importante aclaración: la función logística descrita por 6.3 implica que el rango esperado de las estimaciones oscila entre los valores $0 < \hat{y}^{(i)} < 1$, lo que no sucedería si se usan las ecuaciones de la regresión (ya que en ese caso el rango puede ser el conjunto de valores $\mathbb{R}$). Esto último forma parte de una de las grandes diferencias entre la clasificación y la regresión.

Por lo mencionado arriba, la Ecuación 6.3 puede adoptar valores entre el cero y la unidad. Esto, en principio, resuelve la problemática de usar una función lineal, ya que se restringe a un modelo a que su salida adopte alguno de estos valores con el propósito de hacer clasificación binaria y que así pueda entrenarse para encontrar los valores de sus parámetros que permitan clasificar correctamente a una de dos K clases.

6.2.2. Entropía cruzada

Un aspecto radicalmente importante es que en la clasificación binaria no se usan funciones de costo cuadráticas como las que se han visto para el caso de la regresión. Para un modelo de clasificación, sus salidas producen valores que se pueden interpretar como probabilidades, por lo que en tal caso se hace uso de la **entropía cruzada**:

$$C = -\frac{1}{N}\sum_{i=1}^{N} y^{(i)} \ln \hat{y}^{(i)} + \left(1 - y^{(i)}\right) \ln \left(1 - \hat{y}^{(i)}\right) \tag{6.7}$$

$$\text{para} \quad y^{(i)} \in \{0, 1\}.$$

Teniendo en cuenta la Ecuación 6.7, el gradiente de los parámetros se obtiene mediante la siguiente ecuación:

$$\frac{\partial C}{\partial w_j} = \frac{1}{N} \sum_{i=1}^{N} x_j^{(i)} (\hat{y}^{(i)} - y^{(i)}), \tag{6.8}$$

$$\frac{\partial C}{\partial b} = \frac{1}{N} \sum_{i=1}^{N} (\hat{y}^{(i)} - y^{(i)}), \tag{6.9}$$

y luego, recurriendo al algoritmo del descenso de gradiente, el entrenamiento de un modelo de regresión logística se da como sigue:

$$w_j \leftarrow w_j - \alpha \frac{\partial C}{\partial w_j}, \tag{6.10}$$

$$b \leftarrow b - \alpha \frac{\partial C}{\partial b}, \tag{6.11}$$

donde α es la tasa de aprendizaje. Así, la expresiones 6.10 y 6.11 son similares a las del descenso del gradiente para la regresión. Por esta razón, el cambio más significativo que sufre la formulación de la optimización en los modelos de clasificación se da al seleccionar el tipo de función de activación de la capa de salida, así como la función del costo C. Además, la evaluación del error de un modelo de clasificación también se hace con un método distinto y aunque el uso de los conjuntos de entrenamiento, validación y prueba se mantienen para la medición de la calidad, lo cierto es que ello entraña descripciones muy diferentes a las usadas para la regresión.

El uso de la entropía cruzada como costo es que ésta penaliza más el error de estimación de una clase. Si, por ejemplo, se usase el MSE, las estimaciones de un clasificador pueden estar más lejanas al valor observado, por lo que el error podría ser grande, teniendo como consecuencia que el algoritmo del descenso de gradiente deba corregir con un mayor número de veces las derivadas parciales del costo con respecto a los parámetros de una red (es decir, de las descripciones del Capítulo 5, $\partial C/\partial w_{jk}^{(l)}$, y $\partial C/\partial b^{(l)}$). Esto, inevitablemente, se traduce en más épocas de entrenamiento, sin que necesariamente garanticen buenos resultados.

6.2.3. Análisis del error para clasificación

La elección de un método de evaluación del error es clave para conocer el rendimiento de la clasificación y así orientar el entrenamiento de un modelo. Como bien se ha mencionado en otros capítulos, hay tres etapas donde el error juega un papel muy importante durante el proceso de entrenamiento de un modelo de red neuronal, y la clasificación no es ajena a las mismas. Así, el objetivo de un algoritmo de aprendizaje en la clasificación es aprender de los datos de entrenamiento para predecir las K clases de datos *no vistos* de la etapa de prueba. De esta forma, las métricas de clasificación se calculan a partir de los siguientes resultados de la estimación de un modelo para una clase positiva (por ejemplo $K = 1$) y una clase negativa (por ejemplo $K = -1$):

- Verdaderos positivos (VP). Se refiere al resultado en el que el modelo predice correctamente la clase positiva.
- Falsos positivos (FP). Es un resultado en el que el modelo predice incorrectamente la clase positiva.
- Falsos negativos (FN). Es un resultado en el que el modelo predice incorrectamente la clase negativa.
- Verdaderos negativos (VN). Es un resultado en el que el modelo predice correctamente la clase negativa.

Las métricas más comunes para evaluar la clasificación se calculan a partir de los resultados de clasificación anteriores. Las más comunes de éstas métricas son las siguientes:

1. *Precision*:

$$precision = \frac{VP}{VP + FP}. \tag{6.12}$$

La métrica $precision$ es la relación entre las observaciones positivas predichas correctamente y el total de observaciones positivas predichas. Una mayor $precision$ conlleva menos falsos positivos.

2. *Recall*:

$$recall = \frac{VP}{VP + FP}. \tag{6.13}$$

Esta métrica se refiere a la proporción de verdaderos positivos sobre el número total de verdaderos positivos y falsos negativos. Una mayor $recall$ conduce a menos falsos negativos.

3. *Accuracy*:

$$accuracy = \frac{VP + VN}{VP + VN + FP + FN}. \tag{6.14}$$

La métrica $accuracy$ evalúa la proporción de ejemplares que se clasificaron correctamente del total de los ejemplares. Por esto, es común que esta se exprese en términos de porcentajes.

4. *F1-Score*:

$$F1 = \frac{2 * precision * recall}{precision + recall}. \tag{6.15}$$

Esta métrica combina la $precision$ y el $recall$ en una sola métrica. Valores de $F1$ cercanos a la unidad indica buen desempeño del modelo, mientras que cercanos al 0 indica lo contrario.

Además de estas métricas, los verdaderos positivos (VP), los falsos positivos (FP), los falsos negativos (FN) y los verdaderos negativos (VN) se pueden tabular mediante la llamada **matriz de confusión**,[65] la cual es una estructura que resume el éxito de las estimaciones de un modelo de clasificación. Un ejemplo de matriz de confusión se muestra en la Tabla 6.1.

	Clase $K = -1$ (estimación)	Clase $K = 1$ (estimación)
Clase $K = -1$ (valor verdadero)	15 (VP)	3 (FN)
Clase $K = 1$ (valor verdadero)	2(FP)	35 (VN)

Tabla 6.1: Ejemplo de una matriz de confusión para valores verdaderos de dos clases $K \in \{0, 1\}$ y sus estimaciones.

Como tal, la matriz de confusión compara las clases estimadas con los valores verdaderos de forma tabular. En el caso de que todas las estimaciones fuesen 100 % correcta, todos los valores de la matriz se concentrarían de arriba a la izquierda hasta abajo a la derecha; es decir, en la diagonal de esta matriz.

[65] También conocida como *matriz de contingencia*.

Habiendo descrito los elementos esenciales de un modelo de clasificación binaria en esta y las secciones precedentes, es momento, de introducir las arquitecturas basadas en redes neuronales para propósitos de clasificación.

6.2.4. Red neuronal de clasificación binaria: respuesta sigmoide

En el caso de la clasificación binaria donde $K \in \{0, 1\}$, un modelo basado en neuronas artificiales requiere de una arquitectura en que la última de sus neuronas en la capa de salida tenga una configuración especial. La Figura 6.2 presenta la comparación entre dos arquitecturas para modelos de redes neuronales. La primera arquitectura muestra un modelo usado para efectos de regresión, donde se observa que su última neurona posee una función de activación de la forma. Por otra parte, la segunda arquitectura de la Figura 6.2 corresponde al caso de clasificación binaria, donde la única neurona de su capa de salida tiene una función de activación como la que sigue:

$$\hat{y} = a^{(L)} = \sigma\left(z^{(L)}\right) = \frac{1}{1 + e^{-z^{(L)}}}, \tag{6.16}$$

donde $\sigma(\cdot)$ es la función sigmoide, la cual puede generar valores entre el cero y la unidad, lo que provee la capacidad de clasificar cualesquiera de las dos K clases a las que pertenece un vector de características. La salida de una neurona de este tipo se interpreta como la probabilidad estimada de la clase positiva cuando la salida de un modelo es $\hat{y} = 1$ (esto es, $K = 1$); la probabilidad de la clase negativa, entonces, simplemente es igual a la unidad menos la salida del modelo (esto es cuando $K = 0$).

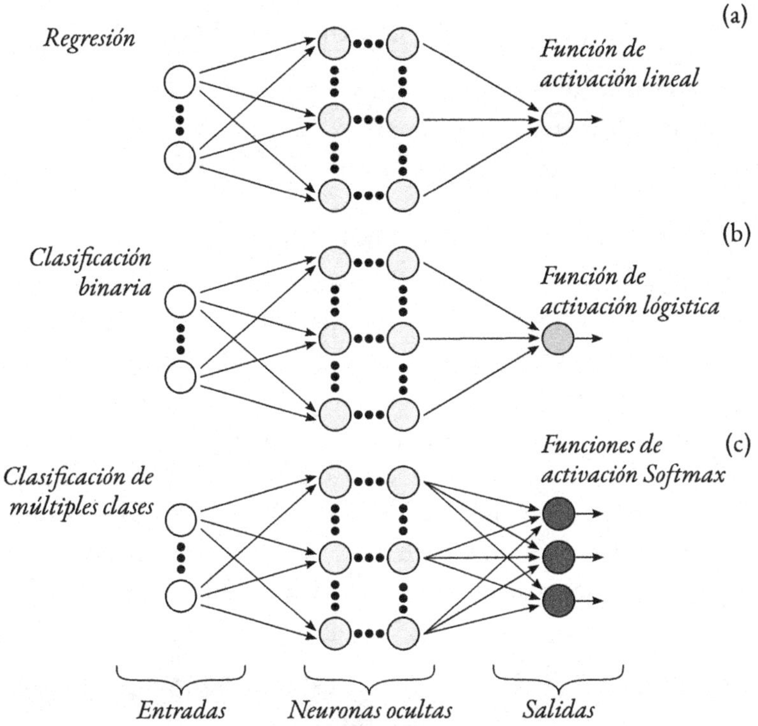

Figura 6.2: Arquitecturas de red neuronal: (a) regresión, (b) clasificación binaria, y (c) clasificación de múltiple categoría.

En resumen, para hacer clasificación binaria por medio de un modelo de neuronales artificiales, se requiere modificar la función de activación de la neurona de salida, elegir como función de error la entropía cruzada, así como seleccionar una métrica adecuada del error de clasificación.

6.2.5. Clasificación de múltiples clases

Cuando en un problema se tienen que clasificar más de dos categorías, en la cual cada una es mutuamente exclusiva y además no existe un orden o relación alguna entre ellas, el modelado por *clasificación de múltiples clases*[66] es el enfoque adecuado.

Para ilustrar un problema de este tipo, suponga la Figura 6.3 donde se muestran tres diferentes clases de animal: un alcatraz, un gato semipardo y una serpiente sudamericana. A primera instancia, sería tentador describir estas clases de la siguiente forma: $y \in \{\text{alcatraz} = 1, \text{gato} = 2, \text{serpiente} = 3\}$. Esto, sin embargo sugiere que existe orden entre cada categoría, lo cual resultaría en el desempeño deficiente de un modelo, o generaría errores en cuanto a estimación, pues ello no es el caso entre las mismas (por ejemplo, un felino no estaría en un orden superior a un ave y viceversa). Para resolver esta problemática se creó la **codificación one-hot.**

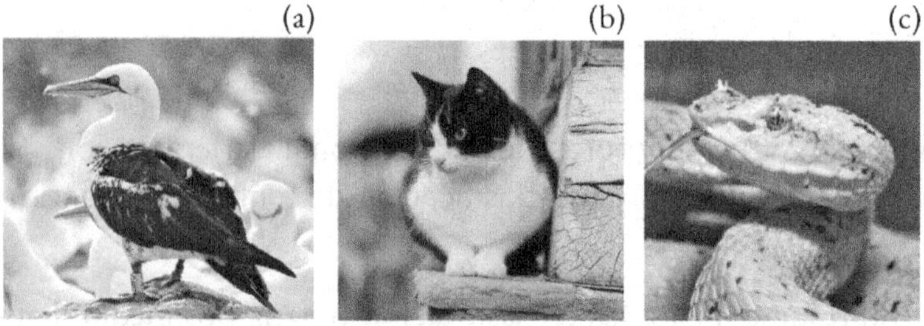

Figura 6.3: Tres clases de animales: (a) ave,[67] (b) felino,[68] y (c) reptil.[69]

[66] En inglés, *multi-class classification*.

[69] «*G407 gannet*» (Simundza et al., 2016). Imagen CC0. Adaptada de original.

[69] «*Black and White Cat*». Imagen CC0 1.0. `flic.kr/p/EqzJBR`.

[69] «*Adult Bothriechis schlegeli*» (Moreno et al., 2008). Imagen CC BY + CC0. Adaptada de original.

La codificación one-hot consiste en crear vectores de tamaño igual al número de las categorías a analizar. Cada instancia de datos se codifica con un vector, en el que la posición de cada uno de sus componentes indica la clase que se pretende modelar.

Por ejemplo, en el caso de las tres categorías de los animales ilustrados en la Figura 6.3, se tendría la siguiente posibilidad:

$$y \in \{[1,0,0],[0,1,0],[0,0,1]\},$$

donde $[1,0,0]$ corresponde a ave, $[0,1,0]$ se refiere a $felino$, y $[0,0,1]$ a $reptil$. Así, se podría tener un vector de datos y_O tal que:

$$\mathbf{y} = \begin{bmatrix} 0 \\ 1 \\ 0 \end{bmatrix},$$

el cual indicaría que los datos son características de una clase $felino$. Con datos como estos, se pretendería diseñar y crear un modelo para estimar la clase de un animal. Para este caso, se usaría un vector de estimaciones $\hat{\mathbf{y}}^{(\mathbf{i})}$:[70]

$$\hat{\mathbf{y}}^{(\mathbf{i})} = y_O^{(i)}, \tag{6.17}$$

Este vector de estimaciones plantea el escenario donde la arquitectura de una red neuronal de retropropagación deba entonces considerar múltiples salidas en su última capa. La Figura 6.2 (c) de la sección anterior, presenta el caso de una red neuronal de clasificación de múltiples categorías donde $K = 3$. Se observa que la última capa usa tres neuronas, las cuales sirven para construir el vector $\hat{\mathbf{y}}^{(\mathbf{i})}$. Así,

[70]Nótese que la distinción entre la estimación de la probabilidad de que un vector de características corresponda a un dato y, se sigue haciendo por medio del uso del *gorrito*; es decir $\hat{\cdot}$.

para el caso de la estimación de las categorías de los animales, una posible estimación vendría a ser:

$$\hat{\mathbf{y}} = \begin{bmatrix} 0.2 \\ 0.97 \\ 0.1 \end{bmatrix},$$

donde $\hat{y}_1 + \hat{y}_2 + \hat{y}_3 = 1$. Para este ejemplo, de nuevo, dicha estimación apuntaría a que, dadas ciertas características de un animal, este se clasificaría como $felino$.

6.2.6. Función SoftMax y entrenamiento para clasificación múltiple

Inventada en 1959 por R. Duncan Luce para modelos de elección, esta función se puede pensar como una generalización de la función logística que toma valores de entrada y los transforma para que sean valores no negativos y sumen 1. Así, la activación de la j-ésima neurona de la última capa L está dada por:[71]

$$a_j^{(L)} = SoftMax(\mathbf{z}^{(L)}) = \frac{e^{z_j^{(L)}}}{\sum_{i=1}^{k} e^{z_k^{(L)}}}, \tag{6.18}$$

donde k se refiere al número total de neuronas en la capa de salidas, y se asume que $\hat{y}_j = a_j^{(L)}$. De esta manera las salidas de la función $SoftMax$, y los valores del vector $\hat{y}_j$ pueden entenderse como una distribución de probabilidad discreta de estimaciones, la cual se compara contra la distribución verdadera de los datos. Por esto, $\hat{y}_j$ en clasificación multiclase es un vector el que representa una distribución de probabilidad y entonces se debe encontrar la función de costo C

[71]Sobre la notación matemática relacionada a estas descripciones, véase el Capítulo 3.

para todo un conjunto de N datos de entrenamiento. Esta función se llama *entropía cruzada para categorías*, y como tal es una extensión de la entropía cruzada:

$$C = -\frac{1}{N}\sum_{i=1}^{N}\sum_{j=1}^{k} y_j^{(i)} \log \hat{y}_j^{(i)}, \qquad (6.19)$$

La Ecuación 6.19 satisface dos restricciones necesarias para generar estimaciones como probabilidades: (i) todas las probabilidades en la salida deben ser mayores que cero y (ii) la suma del denominador asegura que estas probabilidades estén normalizadas a uno (de ahí el uso de la función $SoftMax$). Así, debe tenerse en cuenta lo siguiente por cuanto a la clasificación de múltiples categorías:

- La función $SoftMax$ se usa en una arquitectura de red neuronal en las neuronas de la última capa. Dicha red neuronal toma un vector de características y lo convierte en probabilidades (entendida como una distribución de probabilidad discreta).
- La entropía cruzada es una buena medida de la diferencia entre dos distribuciones de probabilidad (la estimada y la dada por las etiquetas de valores reales).

Los requisitos para llevar a cabo el modelado de un problema de clasificación múltiple son los siguientes: (i) codificar las clases en un vector de etiquetas de tamaño K, (ii) crear una capa de salida con K neuronas, (iii) usar la función de activación $SoftMax$ en cada una de éstas, (iv) recurrir a la función de costo C de entropía cruzada dada por la Ecuación 6.19. Además, para la clasificación multiclase, se usan las mismas métricas de error que se usan para la clasificación binaria, ya que éstas miden verdaderos positivos y negativos, así como falsos positivos y negativos.

6.3. Análisis de clasificación con TensorFlow

Como se ha visto en los capítulos precedentes TensorFlow es una librería muy poderosa que permite crear modelos basados en redes neuronales artificiales para diversas aplicaciones. A través de TensorFlow se pueden construir modelos de clasificación por medio de una red neuronal artificial tal que $f_{ANN} : \mathbb{R}^{D} \rightarrow \{0, \ldots, K\}$ para K clases, La diferencia radica, esencialmente, en el tipo de neurona y la capa de salida que se emplea para una red creada en esta librería. Las siguientes secciones se dedican a la construcción de un modelo para un conjunto de datos que ha sido soporte para propósitos didácticos y de investigación, y que es buen punto de partida para entender la clasificación mediante redes neuronales artificiales a través de TensorFlow.

6.4. El conjunto de datos MNIST

El conjunto de datos «*Modified National Institute of Standards and Technology Database*», más conocido como *MNIST* por sus siglas, se compone de miles de pequeñas imágenes de dígitos escritos a mano del cero al nueve y etiquetadas con el valor al que corresponden (LeCun et al., 2010). Este conjunto de datos fue creado en 1998 a partir de conjuntos de datos del National Institute of Standards and Technology y cuenta con 60,000 imágenes de entrenamiento y 10,000 imágenes de prueba. Cada una de estas imágenes MNIST posee un tamaño de 28 por 28 píxeles. La Figura 6.4 muestra cómo representar un dígito como los del MNIST. El reto para este conjunto de datos es crear modelos que utilicen las imágenes como entradas y predigan las etiquetas correspondientes.

A lo largo de los anteriores capítulos se han trabajado entradas como vectores de tamaño fijo, por lo que sería natural preguntarse cómo sería posible convertir una imagen, como las que contiene MNIST, para alimentar una red neuronal artificial. Esto se hace mediante una capa especial en TensorFlow; sin embargo, ante este escenario, es importante primero entender cómo son tratadas las imágenes en forma de datos en una computadora.

6.5. Tratamiento de imágenes MNIST como datos

Una unidad lógica de procesamiento no posee las capacidades para interpretar una imagen como lo hacemos los seres humanos y la gran mayoría de los animales. Así, es justo decir que una computadora, o unidad de procesamiento lógico, ni siquiera ve una imagen, pero sí puede trabajar con datos que la representen, como lo es un tensor.

Una imagen digital está compuesta de unidades básicas llamadas *pixeles*. Un pixel es la muestra más pequeña de una imagen.[72] A su vez, cada pixel puede representarse por un número, de tal suerte que de acuerdo con el tamaño que posea una imagen, será el tamaño del arreglo o tensor que la represente. En el caso específico de los dígitos que conforman el conjunto de datos MNIST, cada uno de estos corresponden a un tamaño de 28 por 28 pixeles, y se representan por un tensor de segundo orden con 28 renglones y 28 columnas. Para el conjunto MNIST, los pixeles de todas sus muestras se representan por números que van desde el cero hasta el número 255 dependiendo de la intensidad del gris. Así, por ejemplo, un pixel negro se representa con el cero, mientras que un pixel blanco con el 255.

[72] Etimologicamente, *pixel* proviene del inglés, cuando se unen las palabras «pix» (versión corta de *pictures*), y «el» (de *element*).

La Figura 6.4 presenta al dígito cuatro como una imagen original que luego se discretiza usando una malla de 8 por 8 pixeles, para finalmente ser descrito por un tensor de segundo orden con forma (8, 8) y con los elementos que se muestran en la representación tensorial (se notará que no hay grises en esta imagen). Teniendo en cuenta esto, los ejemplares del MNIST se representan de igual manera, excepto que cada uno de éstos está descrito por un tensor de tamaño 28×28.

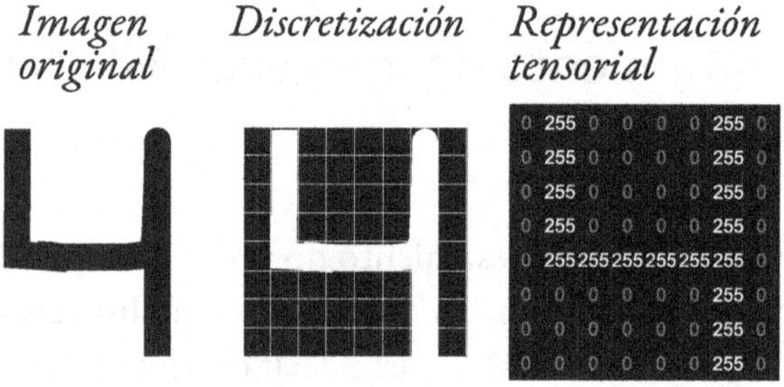

Figura 6.4: Representación de imágenes como tensores: (a) proceso general de conversión de una imagen a un tensor de segundo orden, (b) ejemplo de la representación tensorial de una imagen del conjunto MNIST.

Pero, aun cuándo se tenga un tensor de $p \times q$ de tamaño, donde p es el número de renglones de un tensor de segundo orden y q sus columnas, éste no se puede alimentar directamente a la entrada de una red neuronal artificial, pues como se ha visto, las entradas son vectores unidimensionales. Para tal propósito debe implementarse una capa inicial que considere la transformación de un tensor como el que se muestra en la Figura 6.4 a un vector de características. En TensorFlow se usa la capa `Flatten(input_ shape=(p, q))` para *aplanar* un tensor y cambiar su forma a `(p*q, )`, que luego se conecta a una capa densa.

La Figura 6.5 ilustra el proceso de transformación por medio de una capa Flatten. Para este particular caso, el total de entradas a la red sería de 64. Es fácil darse cuenta que las entradas para una red neuronal de clasificación para los datos del conjunto MNIST sería de un total de 784. Esto es algo que debe tenerse muy presente, especialmente cuando se trabaja con tensores de órdenes superiores.

Aunque hasta el momento se ha presentado y mencionado cómo es que se pueden trabajar imágenes para ser procesadas en una red neuronal artificial, debe tenerse en cuenta que cuando se habla de escala de grises, es posible hacerlo por medio de un tensor de segundo orden. Pero esto no es así en imágenes a color. Como se verá en el capítulo siguiente, para este último caso se requerirá un tensor de tercer orden (tridimensional). Afortunadamente el tratamiento para su proceso es muy similar a lo que se ilustra en la Figura 6.5.

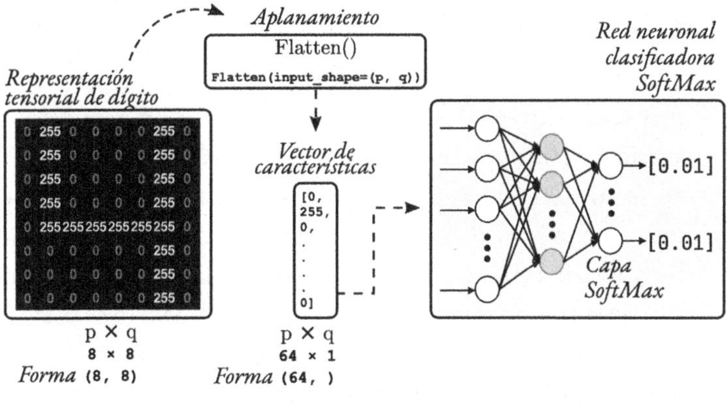

Figura 6.5: Proceso de *aplanamiento* de un tensor de segundo orden para crear el número de entradas a una red neuronal artificial de capas densas.

6.6. Enfoque de modelado de datos MNIST con red neuronal

De acuerdo con los pasos de modelado de un problema de red neuronal artificial presentados en la Parte I, se construye una red neuronal para el caso de clasificación de dígitos de la base de datos MNIST como sigue:

- *Definición y datos del problema*. Los datos del MNIST se encuentran preparados y separados en dos conjuntos: prueba y entrenamiento. Esto sugiere, sin embargo, que no existe un conjunto de validación, por lo que se creará uno a partir del conjunto de prueba. Además, dado que los tensores que representan los dígitos MNIST contienen elementos de valor entre 0 y 255, para este caso, se normalizarán todos los datos de entrada en los conjuntos simplemente dividiendo entre 255.
- *Creación del modelo*. Se considerarán dos modelos: primero, uno con etiquetas de valores de 0 al 9, y un segundo que considere etiquetas codificadas en vectores one-hot. Así, para efectos de su comparación, se usará una capa oculta densa con diez neuronas y función de activación tipo sigmoide, mientras que una capa $SoftMax$ en la salida de diez neuronas. Para el caso de la transformación de las entradas de la red, se usará una capa del tipo `Flatten` con forma de entrada igual al tamaño de los tensores que representan cada uno de los dígitos del MNIST; esto es, `Flatten(input_shape=(28,28))`.
- *Compilar modelo*. La naturaleza del modelo es clasificar los datos del MNIST. Por esta razón se usará la métrica de *accuracy*. Para el primer modelo se especifica como función de costo `sparse_categorical_crossentropy`, ya

que las etiquetas son valores discretos; por otra parte, para el segundo modelo se usa como función de costo `categorical_crossentropy` para las etiquetas del tipo one-hot.[73] Finalmente, en la compilación, se seleccionará el algoritmo de descenso de gradiente estocástico (`'SGD'`).

- *Entrenar el modelo.* Para esta etapa se usarán sólo veinte épocas de entrenamiento.

Cada uno de estos pasos se describen con código en la siguiente sección.

6.6.1. Definición y datos del problema

El siguiente fragmento de código carga las librerías de TensorFlow, NumPy y Matplotlib con sus respectivos seudónimos. La última línea del mismo tiene por objetivo cargar los datos del conjunto MNIST (contenidos como un módulo de TensorFlow). Finalmente se carga la función `to_categorical`, la cual servirá para codificar las etiquetas del MNIST.

```
import tensorflow as tf
import numpy as np
import matplotlib.pyplot as plt
from tensorflow.keras.datasets import mnist
from tensorflow.keras.utils import to_categorical
```

Luego se crean las variables que alojarán los conjuntos de entrenamiento, validación y prueba a través del siguiente código:

[73] Dependiendo del tipo de etiqueta, en un modelo clasificador, siempre debe considerarse esta distinción; `sparse_categorical_crossentropy` es un costo que siempre va asociado a etiquetas codificadas por valores discretos; `categorical_crossentropy` se usa para etiquetas del tipo one-hot.

```
# Paso 1 | Definicion y datos del problema
(X, y), (X_test, y_test) = mnist.load_data()
(X_train, X_valid) = (X[:50000], X[50000:])
(y_train, y_valid) = (y[:50000], y[50000:])
```

Del código precedente, vale la pena explicar que la primera línea lo que hace es cargar los datos de entrenamiento MNIST en las variables `X` y `y`, mientras que los datos de prueba en `X_test` y `y_test`. Sin embargo, en las dos siguientes lineas, se dividen `X` y `y` en `X_train`, `X_valid`, `y_train` y `y_valid` para conformar los tres conjuntos básicos que se han discutido en capítulos previos. Esta división se logra al tomar los últimos diez mil ejemplares de las variables `X` y `y` para el conjunto de prueba y el resto se deja para entrenamiento. Tal cuestión se logra a través de métodos de indización y rebanado (esto es, `[:50000]` y `[10000:]`). Tal vez se preguntará cómo es que esta división logra efectivamente no afectar los datos contenidos dentro de cada imagen del MNIST y más bien se refiere al índice del ejemplar; si se corre el anterior código, a manera de ejemplo, se obtiene la respuesta a esta cuestión:

```
print(f'Forma del tensor X: {X.shape}.')
print(f'Forma del tensor  X entrenamiento: {X_train.shape}.')
print(f'Forma del tensor  X validacion: {X_valid.shape}.')
print(f'Forma del tensor  X prueba: {X_test.shape}.')
```

lo cual arroja el siguiente resultado, que, a menos que se indique lo contrario, el rebanado afecta sólo al primer índice de la forma del tensor que aloja la variable `X`:

```
Forma del tensor X: (60000, 28, 28).
Forma del tensor  X entrenamiento: (50000, 28, 28).
Forma del tensor  X validacion: (10000, 28, 28).
Forma del tensor  X prueba: (10000, 28, 28).
```

Una vez creados los conjuntos, es tiempo de normalizar los datos correspondientes a las entradas de la red, así como codificar las salidas de la misma. Dado que el máximo valor en escala de grises de una imagen del MNIST corresponde a `255.`, los datos se pueden normalizar como sigue:

```
X_train = X_train / 255.
X_test = X_test / 255.
```

Luego, en el siguiente fragmento de código se presenta cómo se hace la codificación one-hot, al iterar la función `to_categorical` en un ciclo `for` para cada una de las etiquetas de los conjuntos previamente creados. Esto asegura que cada dígito se represente en un vector con diez posiciones, en las que cada una de estas está representada por un dígito:

```
# Convertir etiquetas en one-hot
temp = []

for i in range(len(y_train)):
   temp.append(to_categorical(y_train[i], num_classes=10))
y_train = np.array(temp)

temp = []
for i in range(len(y_valid)):
    temp.append(to_categorical(y_valid[i], num_classes=10))
y_valid = np.array(temp)

temp = []
for i in range(len(y_test)):
    temp.append(to_categorical(y_test[i], num_classes=10))
y_test = np.array(temp)
```

En el código anterior, lo que se hace es crear una lista de Python de nombre `temp`, luego se llena la misma al iterar el total del tamaño de cada uno de los conjuntos para cada i-ésima etiqueta especificando 10 clases o categorías en la función `to_categorical`. Finalmente, una vez que esta lista se llena, se convierte a un arreglo NumPy. Esto se repite para cada conjunto de datos. Y así es que un ejemplar de etiqueta puede ser accedido usando `print(y_train[0])`, lo que arroja como resultado un vector one-hot para la primera etiqueta del conjunto de entrenamiento, la cual se refiere a un cinco, tal como se muestra en el siguiente resultado (sexta posición tomando en cuenta el cero):

```
[0. 0. 0. 0. 0. 1. 0. 0. 0. 0.]
```

Los códigos anteriores permiten crear los conjuntos de entrenamiento, validación y prueba, así como su correcta normalización y codificación en one-hot.

6.6.2. Creación del modelo

Las entradas de la red neuronal de clasificación del conjunto MNIST son tensores de segundo orden que representan imágenes de los dígitos del cero al nueve. Cada uno de estos tensores tiene un tamaño de 28×28. Esto requiere que tales tensores se conviertan en vectores de características por medio de una capa `Flaten()` teniendo en cuenta dicho tamaño de entrada. El siguiente fragmento de código muestra la creación del modelo:

```
modelo = tf.keras.models.Sequential([
        tf.keras.layers.Flatten(input_shape=(28,28)),
        tf.keras.layers.Dense(10, activation='sigmoid'),
        tf.keras.layers.Dense(10, activation='softmax'),
])
```

Tal como se observa, el modelo clasificador es secuencial, pero a diferencia de los modelos creados para objetivos de regresión, éste presenta dos diferencias: se incluye una primera capa del tipo `Flaten()` con forma de entrada igual a `input_shape=(28, 28)`, y en la capa de salida se especifican diez neuronas con función de activación `activation='softmax'`. Aunque el código debería explicarse por sí mismo teniendo en cuenta la teoría presentada en este capítulo, no está de más revisar que al tener un vector de características de tamaño $28 \times 28 = 784$, los parámetros de la red se incrementan al usar una capa oculta de sólo diez neuronas con activación sigmoide. Algo que no debe sorprender, pues tantas entradas requieren muchos pesos para la red. Esto supone un límite en capacidad de cómputo para imágenes de mayor tamaño. Algo que se discutirá en el próximo capítulo. Por ahora, vale la pena indagar el tamaño de los parámetros de este modelo usando `modelo.summary()`, lo cual arroja la siguiente tabla:

```
Model: "sequential"
_________________________________________________________________
 Layer (type)                Output Shape              Param#
=================================================================
 flatten (Flatten)           (None, 784)               0

 dense (Dense)               (None, 10)                7850

 dense_1 (Dense)             (None, 10)                110

=================================================================
Total params: 7,960
Trainable params: 7,960
Non-trainable params: 0
```

Como se observa en el anterior código, entre la primera capa de aplanamiento y la capa oculta, se tienen un total de 7,850 parámetros. Este modelo es más grande que lo visto hasta ahora, por lo que será interesante llevar a cabo su entrenamiento.

6.6.3. Compilar modelo

TensorFlow necesita la especificación de la función del costo para modelos de clasificación. Así, sí se codifican las etiquetas a través de un vector del tipo one-hot, entonces se debe usar la función `'categorical_crossentropy'`; en caso contrario, se usaría `'sparse_categorical_crossentropy'`. Teniendo esto en cuenta, el siguiente fragmento de código compila el modelo de etiquetas one-hot:

```
modelo.compile(loss='categorical_crossentropy',
               optimizer='SGD',
               metrics='acc')
```

Se puede advertir que se usa el algoritmo del descenso de gradiente estocástico `'SGD'` con un valor de tasa de aprendizaje predeterminada y como evaluación del error la métrica `'acc'`.

6.6.4. Entrenar el modelo

Esta etapa no diverge realmente de lo visto hasta este momento con respecto a las redes neuronales de regresión. Así, el siguiente fragmento puede ser familiar para el lector:

```
hist = modelo.fit(X_train,
          y_train,
          epochs=10,
          validation_data=(X_valid, y_valid))
```

En este caso, se entrenará el modelo sólo con veinte épocas. Posteriormente se discutirá más a fondo esta elección.

6.6.5. Resultados

Primero se evalúa el valor de precisión usando el conjunto de prueba por medio del siguiente fragmento de código, el cual arroja un valor de la métrica $accuracy$ igual a `0.9109`.

```
test_error = modelo.evaluate(x=X_test, y=y_test)
print("La precisión es: %.4f" % test_error[1])
```

Esto quiere decir que el modelo tiene alrededor de 91 % de efectividad para predecir dígitos del MNIST que no fueron usados para su entrenamiento ni su validación. La Figura 6.6 muestra las curvas de entrenamiento y validación.

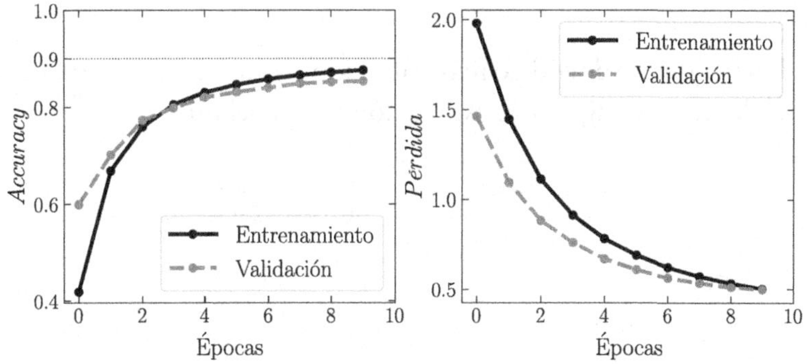

Figura 6.6: Curvas de entrenamiento y validación para la accuracy y la pérdida.

Teniendo en cuenta que en un vector one-hot, la posición de un elemento señala a qué clase corresponde una etiqueta, se puede utilizar la función `np.argmax()` de NumPy. Esta función devuelve la posición mencionada, pero en este caso, lo hace a partir de un vector creado a partir de las estimaciones realizadas utilizando los datos de prueba y nuestro modelo.

```
y_estim = modelo.predict(X_test)
y_estim = np.argmax(y_estim, axis=1)
print(y_estim[:3])
print(y_estim.shape)
```

En este fragmento de código primero se estiman las etiquetas usando los datos contenidos en `X_test`. Tales estimaciones se almacenan en la variable `y_estim`. Luego se aprovecha `np.argmax()` para encontrar la posición del valor máximo del segundo eje en `y_estim` (esto es, el eje que no corresponde al total de ejemplares). Finalmente se usa un rebanado para imprimir en pantalla las primeras tres estimaciones de nuestro modelo:

```
[7 2 1]
```

Un fragmento de código más elaborado coomo el que sigu permite ver el dígito en imagen y su estimación arriba del mismo:

```
fig, axes = plt.subplots(ncols=3, sharex=False,
                              sharey=True, figsize=(20, 4))
for i in range(3):
    axes[i].set_title("y_estim: '{}'".format(y_estim[i]),
                          fontsize=22.5)
    axes[i].imshow(X_test[i], cmap='gray')
    axes[i].get_xaxis().set_visible(False)
    axes[i].get_yaxis().set_visible(False)
plt.show()
```

El código anterior genera la Figura 6.7, que muestra que, al menos para los tres primeros ejemplares del conjunto de prueba, el modelo estima bien los dígitos del MNIST y les clasifica satisfactoriamente.

Sin embargo, el revisar cada estimación puede ser extenuante y agotador ya que en el vector `y_estim` existen 10,000 elementos. Para este propósito, la matriz de confusión es muy conveniente. Para ello se utilizará `scikit learn`:

Figura 6.7: Estimaciones de los tres primeros dígitos contenidos en el conjunto de prueba del MNIST (las estimaciones se muestran arriba de cada dígito).

```
from sklearn.metrics import ConfusionMatrixDisplay
from sklearn.metrics import confusion_matrix

categorias = ['0', '1', '2', '3',
              '4', '5', '6', '7',
              '8', '9']

plt.rcParams.update({'font.size': 16})
cm = confusion_matrix(np.argmax(y_test, axis=1), y_estim)
graf = ConfusionMatrixDisplay(confusion_matrix=cm,
                              display_labels=categorias
graf.plot(cmap='gray_r',
          colorbar=False,
          )
plt.xlabel("Estimación")
plt.ylabel("Etiqueta real")
plt.plot()
plt.show()
```

El código previamente presentado produce la gráfica de la matriz de confusión mostrada en la Figura 6.8. En dicha figura, las clases se representan mediante dígitos del cero al nueve, correspondientes tanto a los datos reales como a las predicciones en los ejes horizontal y vertical, respectivamente.

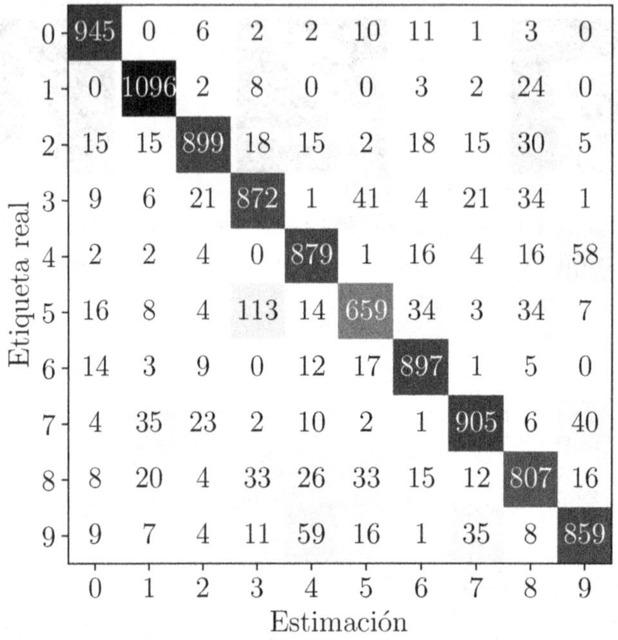

Figura 6.8: Matriz de confusión para las estimaciones del modelo y las etiquetas del conjunto de pruebas MNIST.

En esencia, la matriz de confusión es más fácil de interpretar que cualquier otro resultado mostrado hasta el momento: la diagonal muestra los valores que las estimaciones de nuestro modelo son aquellas donde se clasificó correctamente los dígitos del MNIST. Así, por ejemplo, 946 dígitos correspondientes al dígito cero —categoría cero—, fueron clasificados correctamente, mientras que diecisiete dígitos correspondientes al dígito dos se clasificaron erróneamente con cero.

Este ejercicio proporciona evidencia para afirmar que, con solo diez neuronas, se logra casi un 90 % de efectividad en la clasificación de dígitos similares al MNIST. Sin embargo, el conjunto MNIST consta de datos muy bien depurados y cuidados por la comunidad de la ciencia de datos, y rara vez se encuentran imágenes que puedan representarse con un tensor de segundo orden y un tamaño tan reducido. A pesar de ello, los resultados de la matriz de confusión y la *accuracy* permiten asegurar que el modelo es relativamente bueno. Si no se emplea en aplicaciones que requieran un margen de error inferior al 2 %, podría considerarse útil.[74]

[74] En realidad, el conjunto MNIST y el modelado del mismo se considera un 'Hola Mundo' didáctico en el área del Machine Learning.

6.7. Resumen del capítulo

Este capítulo presentó parte de la teoría relacionada con la clasificación mediante redes neuronales artificiales. En este contexto, se puede afirmar que las redes neuronales de clasificación utilizan la entropía cruzada como función de costo y evalúan el error de un modelo a partir de estimaciones positivas y negativas. Además, se pueden considerar dos tipos de clasificación: binaria y multiclase. Los modelos de clasificación binaria emplean una sola neurona en su salida con función de activación sigmoide, mientras que los modelos de clasificación multiclase utilizan una capa de salida $SoftMax$ con activaciones del mismo nombre y un número total de neuronas igual al número de clases que se pretenden estimar. En el caso de modelos de clasificación multiclase, se puede emplear la codificación one-hot para las etiquetas de las clases.

En el presente capítulo, también se abordó la conversión de tensores de segundo orden a entradas para una red neuronal de clasificación utilizando TensorFlow, y se empleó el conjunto de datos MNIST para desarrollar un modelo de clasificación de dígitos en imágenes. Dicha tarea se llevó a cabo mediante un ejercicio que resultó en un modelo con una precisión aproximada del 90 % en las estimaciones. Hasta este punto, se ha cubierto la revisión de dos aplicaciones fundamentales y versátiles de las redes neuronales artificiales: la regresión y la clasificación. El siguiente capítulo se basará en esta última sección para construir modelos que permitan clasificar objetos en imágenes más complejas que las del conjunto MNIST, tarea que requiere el empleo de un tipo especial de redes neuronales artificiales de mayor sofisticación.

6.8. Problemas

6.1. ¿Cuál es la gran diferencia en la capa de salida de un modelo clasificador y la de un modelo de regresión?

6.2. ¿Por qué un modelo clasificador más bien *estima* que *predice* una clase? Justifique su respuesta.

6.3. Construya un modelo para el conjunto de datos MNIST con las mismas condiciones de hiperparámetros que se presentarón en este capítulo, pero en éste caso use capas `BatchNormalization()` antes de cada capa densa. ¿Qué efecto tiene sobre el desempeño del modelo?

6.4. Desarrolle un nuevo modelo para el conjunto de datos MNIST con las mismas condiciones de hiperparámetros que se presentaron en este capítulo. Incluya regularización del tipo $L2$ y evalúe el desempeño del modelo. ¿Mejoró respecto al modelo inicial?

6.5. El siguiente fragmento de código asigna parte del conjunto de datos *Wine Quality Data Set* (Cortez et al., 2009) a un DataFrame de Pandas. Este conjunto de datos se refiere a la calidad de vino, en este caso se usa vino rojo, a partir de diez características, y una salida que es de tipo categórica de diez etiquetas.

```
import pandas as pd
import numpy as np

archivo_csv = "https://archive.ics.uci.edu/ml/" \
              "machine-learning-databases/" \
              "wine-quality/winequality-red.csv"
dataframe = pd.read_csv(archivo_csv, header=0)

print(dataframe.head())
```

Use el fragmento de código anterior y a partir del conjunto de datos, haga lo siguiente:

(i) Separe las características de la respuesta y haga lo necesario para asignarlas a dos variables `X` y `y`.

(ii) Separe los datos en dos conjuntos: entrenamiento y validación. Use los porcentajes recomendados en la Tabla 4.1.

(iii) Elabore un modelo secuencial en TensorFlow que consista en cuatro capas ocultas y una salida. La primera capa debe tener 128 neuronas; la segunda capa 64; la tercera capa 32; la última capa debe tener 16 neuronas. Use `'relu'` como función de activación para todas las neuronas ocultas.

(iv) Entre el modelo durante 100 épocas.

(v) Use como métrica de entrenamiento y evaluación la $accuracy$.

(vi) Construya una matriz de confusión para las estimaciones del modelo y los datos. Esto para el conjunto de validación.

(vii) Guarde el modelo como `'vino_rojo.H5'`.

Para este problema, use y compare diferentes algoritmos de entrenamiento, así como tasas de aprendizaje α (inicie con un valor $\alpha = 0.001$). ¿Qué estrategias de modelado podría usar para elevar la $accuracy$ a un nivel arriba de 0.90?

6.6. Consulte la documentación de TensorFlow datasets y construya un modelo clasificador a partir del conjunto de datos `titanic` (Harrell y Cason, 2017),[75] el cual consiste en características e información delos pasajeros del famoso transatlántico británico que naufragó en abril del año 1912. Dicho conjunto contiene diversas características de los pasajeros a bordo del Titanic, y una etiqueta de clase binaria que indica sí éstos sobrevivieron o no a la tragedia.

Nota: considere el modelo que a Usted mejor le parezca construir y use el conjunto de datos curado que el módulo de TensorFlow Datasets pone a disposición. Para esto último, Consulte el sitio web de este libro, el cual contiene una aproximación de cómo modelar dicho conjunto de datos.

[75] Véase `tensorflow.org/datasets/catalog/titanic`.

Capítulo 7

Redes neuronales convolucionales

«No son los ojos los que ven, sino lo que nosotros vemos por medio de los ojos».

Platón (427 a. C. - 347 a. C.).

El procesamiento de imágenes para propósitos de tareas como *clasificación*, *detección*, *etiquetado* y *segmentación de objetos*, todas ellas circunscritas a la tarea denominada *reconocimiento de objetos* (Szeliski, 2011), se ha visto potenciado en las primeras dos décadas de los años dos mil gracias al uso de técnicas de *visión por computadora* y redes neuronales artificiales, específicamente las *redes neuronales convolucionales.* Este penúltimo capítulo presenta los elementos conceptuales más fundamentales de las redes neuronales convolucionales. Estas redes constituyen arquitecturas ciertamente complejas y más elaboradas que las vistas en capítulos previos, pero tienen desempeños tan sorprendentes que, por ejemplo, sirven para clasificar y segmentar objetos en los fotogramas de un vídeo en tiempo real. Por esta razón, es valioso entender qué son y cuáles son los elementos que conforman su anatomía, ya que ello proporciona las bases para comprender las arquitecturas de redes neuronales modernas.

7.1. ¿Qué es una convolución?

Para entender qué es es una **red neuronal convolucional**, abreviada por su nombre en inglés como *CNN*,[76] es menester primero explicar qué es una convolución y cómo funciona. Su noción permitirá abordar el concepto para las operaciones que así se dan en este tipo de redes neuronales y poder comprender su funcionamiento para aplicaciones específicas.

Una **convolución** es una operación matemática que involucra dos funciones, digamos $f(t)$ y $g(t)$, en la que una de estas se desplaza en forma invertida sobre la otra para generar una nueva función. Esta operación se denota por $f * g$, donde el símbolo $*$ se refiere a convolución, y se define como la integral del producto de f y g:

$$(f * g)(t) := \int_{-\infty}^{\infty} f(\tau)g(t-\tau)d\tau, \tag{7.1}$$

donde τ es una *variable ficticia*, que representa el desplazamiento de g una distancia t. En otras palabras, la convolución es el área que se produce cuando se da el producto de g y f, al g desplazarse desde $-\infty$ hasta ∞ debido en t. Una explicación visual se presenta en la siguiente Figura 7.1.

[76] De *convolutional neural network*. Las CNN también son reconocidas en el castellano como **redes neuronales convolutivas**.

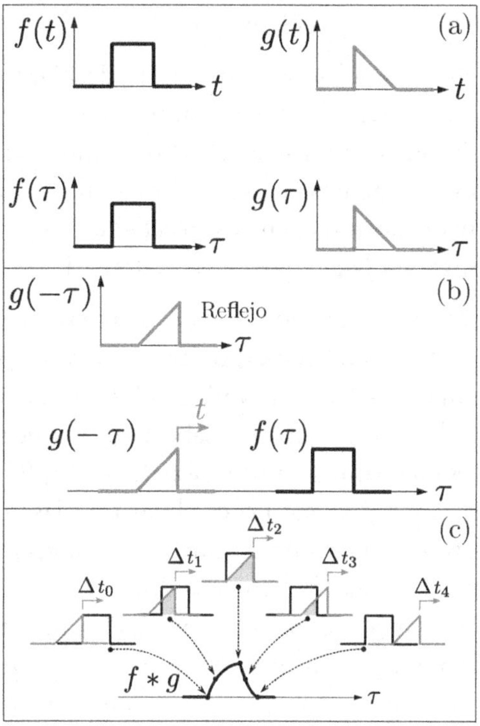

Figura 7.1: Ilustración de la convolución de dos funciones $f(t)$ y $g(t)$.

Refiriendo a la Figura 7.1, la explicación de la convolución es la siguiente:

1. Primero se tienen f y g en el dominio t; que después se cambian al dominio τ. Esto puede apreciarse en la Figura 7.1 (a).
2. Luego, la función que se desplazará, en este caso g, se refleja o invierte, haciendo negativo su argumento. Esto es, $g(-\tau)$. Así, intuitivamente, se observa que sí a g se le suma en su argumento un valor de t, se provocará su desplazamiento a la derecha, tal

como se observa en la Figura 7.1 (b).

3. Finalmente, se observa que g se desplaza sobre f en incrementos Δt, y la convolución, siendo una integral, no es sino simplemente el área debajo de la intersección entre f y g, que a su vez genera en cada incremento los puntos de una nueva curva, mostrados en gris en la Figura 7.1 (c). Aquí es muy importante no olvidar que t toma valores desde $-\infty$ hasta ∞.

En la descripción anterior de la convolución, los límites establecidos en la integral corresponden a los valores de t, y esta integral se calcula para obtener también el $d\tau$ en dichos límites, el cual representa el área mencionada. Cabe destacar que la descripción de tal integral es en términos infinitesimales y se aplica a funciones continuas. Sin embargo, este no es el caso de las convoluciones empleadas en las redes neuronales convolucionales; en ese contexto, las convoluciones se realizan de manera discreta.

En el caso de las redes neuronales convolucionales, la convolución se lleva a cabo entre tensores. Como se verá más adelante, estas operaciones de convolución permiten extraer e identificar características importantes de una imagen o de una muestra de datos al generar nuevos tensores que contienen dicha información. Sin embargo, lo esencial es comprender los fundamentos de las redes neuronales convolucionales, lo que implica sus aplicaciones más básicas. Por lo tanto, el enfoque se centra inicialmente en convoluciones en vectores y, posteriormente, en tensores de segundo orden.

7.1.1. Convolución discreta en 1D y 2D

Se ha visto que una convolución es una operación en la cual una función se *desplaza* sobre otra, lo que genera una nueva función. Aun cuando se vio la convolución para el caso de funciones continuas, su lógica también se cumple para el caso discreto. Esto hace que estructuras de datos, como los tensores, también puedan ser usados para generar convoluciones, llamadas *convoluciones discretas*.

Guardando relación con las literales de la sección precedente, la Figura 7.2 presenta una operación de convolución para dos vectores f y g. En esta figura, se presenta la operación de desplazamiento de g sobre f para lograr f $*$ g. En la parte superior se usa un recuadro de línea punteada, al interior del cual se indican los elementos sombreados que están involucrados en la operación para obtener el segundo elemento del nuevo vector f $*$ g.

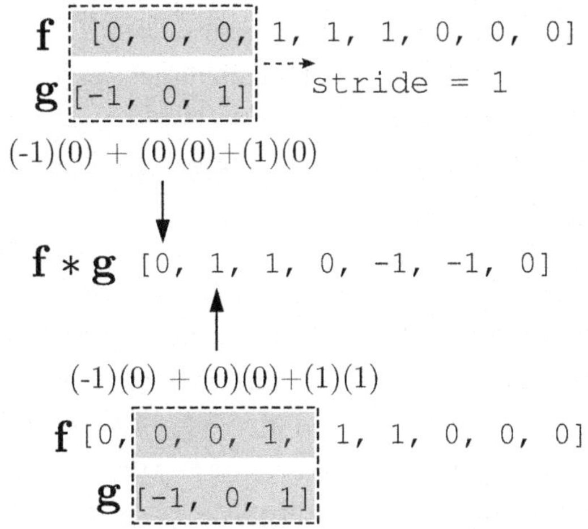

Figura 7.2: Ejemplo de una convolución con vectores.

La operación que se muestra en la Figura 7.2 corresponde a la suma de la multiplicación entre los elementos individuales de **g** que actúan sobre los tres primeros elementos de **f**, esto es:

$$(f * g)_1 = (-1)(0) + (0)(0) + (1)(0) = 0, \tag{7.2}$$

y luego, de igual forma, en la parte inferior se ilustra el caso para obtener el tercer elemento de $\mathbf{f} * \mathbf{g}$:

$$(f * g)_2 = (-1)(0) + (0)(0) + (1)(1) = 1. \tag{7.3}$$

Así, todos los elementos de la convolución $\mathbf{f} * \mathbf{g}$ se ilustran en el centro de la Figura 7.2. Algo crucial en estas operaciones es el desplazamiento de **g** sobre **f**; se observará que el recuadro punteado se desplaza una posición para obtener cada uno de los elementos de $\mathbf{f} * \mathbf{g}$. A este desplazamiento se le llamará stride[77], que para el caso que se ilustra en la figura es simplemente igual a la unidad. La stride así como el tamaño del arreglo que se desplaza sobre otro en una convolución discreta determinan el tamaño final del vector resultante (para el ejemplo, éste sería de tamaño (1×7)).

En la Figura 7.3, en estrecha concordancia con la ecuación 7.1 en términos de las variables literales, se presentan dos tensores $\mathbf{F}$ y $\mathbf{G}$, ambos de segundo orden. Como se puede apreciar, $\mathbf{G}$ se desplaza sobre $\mathbf{F}$. De esta manera, se muestran las operaciones para calcular los tres primeros elementos de un nuevo tensor obtenido mediante la operación de convolución. Cada elemento de este nuevo tensor es el resultado de la suma de las multiplicaciones entre los elementos individuales de $\mathbf{G}$ que actúan sobre los elementos de $\mathbf{F}$.

[77] La transliteración del inglés al español es *zancada*; sin embargo, en afinidad al contexto global que entraña su uso, para efectos de este libro se preferirá el nombre del concepto en inglés *stride*.

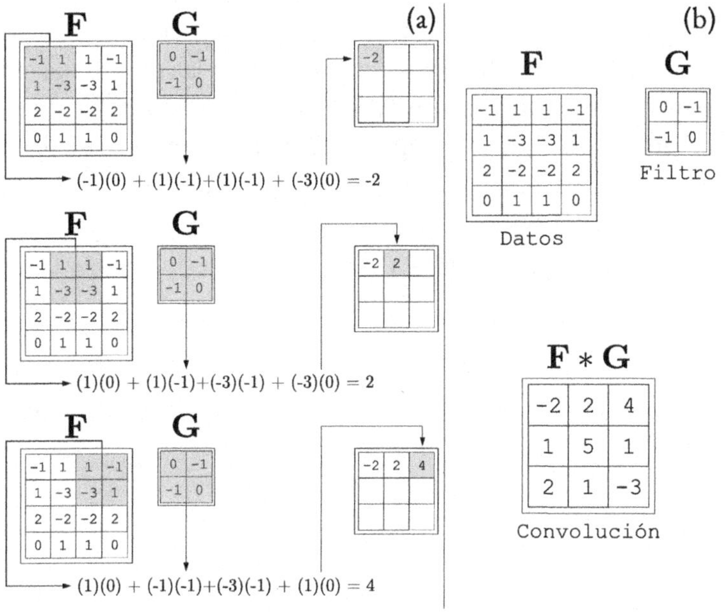

Figura 7.3: Ejemplo de una convolución con tensores de segundo orden.

El ejemplo de la Figura 7.3 presenta un nuevo tensor que se describe como la convolución $\mathbf{F} * \mathbf{G}$, el cual es de segundo orden. Vale la pena resaltar que aquí la *stride* también posee un valor igual a la unidad. Las convoluciones que se mencionan y trabajan en el presente capítulo generalmente son similares al caso mostrado en dicha figura, por lo que no se verán convoluciones para vectores como el caso de la Figura 7.2.

Retomando la Figura 7.3 (b), existen dos conceptos importantes de semántica: al tensor $\mathbf{G}$ de aquí en adelante se le llamará **filtro**[78] y

[78]Este término también se conoce como *kernel* en la literatura del Deep Learning (Goodfellow et al., 2016).

nos referiremos a $\mathbf{f} * \mathbf{g}$ simplemente como convolución. En Python es posible hacer uso de la librería *scipy* para realizar la convolución entre dos tensores de segundo orden a través de la función `convolve2d` del módulo `signal`, tal y como lo muestra el siguiente código:

```
import numpy as np
from scipy.signal import convolve2d

F = np.array([[-1, 1, 1, -1],
              [1, -3, -3, 1],
              [2, -2, -2, 2],
              [0, 1, 1, 0]])

G = np.array([[0, -1],
              [-1, 0]])


F_ast_G = convolve2d(F, G, mode='valid')
print(F_ast_G)
```

El código anterior arroja el siguiente resultado:

```
[[-2  2  4]
 [ 1  5  1]
 [ 2  1 -3]]
```

que no es sino simplemente la convolución que se muestra en la Figura 7.3 (b). Otro término importante es **mapa de características**,[79] el cual se refiere a la salida que se produce de un filtro aplicado a su capa anterior. Se le denomina de esta manera, porque refiere a dónde se encuentra un determinado tipo de característica en la imagen (por ejemplo, sus bordes, líneas horizontales o líneas verticales) (Elgendy, 2020).

Bien, ahora que se cuenta con una intuición de lo que es una convolución, se podrá entonces abordar apropiadamente la explicación del funcionamiento de una red neuronal convolucional.

[79] En inglés, *feature map* (Géron, 2017).

Sin embargo, antes de entrar de lleno al tema, vale la pena hacer revisión del significado de lo que es la *stride*, así como mencionar las operaciones de *padding* y *pooling*, las cuales son importantes en las operaciones de convolución.

7.1.2. Operaciones de stride, padding y pooling

En la sección anterior se vio que la stride se refiere al desplazamiento que un tensor tiene sobre otro en la operación de convolución. El valor de este parámetro es importante porque incide directamente en el tamaño y forma del tensor que resulta de una convolución.

Por ejemplo, la Figura 7.4 ilustra dos casos de convolución con un filtro de 2×2 actuando en un tensor de datos de tamaño 4×4, donde la stride tiene valores 1 y 2 respectivamente. Como se muestra, los tensores resultantes poseen diferente tamaño (3×3 y 2×2).

Figura 7.4: Ejemplo de una convolución con valores de stride diferente.

La selección de la stride no es algo que se tome a la ligera, pues dependiendo del problema, una convolución con valores de stride altos puede descartar información que podría ser valiosa.

Por otra parte, si en una convolución se desea mantener el tamaño de los datos, se pueden añadir elementos nulos al tensor de datos originales. Esta operación se conoce como **padding**,[80] y consiste en añadir ceros alrededor del tensor objetivo. La Figura 7.5 muestra como ejemplo dos casos donde `padding=1` y `padding=2`.

Otra operación muy recurrida en la construcción de modelos de redes convolucionales es el **pooling**, la cual viene en dos posibles opciones: (i) **max pooling** y (ii) **average pooling**.

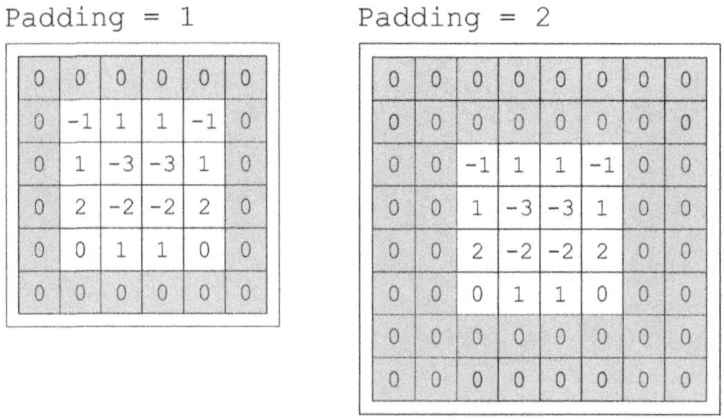

Figura 7.5: Operación de padding con dos valores distintos.

[80] La transliteración del inglés al castellano es *relleno*.

La operación de *max pooling* consiste en una ventana[81] que se desplaza en un tensor de datos y luego extrae y deposita el de mayor valor en un nuevo tensor. La Figura 7.6 muestra el caso de una operación de max pooling en un tensor de datos (note el tamaño del filtro y su stride).

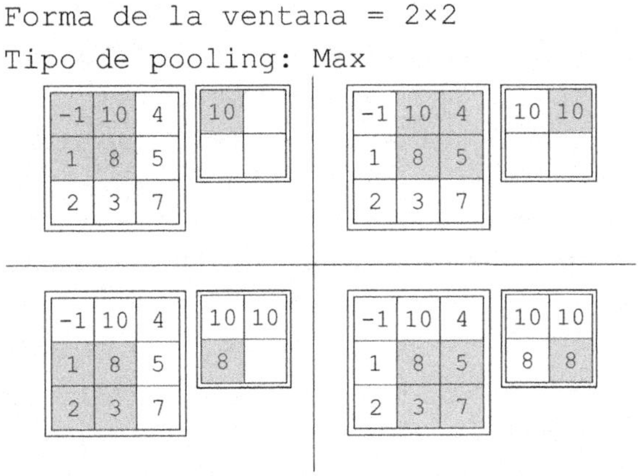

Figura 7.6: Operación *max pooling* en un tensor de datos.

Por otra parte, la operación *average pooling*, tal como su nombre lo sugiere del inglés, consiste en una ventana que se desplaza sobre un tensor de datos y luego aplica el promedio de los mismos, el cual finalmente deposita en un nuevo tensor. La Figura 7.7 muestra la operación del average pooling sobre el mismo tensor de datos que el caso de la Figura 7.6.

[81] Contrario a la operación de convolución, donde se usa un filtro, en el caso de las operaciones de pooling, se prefiere usar el término *ventana*, pues como se verá, en las redes neuronales convolucionales las ventanas no contienen parámetros entrenables, mientras que los filtros sí.

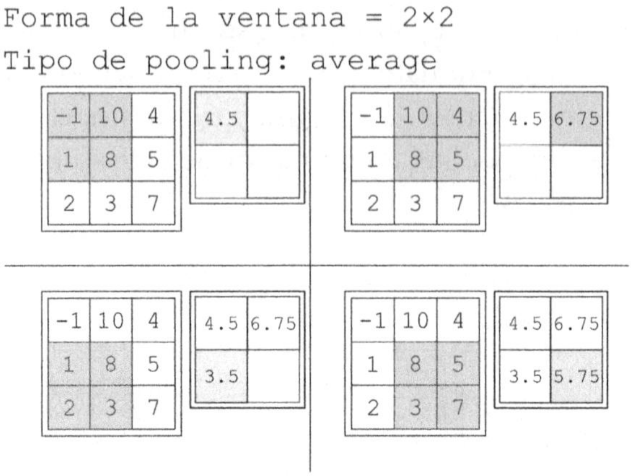

Figura 7.7: Operación *average pooling* en un tensor de datos.

La selección y uso de la stride, el padding y las operaciones pooling en realidad corresponden a la decisión del modelador de una arquitectura de red neuronal específica. Más aún, los valores y existencia de algunas de ellas se consideran hiperparámetros, por lo que debe tenerse cuidado de su implementación, ya que su uso incorrecto puede eliminar información valiosa que al final tenga impacto en el entrenamiento y el rendimiento de un modelo específico. Afortunadamente el diseño de redes neuronales convolucionales ha madurado y aunque no hay una regla estricta sobre cuándo usar un tipo de operación o qué parámetros deben seleccionarse para arquitecturas específicas, sí existen modelos exitosos que se han cosechado tras subsecuentes investigaciones, los cuales dan pauta a entender cómo disponer y estructurar estos elementos en una red neuronal.

7.2. Redes neuronales convolucionales

En el capítulo anterior se vio que pueden usarse redes neuronales para los clasificar dígitos en una imagen de tamaño de 28 por 28 pixeles. Esto implicó aplanar cada ejemplar de imágenes en un vector de características de tamaño $D = 784$. Luego, este vector se suministró a un modelo y gracias a una capa del tipo $SoftMax$ fue posible clasificar, con una precisión alrededor del 90 %, a qué dígito correspondía una imagen. Si bien las redes neuronales que se usaron tuvieron ciertamente una efectividad aceptable, se requirieron 7,960 parámetros para llegar a ello. Esto por sí solo puede representar un problema, pues la arquitectura de una red de clasificación de imágenes ahora se ve severamente afectada por el tamaño de estas. Pero existe otro detalle por la que las redes neuronales del tipo densa y multiperceptron no son las adecuadas para analizar imágenes: no pueden reconocer patrones locales en una imagen, como lo son texturas, bordes, aristas o puntos, así como tampoco la relación o estructura que guardan éstos entre sí. Más aún, las redes neuronales densas no discriminan los píxeles de entrada que están muy separados y los que están muy juntos; es decir, no tienen la capacidad de reconocer estructura espacial, por lo que les es imposible, por ejemplo, distinguir las orejas de un canino en una fotografía. Esto sucede así porque estas redes aprenden patrones globales, en vez de locales (lo que en efecto permite distinguir objetos en una imagen). En el ejemplo del MNIST, la red que se utilizó simplemente aprendió el patrón global almacenado en el vector de entradas y no necesariamente aprendió a que dos trazos en círculo pertenecen al octavo dígito.

Por lo planteado arriba, para el propósito de clasificación y reconocimiento de imágenes, se requieren, entonces, modelos de redes neuronales que puedan aprender dos cosas en concreto:

- Reconocer patrones locales (características), invariablemente de su posición en una imagen.
- Aprender la estructura espacial y la relación de los patrones de un objeto.

El primer punto involucra que, una vez aprendido un patrón específico, un modelo debe ser capaz de reconocerlo en una nueva imagen en cualquier posición que éste aparezca; el segundo punto quiere decir que el reconocimiento de un objeto puede partirse en patrones más elementales, los cuales están integrados por una jerarquía que también se aprende. Así, por ejemplo, se reconocería un vehículo a partir que una primera capa capte sus ruedas, la cabina y los focos, mientras que una segunda capa aprende de los elementos que dan forma a cada uno de éstos. Es decir, lo que se busca son modelos capaces de aprender la jerarquía espacial de los patrones que dan lugar a un objeto. Llegados a este punto es un buen momento para extender el concepto de *característica*.

La Figura 7.8 muestra la imagen de una planta a la cual se aplican los siguientes filtros:

$$\mathbf{G}_x^* = \begin{bmatrix} 1 & 0 & -1 \\ 2 & 0 & -2 \\ 1 & 0 & -1 \end{bmatrix}, \tag{7.4}$$

$$\mathbf{G}_y^* = \begin{bmatrix} 1 & 2 & 1 \\ 0 & 0 & 0 \\ -1 & -2 & -1 \end{bmatrix}, \tag{7.5}$$

los cuales llevan por nombre *Operadores de Sobel*, y sirven para encontrar los bordes y aristas de una imagen. Suponiendo que tal imagen se almacena en un tensor $\mathbf{A}$, el caso ilustrado en la Figura 7.8 muestra el proceso para encontrar dichos bordes:

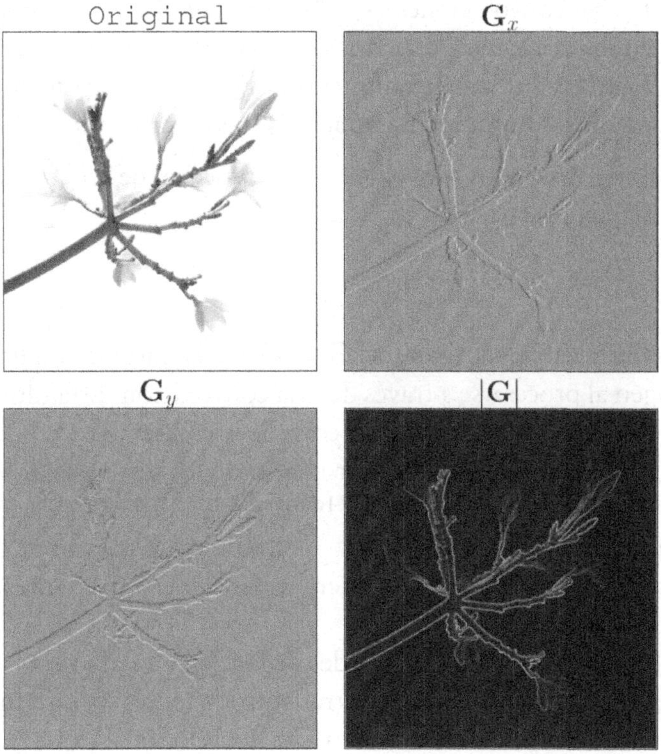

Figura 7.8: Convolución de una imagen.

- Primero se aplican las convoluciones de los filtros $\mathbf{G}_x^*$ y $\mathbf{G}_y^*$ a la imagen original, esto es:

$$\mathbf{G}_x = \mathbf{A} * \mathbf{G}_x^*, \tag{7.6}$$

y,

$$\mathbf{G}_y = \mathbf{A} * \mathbf{G}_y^*. \tag{7.7}$$

Dichas convoluciones $\mathbf{G}_x$ y $\mathbf{G}_y$ están gráficamente ilustradas en los cuadrantes superior derecha e inferior izquierda de la Figura 7.8. Con detenimiento, es posible observar que $\mathbf{G}_y$ resalta los bordes horizontales y $\mathbf{G}_x$ los bordes verticales.

- Luego estas dos convoluciones se procesan de acuerdo con la siguiente ecuación:

$$|\mathbf{G}| = \sqrt{\mathbf{G}_x^2 + \mathbf{G}_y^2}. \tag{7.8}$$

En la ecuación 7.8, el tensor $|\mathbf{G}|$ contiene la información final de la imagen al procesarse a través de una convolución. Ésta última se lustra en el cuadrante inferior derecho de la Figura 7.8.

Con el método ilustrado por medio de los dos operadores de Sobel, fue posible encontrar los bordes de la planta mostrada en la figura anterior. Estos bordes pueden ser interpretados como características de la imagen y, ciertamente, son importantes para procesos posteriores.

Si se quisiera detectar los bordes de los pétalos de la planta de la Figura 7.8 ello implicaría encontrar filtros capaces de discriminar todos los demás elementos de la misma. Una tarea que podría ser realmente compleja si se lo mira desde la perspectiva de encontrar operadores con tal capacidad. Más aún, ahora suponga que se pretende encontrar filtros que discriminen tallos y que, en conjunto con aquellos que detectan pétalos, clasifiquen si un objeto corresponde a una planta o no (clasificación binaria). Ello representaría una tarea todavía más compleja que simplemente discriminar elementos o características de una planta. En el caso de las redes neuronales convolucionales, éstas se entrenan precisamente para aprender *mapas de características* que se obtienen de aplicar los filtros durante las operaciones internas de estas.

Lo que es importante entender es que siempre que se habla de una característica en el contexto de una imagen, se hace referencia a una parte o elemento significativo de un objeto complejo contenido en la misma. En el caso de la planta de la Figura 7.8, una característica bien podrían ser sus pétalos. Así, las redes neuronales convolucionales tienen la capacidad de hacer este tipo de discriminación de posibles características de un objeto. Por ello es que son tan recurridas en la disciplina de la *visión por computadora*, pues tienen la ventaja de realizar tareas tan complejas como discriminar y detectar características importantes de algo en concreto para fines como la clasificación.

7.2.1. Anatomía de una red neuronal convolucional

La Figura 7.9 corresponde a una arquitectura de red neuronal convolucional como modelo del conjunto de datos MNIST. Como bien se mencionó en el capítulo anterior, este conjunto consta de datos estructurados de imágenes de dígitos, donde cada ejemplar correspondía a una forma de `(28, 28, 1)`, por ser en escala de grises. Así, lo que se observa en esta figura es uno de estos ejemplares actuando como entrada a la arquitectura referida.

En la Figura 7.9 es posible distinguir tres elementos esenciales en el cuerpo de una red convolucional, señalado en la parte inferior de la misma:

1. **Entrada**. Corresponde al tipo de datos con los cuales se alimenta una red. En este caso es un tensor de tamaño `28×28×1` que almacena la imagen de un dígito del MNIST. No obstante, una red convolucional puede alimentarse de tensores de mayor orden, especialmente sí se trata de imágenes a color (por ejemplo `28×28×3`).

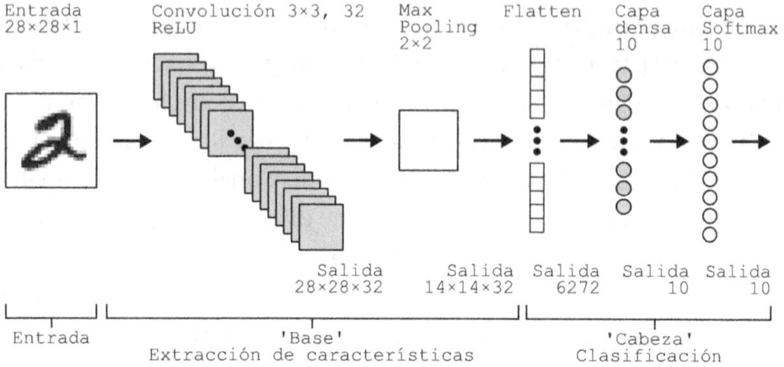

Figura 7.9: Anatomía de una CNN simple para el conjunto de datos MNIST.

2. **Base**. Este elemento contiene las capas y las operaciones, así como la disposición entre las mismas y sus parámetros. La base corresponde al elemento de la anatomía de una red convolucional que se encarga de extraer las características de los datos. En las imágenes, las capas convolutivas aprenden sobre las características de un objeto en concreto. Por ejemplo, se tiene una capa de 32 filtros con tamaño 3×3, los cuales generan esa cantidad de mapas de características, y una capa de Max Pooling para efectos de extracción de las características de los digitos del MNIST.

3. **Cabeza**. El último elemento del cuerpo de una red convolutiva corresponde a las capas destinadas a realizar una aplicación en concreto. Para clasificación, por ejemplo, esta parte consiste en capas densas seguidas de una capa $SoftMax$ que no son realmente diferentes de una red como la que se vio en capítulos previos. Al igual que en la base, aquí también deben especificarse cada uno de los parámetros de dichas capas.

La comprensión detallada de la anatomía de una red convolucional es esencial, ya que constituye la base sobre la cual se construyen meticulosamente las capas y se realizan las operaciones fundamentales previamente discutidas, tales como la stride, el padding y pooling. La implementación adecuada de estos componentes en la arquitectura de la red es crucial para alcanzar una eficacia óptima y un rendimiento superior en el análisis y procesamiento de datos en aplicaciones de ingeniería de vanguardia.

Por otra parte, una red neuronal convolucional puede ser tan compleja y grande como el número de capas y los tipos de operaciones que requiera en su base. En el siguiente capítulo se verán arquitecturas especializadas, pero vale la pena resaltar aquí que muchas de éstas corresponden a modelos grandes con millones de parámetros, por lo que también demandan mucho recurso en cómputo para ser entrenadas. A estas redes se les conoce como *redes profundas*, y aun cuando la capacidad de procesamiento de los equipos modernos sigue creciendo, la construcción de estas siempre debe tenerse en cuenta, pues un modelo complejo puede demandar uso de memoria, algo con lo que quizás no todos los dispositivos computacionales cuenten.

Para ilustrar lo mencionado arriba, a continuación se implementará la construcción de dos modelos de redes convolucionales para el conjunto MNIST: (a) la que se ilustra en la Figura 7.9, y (b) una arquitectura profunda, pero especializada para reconocimiento de objetos en imágenes.

7.3. Modelo convolucional MNIST

Como ejemplo de un modelo convolucional, se definirán los datos del problema MNIST, se creará, compilará y entrenará el modelo y también se evaluará su desempeño.

7.3.1. Definición de datos

Afortunadamente ya se ha trabajado el conjunto MNIST en el capítulo anterior, por lo que la definición de los datos simplemente se hace con el siguiente código (repetido):

```
import tensorflow as tf
import numpy as np
import matplotlib.pyplot as plt
import tensorflow.keras.datasets.mnist as mnist
from tensorflow.keras.utils import to_categorical

# Paso 1 | Definicion y datos del problema

(X, y), (X_test, y_test) = mnist.load_data()
(X_train, X_valid) = (X[:50000], X[50000:])
(y_train, y_valid) = (y[:50000], y[50000:])

X_train = X_train / 255.
X_valid = X_valid / 255.
X_test = X_test / 255.

# Convertir etiquetas en one-hot
temp = []

for i in range(len(y_train)):
   temp.append(to_categorical(y_train[i], num_classes=10))
y_train = np.array(temp)

temp = []
for i in range(len(y_valid)):
    temp.append(to_categorical(y_valid[i], num_classes=10))
y_valid = np.array(temp)

temp = []
for i in range(len(y_test)):
    temp.append(to_categorical(y_test[i], num_classes=10))
y_test = np.array(temp)
```

Es importante mencionar que con el código anterior se reserva un conjunto de prueba consistente en 10,000 observaciones.

Creación del modelo

El modelo de red convolucional de la Figura 7.9 se crea mediante el siguiente fragmento de código:

```
simple_CNN = tf.keras.models.Sequential([

        tf.keras.layers.Conv2D(filters=32,
        kernel_size=(3, 3),
        strides=(1, 1),
        padding='same',
        activation='relu',
        input_shape=(28, 28, 1)),

        tf.keras.layers.MaxPooling2D(2, 2),

        tf.keras.layers.Flatten(),
        tf.keras.layers.Dense(128, activation='relu'),
        tf.keras.layers.Dense(10, activation='softmax'),
])
simple_CNN.summary()
```

donde cada linea se detalla continuación:

1. La primera línea crea un modelo secuencial.
2. Luego se crean la capa convolucional. Aquí hay varios elementos de código para esta capa que hay detallar y explicar:
    - `tf.keras.layers.Conv2D()` es un objeto que crea una capa convolucional. A su vez, este objeto se inicia con diversos argumentos;
    - El argumento `filters=` de `Conv2D()` simplemente se refiere al total de filtros de los que consta nuestra capa convolucional. Luego, `kernel_size=(, )` describe el tamaño de estos filtros (especificado como tupla).
    - El argumento `strides=()` de `Conv2D()` hace la especificación de la stride a usar durante la operación de

convolución (también debe escribirse como una tupla).

- El argumento `padding=` de `Conv2D()` especifica la operación de padding o relleno para la convolución, el cual puede adoptar `'same'` para emitir una salida con mismo tamaño que la entrada o `'valid'` en caso de que no se genere relleno. Para nuestra red se usa `'same'`.

- El argumento `activation='relu'` de `Conv2D()` simplemente precisa el tipo de función de activación que se debe de hacer después de las operaciones de convolución. Se usa $ReLU$ para nuestra red.

- Finalmente `input_shape=(28, 28, 1)` es un argumento que especifica el tamaño de los datos que recibe la capa convolucional. Para el MNIST, por tratarse de imágenes en escala de grises de 28 por 28 pixeles, se detalla como `(28, 28, 1)`. Algo muy importante de este argumento es que sólo debe ir en la capa inicial que recibe los datos y no es necesario usarlo en el resto de las capas.

Debe de tenerse en cuenta que las lineas 3-8 corresponden a la especificación de una sola capa.

3. Después, se crea la capa de Max pooling. Es importante notar el tamaño de la ventana de esta operación, que en este caso es de 2×2.

4. La línea siguiente aplica `Flatten()` para aplanar y convertir la forma de los datos a vectores.

5. Luego se crea una capa densa de diez neuronas con función de activación $ReLU$.

6. Finalmente se usa la capa $SoftMax$ para clasificar los dígitos del MNIST.

Finalmente, al correr el código se genera el siguiente resultado del resumen del modelo convolucional para MNIST:

```
Model: "simple_CNN"
_________________________________________________________________
 Layer (type)                Output Shape              Param#
=================================================================
 conv2d (Conv2D)             (None, 28, 28, 32)        320

 max_pooling2d (MaxPooling2D  (None, 14, 14, 32)       0
 )

 flatten (Flatten)           (None, 6272)              0

 dense (Dense)               (None, 128)               802944

 dense_1 (Dense)             (None, 10)                1290

=================================================================
Total params: 804,554
Trainable params: 804,554
Non-trainable params: 0
```

Este resultado presenta la forma de las salidas, las cuales coinciden con las que se muestran en la Figura 7.9. También se debe notar que el total de parámetros del modelo de red convolucional asciende a 804,554; un modelo no necesariamente más pequeño que el de la red vista en el capítulo anterior, pero que, como se verá, sí es más preciso que ésta.

7.3.2. Compilar modelo

La red neuronal convolucional se entrenará utilizando entropía cruzada y descenso de gradiente estocástico como sigue:

```
simple_CNN.compile(loss='categorical_crossentropy',
                   optimizer='SGD',
                   metrics='acc')
```

Aquí vale la pena resaltar que también se usa la métrica *accuracy* para entrenamiento y validación. Un vistazo más cerca a este último fragmento de código nos hará caer en cuenta que es prácticamente igual que el usado para clasificación en el capítulo anterior.

7.3.3. Entrenar modelo

Para entrenar la red convolucional se destinarán veinte épocas y se almacenarán los datos concernientes al entrenamiento en la variable `perdida_CNN`. El siguiente fragmento de código cumple con dicho propósito:

```
perdida_CNN = simple_CNN.fit(X_train,
                             y_train,
                             epochs=20,
                             validation_data=(X_valid,y_valid)
                             )
```

Se entrenará al modelo con veinte épocas para efectos de comparación del mismo con respecto al modelo clasificador del MNIST con capas densas del capítulo 6.

7.3.4. Resultados

La evaluación del modelo de red convolucional simple para el conjunto de prueba se obtiene con el siguiente código:

```
test_error_CNN_simple = simple_CNN.evaluate(x=X_test, y=y_test)
print("La precisión es: %.4f" % test_error_CNN_simple[1])
```

Este código arroja el siguiente resultado:

```
313/313 [====] - loss: 0.0864 - acc: 0.9719
El accuracy es: 0.9719
```

En este resultado es posible observar que este modelo cuenta con un *accuracy* de aproximadamente 97 % para ambos conjuntos de entrenamiento y validación. Así mismo se presentan pérdidas menores a 0.1. Además, las figuras 7.10 y 7.11 representan la evolución de este desempeño.

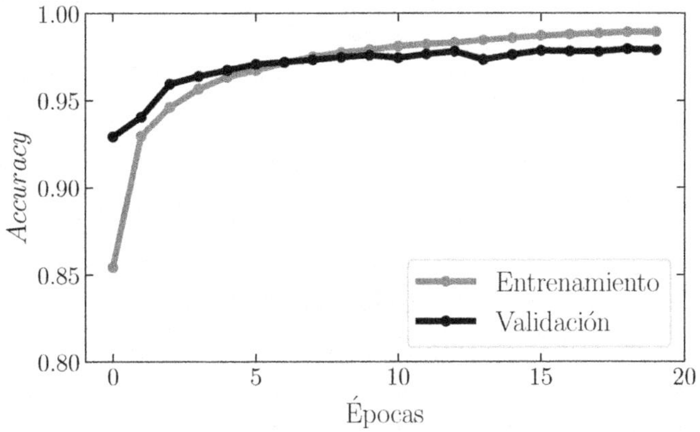

Figura 7.10: Resultados *accuracy* del modelo de red convolucional para el conjunto de datos MNIST.

Para los resultados mostrados en las figuras anteriores se puede decir que a partir de diez épocas de entrenamiento los modelos podrían presentar buenos resultados con reserva, sin embargo, el conjunto MNIST es relativamente sencillo. Estos resultados no serían, por ejemplo, fácilmente obtenibles en conjuntos donde las imágenes posean objetos de clasificación en color o fuera de centro. Para tales

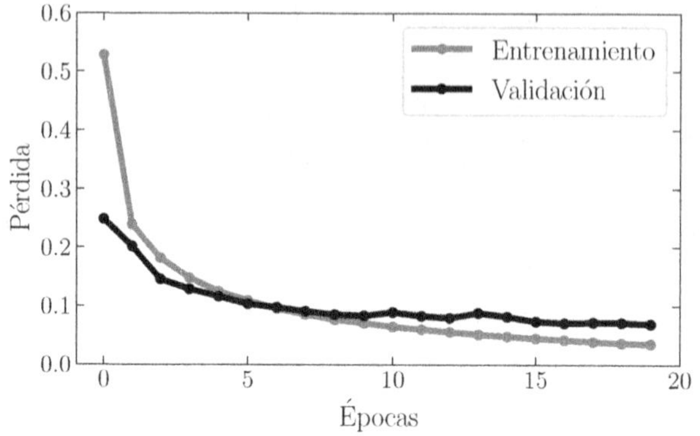

Figura 7.11: Resultados de pérdida modelo de red convolucional para el conjunto de datos MNIST.

casos, el uso de redes neuronales convolucionales más complejas puede ser llevado a cabo.

7.3.5. Enfoque de modelado con una variación de la red TinyVGG

En esta sección se trabajará el modelo conocido como *TinyVGG*, el cual corresponde a una arquitectura de más de una sola capa convolucional, y éste representa una versión reducida de la famosa arquitectura de red neuronal convolucional del tipo profunda VGG (Simonyan y Zisserman, 2014). En realidad, la arquitectura TinyVGG es presentada en el famoso sito web `https://poloclub.github.io/cnn-explainer/`, donde se presenta una red neuronal de clasificación con las capas ocultas que se muestran en la Figura 7.12.

Aquí se replicará TinyVGG para el conjunto MNIST, dejando todos los pasos igual con los que se construyó la red convolucional

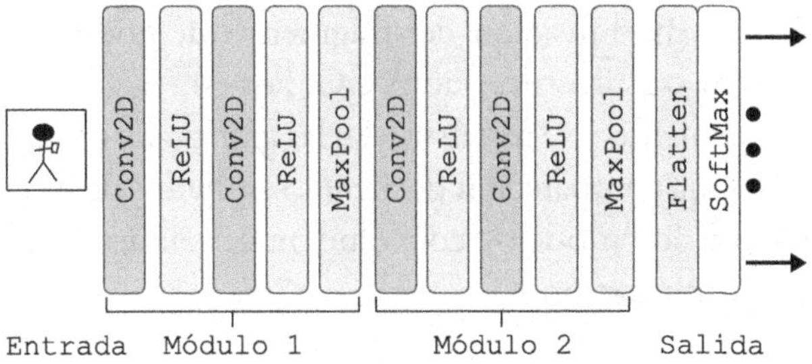

Figura 7.12: Arquitectura de la red TinyVGG (imagen creada a partir de la información reportada en Wang et al., 2021).

simple de la sección anterior, pero modificando solamente el siguiente fragmento de código relativo a la etapa de *creación del modelo*:

```
TinyVGG = tf.keras.models.Sequential([
  tf.keras.layers.Conv2D(filters=10,
                         kernel_size=(3, 3),
                         activation="relu",
                         input_shape=(28, 28, 1)),
  tf.keras.layers.Conv2D(filters=10,
                         kernel_size=(3, 3),
                         activation="relu"),
  tf.keras.layers.MaxPool2D(pool_size=2,
                            padding="valid"),
  tf.keras.layers.Conv2D(filters=10,
                         kernel_size=(3, 3),
                         activation="relu"),
  tf.keras.layers.Conv2D(filters=10,
                         kernel_size=(3, 3),
                         activation="relu"),
  tf.keras.layers.MaxPool2D(2),
  tf.keras.layers.Flatten(),
  tf.keras.layers.Dense(10, activation="softmax")])
TinyVGG.summary()
```

Esta última modificación del fragmento de código permitirá implementar la arquitectura TinyVGG. Por esta razón, se corre un nuevo entrenamiento y se reconstruyen las gráficas de entrenamiento y validación. Una comparación de dichos resultados de la TinyVGG con respecto a los modelos convolucionales de este capítulo se presentan a continuación.

7.3.6. Resultados

A efectos prácticos, la Figura 7.13 presenta las curvas de entrenamiento y validación de la pérdida en los modelos convolucionales de clasificación construidos para el conjunto MNIST. Se observa que realmente no hay mucha diferencia entre los mismos y TiniVGG es marginalmente superior a la arquitectura convolucional simple. En realidad, como se verá en el último capítulo, la ventaja de ésta se encuentra cuando hay conjuntos de datos un poco más complejos.

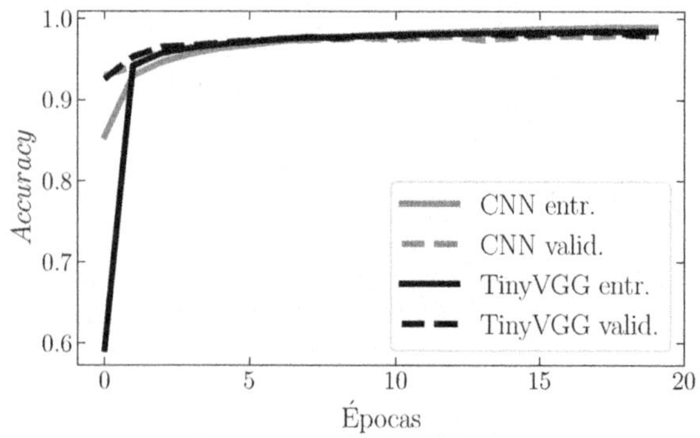

Figura 7.13: Accuracy de la red TinyVGG (Wang et al., 2021) y el modelo CNN simple. Donde: «entr.» es entrenamiento, y «valid.» es validación.

Cuando se comparan modelos, siempre es importante resumir los resultados de predicción de forma tabulada. Por ejemplo, la siguiente la Tabla 7.1 presenta un resumen de los modelos de clasificación del MNIST.

Modelo	Total de parámetros	Pérdida CE	$accuracy$ (%)
Red densa simple, 10 neuronas ocultas, cod. one-hot (Cap. 6)	7,960	0.24	93.11
Red densa simple, 10 neuronas ocultas, cod. por etiqueta (Cap. 6)	7,960	0.24	93.01
CNN simple, más capa densa de 10 neuronas ocultas, cod. one-hot	63,160	0.07	97.79
TinyVGG, cod. one-hot	4,440	0.05	98.46

Tabla 7.1: Resultado de los valores de pérdida y $accuracy$ para el conjunto de prueba de los modelos del MNIST. Donde: 'cod.' se refiere a la codificación de las etiquetas, y CE significa entropía cruzada.

Los resultados de la Tabla 7.1 son sorprendentes en lo que tiene lugar al tamaño de cada uno de los modelos respecto a su número de parámetros. Como se observa, TinyVGG es el modelo con menos parámetros, pero el que presenta mayor valor en $accuracy$ y menor pérdida. La razón estriba en que este último modelo no posee una capa densa previa a la capa $SoftMax$, por lo que el total de pesos y sesgos se reduce significativamente. Una razón del por qué es mejor que otros modelos a pesar de no tener o poseer capas densas previas a la capa de clasificación, repara en que los filtros de convolución hacen el trabajo de reconocimiento de las características del MNIST, por lo que se puede prescindir del reconocimiento global de las mismas. Sin embargo, esto último no significa, que todos los modelos de red convolucionales deben prescindir de capas densas para aumentar su desempeño; dependiendo del tipo de datos, habrá ocasiones en que valga la pena experimentar con arquitecturas que consideren su inclusión. Esto sucede en conjuntos con datos más complejos y ricos en detalle, así como de una estructura más grande que las imágenes en escala de grises (por ejemplo, imágenes a color).

La siguiente sección presenta cómo se tratan las imágenes a color y cómo se pueden modelar usando redes convolucionales. Se presenta también un último ejercicio de un conjunto de datos de imágenes más complejas y a color, las cuales pertenecen a diferentes clases de objetos observados en el día a día.

7.4. Representación tensorial de una imagen a color

Hasta esta sección se ha trabajado con imágenes en escala de grises y representadas individualmente por tensores de segundo orden. No obstante, el tratamiento de imágenes a color es diferente. Éstas últimas pueden ser descritas por su ancho, su alto y los **canales** de cada uno de sus colores. La Figura 7.14 presenta el ejemplo de una fotografía de una manzana mostrada en color en la parte central superior, que seguidamente se descompone en sus tres principales canales: rojo, verde y azul. Una vista detenida a las representaciones individuales de la manzana de dicha figura hará caer en cuenta de que la escala de grises en la que se muestran hace que existan diferencias entre cada una de éstas en lo que refiere al contraste de sus detalles. Esto quiere decir que una imagen a color puede representarse por tres tensores individuales de segundo orden. Uno por cada canal.

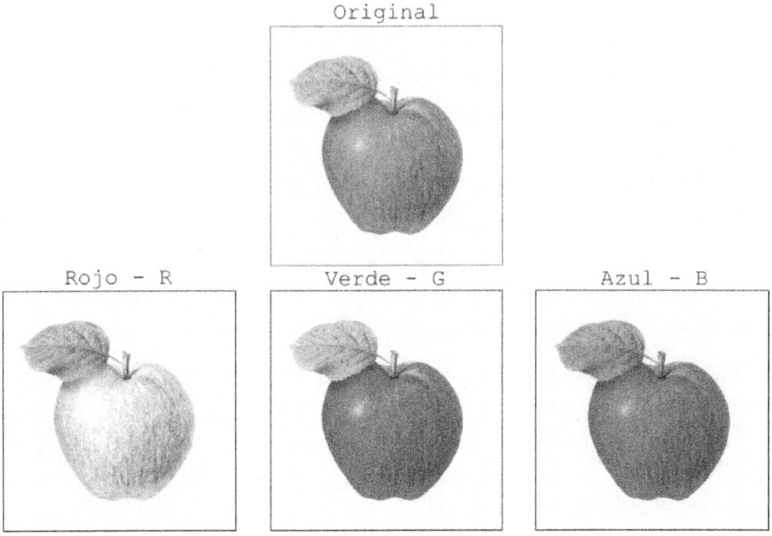

Figura 7.14: Separación de una imagen en sus canales rojo, verde y azul (RGB).

Una esquematización de la representación tensorial de la manzana mostrada en la Figura 7.14 se muestra en la Figura 7.15. En la última figura se observa que el tamaño de la imagen es de 378×376×3 pixeles (tres canales de color de 378 de ancho y 376 de alto). Así, por ejemplo, dicha imagen puede ser representada por su ancho, su alto y el número de su canal. En este caso, al rojo se le asigna el valor del cero, al verde el número uno y el azul el número dos. Por lo que la indización de la misma puede ser lograda especificando el canal C tal como se muestra en la siguiente figura.

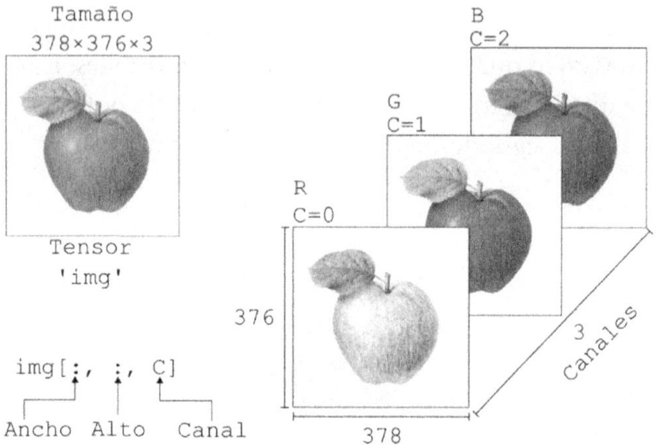

Figura 7.15: Representación tensorial de una imagen en Python.

En Python, el tratamiento y carga de imágenes, se hace a través del paquete *skimage*. Éste necesita la ruta al archivo de la imagen, la cual puede ser incluso una dirección web. Por ejemplo, para el caso de la manzana, el siguiente código accede al repositorio que la contiene y la almacena en un tensor NumPy:

```
import matplotlib.pyplot as plt
import numpy as np
from skimage import io

URL = "https://raw.githubusercontent.com/aerodriguezsanchez/
redes_neuronales_libro/main/apple.jpg"

img = np.array(io.imread(URL))
print(img.shape)
```

Al correr este último fragmento de código, su resultado arroja la forma del tensor en la que se almacena la imagen; es decir, la forma de la imagen de la manzana en tensor es de `(378, 376, 3)`. Así, se ve que el último número de esta tupla es 3, y es el que se asigna a los canales de la imagen, esto es, rojo, verde y azul. De hecho, es posible acceder a cada uno de estos canales usando el índice del último número de la tupla tal como se explica en la misma Figura 7.14. Más aún, usando Matplotlib, y escribiendo el siguiente código, es posible obtener cada uno de los canales para la imagen de la manzana:

```
fig, axes = plt.subplots(1, 4, figsize=(36, 20))
ax = axes.ravel()

ax[0].imshow(img)
ax[0].set_title("Original",  fontsize=25)
ax[1].imshow(img[:, :, 0], cmap='gray', interpolation=None)
ax[1].set_title("Rojo - R", fontsize=25)
ax[2].imshow(img[:, :, 1], cmap='gray', interpolation=None)
ax[2].set_title("Verde - G", fontsize=25)
ax[3].imshow(img[:, :, 2], cmap='gray', interpolation=None)
ax[3].set_title("Azul - B", fontsize=25)

for i in range(4):
    for axis in ['top', 'bottom', 'left', 'right']:
        ax[i].set_xticks([])
        ax[i].set_yticks([])
        ax[i].spines[axis].set_linewidth(1.5)
        ax[i].spines[axis].set_color("black")
        ax[i].spines[axis].set_zorder(0)

fig.tight_layout(pad=5, w_pad=5, h_pad=5)
plt.show()
```

Una imagen a color es, entonces, representada por un tensor de tercer orden; es decir, $W \times H \times C$, donde W es el ancho de la imagen, H es el alto, y C es el canal. Así, un ejemplar individual de imagen a color, puede ser descrito por la siguiente notación:[82]

$$\mathscr{A} = A_{WHC}. \tag{7.9}$$

[82]La notación de tensores de mayor orden puede consultarse en la sección 1.1.4 del Capítulo 1.

Esta diferencia en cuanto al orden tensorial por la que se representa una imagen a color respecto de una imagen a escala de grises es importante, pues ello implica que se requieren más filtros para crear modelos que efectivamente puedan reconocer características para los diversos canales de la misma. Aunque esto puede parecer complejo, en la práctica con TensorFlow y Keras se resuelve modificando y trabajando la forma de entrada que adopta la primera capa de un modelo convolucional (esto es, el argumento `input_shape` de la clase `layers` de Keras y TensorFlow). En la siguiente sección se presenta un último ejemplo de modelado de conjunto de datos de imágenes a color para efectos clasificación a través de un conjunto de imágenes a color.

7.5. Conjunto de datos CIFAR10

El conjunto de datos CIFAR10 fue publicado originalmente por Alex Krizhevsky en la Computer Science Faculty de la University of Toronto de Canadá (Krizhevsky, 2009), y hoy en día se encuentra como parte de uno de los conjuntos de trabajo de muchas librerías de Machine Learning y Deep Learning, entre ellas TensorFlow.

El CIFAR10 corresponde a conjunto de datos que consta de sesenta mil imágenes en color de 32×32 píxeles, pertenecientes a diez clases, con seis mil ejemplares de imágenes por cada clase. En este conjunto existen cincuenta mil imágenes de entrenamiento y se dedican diez mil imágenes para prueba. De esta manera, cada una de las imágenes del conjunto CIFAR10 pertenece a las siguientes clases:

1. Categoría `0`: `airplane` (avión).
2. Categoría `1`: `automobile` (automóvil).
3. Categoría `2`: `bird` (ave).

4. Categoría 3: `cat` (gato).
5. Categoría 4: `deer` (ciervo).
6. Categoría 5: `dog` (perro).
7. Categoría 6: `frog` (rana).
8. Categoría 7: `horse` (caballo).
9. Categoría 8: `ship` (barco).
10. Categoría 9: `truck` (camión).

Las categorías del CIFAR10 son mutuamente excluyentes, esto quiere decir que cada ejemplar de imagen pertenece a una y solamente a una de estas categorías. Por ello, y para efectos prácticos, se considerarán los números para codificar dichas categorías en vectores one-hot en vez de los nombres como se muestra en la lista anterior. Por ejemplo, en la Figura 7.16 se presentan cuatro ejemplares del conjunto CIFAR10. Tal como se observa, es claro que las imágenes corresponden a las siguientes categorías (en orden de izquierda a derecha): camión (9), camión (9), ciervo (4), automóvil (1).

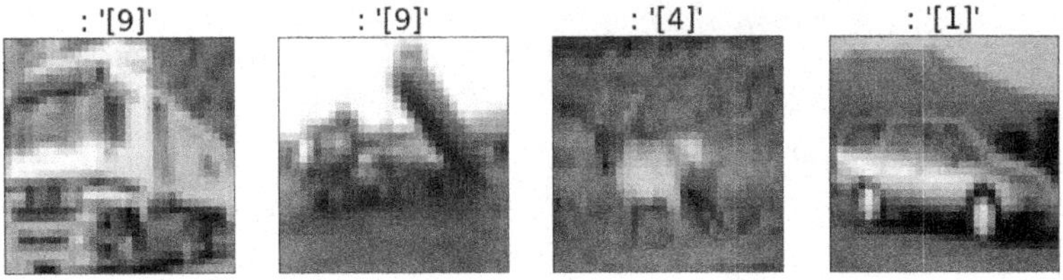

Figura 7.16: Tres ejemplares del conjunto CIFAR10. Nota: arriba de cada imagen se indica la categoría a la que pertenece cada ejemplar.

Sobre la Figura 7.16, usando un vector one-hot, la cuarta imagen, de izquierda a derecha, vería su categoría codificada como sigue:

$$[0,\ 1,\ 0,\ 0,\ 0,\ 0,\ 0,\ 0,\ 0,\ 0]^{\top} \tag{7.10}$$

Es decir, no la posición de la categoría automóvil ocupa el segundo lugar en un vector one-hot (la categoría 0, avión, ocuparía un 1 en la primera posición). Con estas bases, entonces se verá cómo modelar dicho conjunto de datos en TensorFlow.

7.6. Enfoque de modelado del conjunto de datos CIFAR10

Los siguientes pasos describen el proceso de modelado del conjunto CIFAR10 en TensorFlow a través de una red neuronal convolucional basada en VGG:

1. *Definición y datos del problema.*
2. *Creación del modelo.*
3. *Compilar modelo.*
4. *Entrenar el modelo.*

Estos pasos acotan de manera sucinta el enfoque que se persigue aquí para modelar el conjunto de datos CIFAR10. El código para cada uno de ellos se presenta a continuación.

7.6. Enfoque de modelado del conjunto de datos CIFAR10

7.6.1. Definición y datos del problema

Como se mencionó arriba los datos CIFAR10 ya se encuentran separados en conjuntos de entrenamiento y prueba. No obstante, al igual que en el caso del conjunto MNIST, no existe un conjunto de validación, por lo que se creará el mismo. También se normalizarán todos los valores al dividir los conjuntos entre el valor de 255. Finalmente, se codificarán las etiquetas por medio de vectores one-hot. Las librerías y módulos que se utilizarán son los siguientes:

```
import numpy as np
import tensorflow as tf
import matplotlib.pyplot as plt
import pandas as pd
import tensorflow.keras.datasets.cifar10 as cifar10
from tensorflow.keras.utils import to_categorical
from sklearn.metrics import confusion_matrix
from sklearn.metrics import ConfusionMatrixDisplay
```

Luego, la partición y creación de los conjuntos de entrenamiento, validación y prueba se obtienen mediante el siguiente fragmento de código:

```
(X, y), (X_test, y_test) = cifar10.load_data()
(X_train, X_valid) = (X[:40000], X[40000:])
(y_train, y_valid) = (y[:40000], y[40000:])

X_train = X_train / 255.
X_valid = X_valid / 255.
X_test = X_test / 255.
```

En cuanto a la conversión de las etiquetas a vectores del tipo one-hot, se recurrirá al fragmento de código también usado en el conjunto MNIST:

```
# Convertir etiquetas en one-hot
temp = []

for i in range(len(y_train)):
    temp.append(to_categorical(y_train[i], num_classes=10))
y_train = np.squeeze(np.array(temp))

temp = []
for i in range(len(y_valid)):
    temp.append(to_categorical(y_valid[i], num_classes=10))
y_valid = np.squeeze(np.array(temp))

temp = []
for i in range(len(y_test)):
    temp.append(to_categorical(y_test[i], num_classes=10))
y_test = np.squeeze(np.array(temp))
```

Estos tres fragmentos de código preparan los datos CIFAR10 para poder construir un modelo con ellos.

7.6.2. Creación del modelo

Se considera una red neuronal convolucional TinyVGG; la diferencia respecto a la arquitectura usada para MNIST se centrará sólo en hacer un cambio al argumento `input_ shape` de la primera capa, pues éste se modificará para que admita datos de tamaño 32×32. El modelo para el conjunto de datos CIFAR10 es básicamente la red neuronal TinyVGG:

```
CifarTinyVGG = tf.keras.models.Sequential([
    tf.keras.layers.Conv2D(filters=10,
                           kernel_size=(3, 3),
                           activation="relu",
                           input_shape=(32, 32, 3)),

    tf.keras.layers.Conv2D(filters=10,
                           kernel_size=(3, 3),
                           activation="relu"),

    tf.keras.layers.MaxPool2D(pool_size=2,
                              padding="valid"),

    tf.keras.layers.Conv2D(filters=10,
                           kernel_size=(3, 3),
                           activation="relu"),

    tf.keras.layers.Conv2D(filters=10,
                           kernel_size=(3, 3),
                           activation="relu"),

    tf.keras.layers.MaxPool2D(2),
    tf.keras.layers.Flatten(),
    tf.keras.layers.Dense(10, activation="softmax")
])
```

Hay una diferencia muy importante en el fragmento de código anterior. Esta corresponde a los valores del argumento que controla la forma de la entrada en la primera capa convolucional `tf.keras.layers.Conv2D()`. Esto es, argumento `input_shape=(32, 32, 3)`. La forma `(32, 32, 3)` se modifica, porque se debe especificar efectivamente la forma de los tensores del conjunto CIFAR10, que en este caso son 32×32 pixeles y tres canales para cada uno de los colores rojo, verde y azul.

7.6.3. Compilar modelo

Se usará la métrica de `accuracy`, y la función de costo `categorical_crossentropy` para las etiquetas del tipo one-hot. Luego se usará el algoritmo de descenso de gradiente estocástico (`'SGD'`). Así, la compilación del modelo corre a cargo del siguiente código:

```
CifarTinyVGG.compile(loss='categorical_crossentropy',
                     optimizer='SGD',
                     metrics='acc')
```

Es importante mencionar que siempre es deseable implementar la función de entropía cruzada, utilizada en este caso, en combinación con codificación one-hot.

7.6.4. Entrenar modelo

Para esta etapa se usarán cien épocas de entrenamiento. Además, dado que el conjunto de datos CIFAR10 es ciertamente más complejo que el MNIST, en referencia al tamaño de sus ejemplares, entonces se entrenará la red con cien épocas:

```
perdida_TinyVGG = CifarTinyVGG.fit(X_train,
                                   y_train,
                                   epochs=100,
                                   validation_data=(X_valid, y_valid))
```

El tiempo de entrenamiento tendrá una duración diferente de acuerdo con el setup que se posea. En este caso, el conjunto de datos CIFAR10 es grande, por lo que, dependiendo del equipo de procesamiento, el entrenamiento pudiese extenderse hasta dos horas.

7.6.5. Resultados

La Figura 7.17 muestra el desempeño de la red neuronal en términos de la pérdida por entropía cruzada creada para el CIFAR10. Aquí es importante observar que dicho modelo tiende a estabilizar el error alrededor de cien épocas. Se observa que el entrenamiento es saludable, puesto que la curva de validación sigue la misma tendencia a la curva de entrenamiento y no hay una anomalía significativa que resaltar.

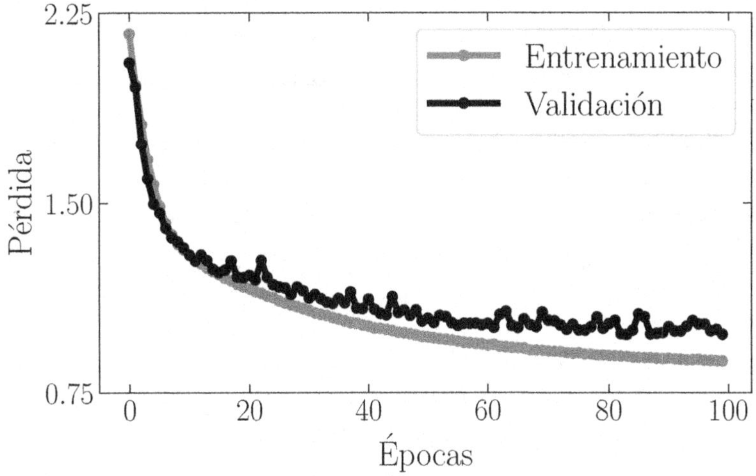

Figura 7.17: Curvas de entrenamiento y validación del modelo TinyVGG para el conjunto CIFAR10.

La Figura 7.18 presenta las curvas de la *accuracy* del modelo. Aunque el modelo que se analiza es una red convolucional, aquí se observa que éste no puede sobrepasar un valor por encima del 70 % de la métrica *accuracy*. Sobre esto debe tenerse en cuenta que el conjunto CIFAR10 es ciertamente complejo, pues contrario al

MNIST, los objetos que ahí se contienen presentan variaciones tanto en localización como color de los mismos.

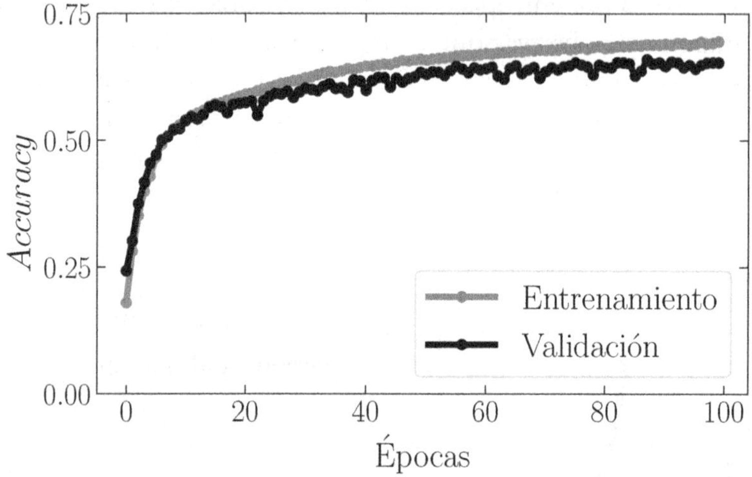

Figura 7.18: Curvas de entrenamiento y validación del modelo TinyVGG para el conjunto CIFAR10.

Además, corriendo el siguiente fragmento de código, es posible conocer el valor la *accuracy* para el conjunto de prueba:

```
test_error_TinyVGG = CifarTinyVGG.evaluate(x=X_test, y=y_test)
print("El accuracy es: %.4f" % test_error_TinyVGG[1])
```

El cual da un valor de $accuracy_{prueba} \approx 0.63$. Además, haciendo una inferencia para estimar las tres primeras imágenes del conjunto de prueba con el siguiente código:

```
y_estim = CifarTinyVGG.predict(X_test)
y_estim = np.argmax(y_estim, axis=1)

fig, axes = plt.subplots(ncols=3, sharex=False,
                         sharey=True, figsize=(20, 4))
for i in range(3):
    axes[i].set_title("y_estim: '{}'".format(y_estim[i]),
                      fontsize=35)
    axes[i].imshow(X_test[i], cmap='gray')
    axes[i].get_xaxis().set_visible(False)
    axes[i].get_yaxis().set_visible(False)
plt.show()
```

Con éste anterior código, se obtiene la Figura 7.19, la cual presenta las categorías de CIFAR10 estimadas por el modelo. Es posible observar que, efectivamente, el modelo predice las categorías de manera exitosa. No obstante, los resultados de la *accuracy* y la pérdida de arriba no podrían apoyar a concluir que la red neuronal es exitosa, pues alrededor de un 40 % de estimaciones son erróneas. Esto último puede analizarse con mayor detalle a través de una matriz de confusión.

Figura 7.19: Estimaciones de las categorías del conjunto CIFAR10 a través del modelo de red neuronal convolucional TinyVGG.

Para generar una matriz de confusión, toda vez entrenado el modelo, puede correrse el siguiente fragmento de código:

```
m_c = confusion_matrix(np.argmax(y_test, axis=1), y_estim)

plt.rcParams.update(plt.rcParamsDefault)

categorias = ['0', '1', '2', '3',
              '4', '5', '6', '7',
              '8', '9']
plt.rcParams.update({'font.size': 15})
plt.rcParams['font.family'] = 'monospace'

graf = ConfusionMatrixDisplay(confusion_matrix=m_c,
                              display_labels=categorias,
                              )

fig, ax = plt.subplots(figsize=(10, 10))
graf.plot(ax=ax, cmap='gray_r')

plt.xlabel("Estimación")
plt.ylabel("Etiqueta real")

plt.plot()
plt.show()
```

Lo cual arroja una imagen similar a la mostrada en la Figura 7.20. Analizando esta matriz, es posible caer en cuenta que, efectivamente, existen muchas clasificaciones erróneas. Por ejemplo, la categoría *bird* (2) es 106 veces confundida con la categoría *airplane* (0) en las estimaciones del modelo; así mismo, la categoría *ship* (8) es confundida 133 veces por *airplane*. Por esta razón se concluye que TinyVGG no es capaz de distinguir otras categorías con tanta efectividad. Es decir, no es un buen modelo para el CIFAR10.

El conjunto de datos CIFAR10 continúa siendo objeto de investigación en la comunidad científica, dado que emergen constantemente tecnologías innovadoras y modelos más sofisticados que buscan optimizar la clasificación de sus categorías. Por consiguiente, no resulta sorprendente que la arquitectura TinyVGG haya demostrado un rendimiento subóptimo en este contexto, ya que son las redes neuronales profundas del Deep Learning las que

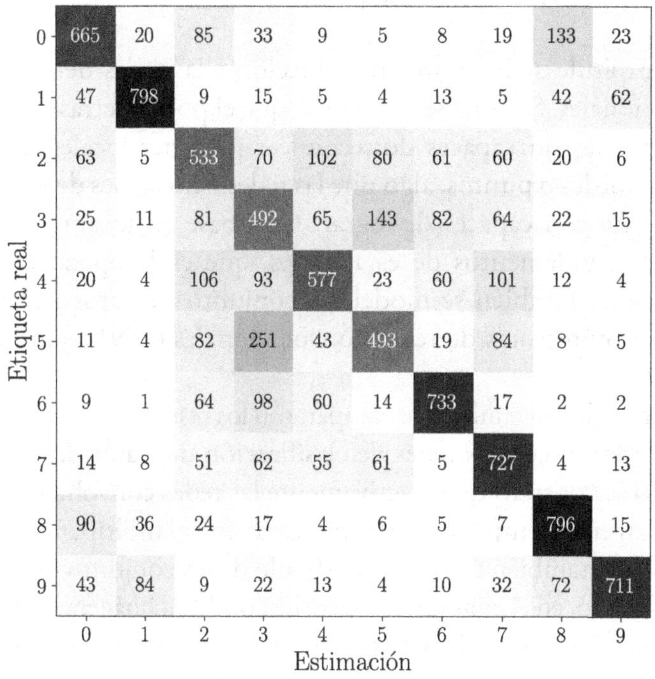

Figura 7.20: Matriz de confusión del modelo TinyVGG para CIFAR10.

han mostrado resultados más prometedores en la tarea. En el capítulo final, se discutirán algunas de las arquitecturas de vanguardia en redes neuronales profundas, las cuales han exhibido un desempeño significativamente superior en conjuntos de datos como CIFAR10.

7.7. Resumen del capítulo

En este capítulo se hizo una introducción a las redes neuronales convolucionales. Se vio y se mencionó que el poder detrás de éstas reside en que son capaces de reconocer patrones locales, como texturas, bordes o puntos, algo que las redes neuronales de previos capítulos no son capaces de lograr. Con base en lo anterior, se vieron los fundamentos de estas redes, que es la operación de convolución. También se modeló el conjunto de datos MNIST con dos arquitecturas de redes convolucionales (CNN s-imple y TinyVGG).

En este capítulo también se compararon los resultados de las redes convolucionales con las redes de clasificación del capítulo previo, y con ello se constató que efectivamente las redes convolucionales sobrepasan en desempeño a redes básicas como el multiperceptrón. Sin embargo, también se hizo el modelado de un conjunto de datos más sofisticado, en el cual sus datos corresponden a imágenes a color, por lo que se introdujo el cómo representar este tipo de información en forma tensorial.

Aunque las redes neuronales convolucionales son poderosas, también requieren más recursos y mayor tiempo para ser entrenadas. Este capítulo cierra con una red convolucional básica (TinyVGG), y esto se hace a manera de introducción de las redes del tipo profundo, que en la actualidad sin modelos más sofisticados para clasificación y otras tareas que se basan en capas densas y convolucionales. En concreto, éstos últimos modelos pertenecen al círculo del Deep Learning, el cual ha visto mucho desarrollo desde el año 2014, pero exige mayor especialización y complejidad en cuanto a recursos y diseño de arquitecturas que aquí no se cubren.

7.8. Problemas

7.1. La siguiente tabla detalla la arquitectura LeNet-5, creada y desarrollada por el científico Yann LeCun y su equipo (1998) para el conjunto MNIST:

Capa	Tamaño	Filtros	Tamaño de filtro	Stride	Función de activación
Iimagen (entrada)	32×32	–	–	500	–
`Conv2D`	28×28	6	5×5	1	`tanh`
`AveragePooling2D`	14×14	6	2×2	2	`tanh`
`Conv2D`	10×10	16	2×2	1	`tanh`
`AveragePooling2D`	5×5	16	2×2	2	`tanh`
`Conv2D`	1×1	120	5×5	1	`tanh`
`Dense`	84	–	–	–	`tanh`
`Dense` (salida)	10	–	–	–	`softmax`

Arquitectura de red convolucional LeNet-5.

Desarrolle un modelo basado en LeNet-5 en TensorFlow y entrene durante 20 épocas usando el algoritmo Adam, con una tasa de aprendizaje predeterminada y la métrica *accuracy* para entrenamiento y validación. Guarde el modelo como `lenet-5_MNIST.H5` y obtenga una matriz de confusión para el conjunto de validación.

7.2. Construya un nuevo programa para implementar LeNet-5 para modelo del conjunto de datos CIFAR10 a partir de las especificaciones dadas en el Problema 7.1. Guarde el modelo como `lenet-5_CIFAR10.H5` y compare sus resultados con TinyVGG. ¿Qué modelo es mejor para el CIFAR10?

7.3. Elabore un nuevo programa para implementar LeNet-5 para modelo del conjunto de datos CIFAR10 a partir de las especificaciones dadas en el Problema 7.1. Guarde el modelo como `lenet-5_CIFAR10.H5` y compare sus resultados con TinyVGG. ¿Qué modelo es mejor para el CIFAR10?

7.4. Investigue sobre la arquitectura AlexNet, creada por el científico Alex Krizhevsky y sus colaboradores (2012). Luego, implemente dicha arquitectura en TensorFlow para el conjunto de datos CIFAR10, usando las especificaciones de entrenamiento del Problema 7.1. Finalmente, compare sus resultados con los obtenidos por TinyVGG y LeNet-5. ¿Cuál de todos estos modelos es el mejor para el caso de CIFAR10 bajo dichas especificaciones?

Capítulo 8

Aplicaciones avanzadas

«Predecir es bastante difícil, especialmente sí se hace sobre el futuro».

Niels Bohr (1885 - 1962).

El empleo de redes neuronales artificiales en el ámbito de las aplicaciones informáticas y en investigaciones científicas ha experimentado un crecimiento exponencial en años recientes (véase, Kurenkov, 2020; Emmert-Streib et al., 2020). Ello implica, y entraña al mismo tiempo, una refinación y sofisticación, así como crecimiento de las arquitecturas con las que se construyen modelos para aplicaciones que van más allá de la regresión y la clasificación vistas en los capítulos anteriores (Wu et al., 2017; Canziani et al., 2016; Xu et al., 2018). En este último capítulo se abarcará la mención de algunas de las aplicaciones avanzadas de las redes neuronales.

El objetivo de este capítulo es hacer mención de qué hay más allá de los fundamentos y aplicaciones base que ya se han abordado anteriormente, así como lo que rige a muchos de los sistemas modernos basados en redes neuronales artificiales. No se verá aquí la parte matemática de los modelos más sofisticados; por esto, al final del capítulo se ha dedicado una sección con recomendaciones de literatura y artículos base de estas aplicaciones avanzadas que espero sirvan a los interesados para emprender su propio camino más allá de los fundamentos y los principios de las redes neuronales artificiales.

8.1. Deep Learning

El **Deep Learning** es un área que se circunscribe dentro del Machine Learning tal como se había ya esquematizado en la Figura 3 de la parte introductoria de esta obra, la cual consiste fundamentalmente en modelos de redes neuronales artificiales de múltiples capas ocultas (LeCun et al., 2015; Goodfellow et al., 2016; Skansi, 2018). Sobre la clasificación respecto del número sobre el cual se considera un modelo del tipo profundo o no, diversos estudios y fuentes refieren que a partir de tres o más capas ocultas una red neuronal es del tipo profunda (véase usos y definiciones en los trabajos de, por ejemplo, Kavlakoglu, 2020; Stillman y Neu, 2022; Yao et al., 2012; Rezvy et al., 2019). En realidad, el concepto de *profundo* también hace referencia a la representación de los datos que se logran al incorporar múltiples capas ocultas requeridas para el caso de satisfacer la demanda de precisión de una aplicación Goodfellow et al. (2016); el total de capas ocultas en una red neuronal determina la profundidad de un modelo de redes neuronales artificiales (Alzubaidi et al., 2021; Chollet, 2017).

Aunque en capítulos anteriores ya se han visto modelos simples con una sola capa que pueden hacer predicciones bastante aproximadas de un conjunto de datos, lo cierto es que cuando se implementan capas ocultas adicionales, éstas pueden ayudar a optimizar y refinar con precisión el rendimiento de un modelo. De hecho, en el capítulo anterior se han visto arquitecturas de red neuronal de tipo profundas para los conjuntos de datos del MNIST y CIFAR-10. Particularmente, una de ellas presentó la mayor *accuracy* y la menor pérdida para el conjunto de datos MNIST. Esta red fue la que se construyó con base en la arquitectura TinyVGG. Dicha arquitectura da muestra del poder de precisión en predicción cuando se juntan varias capas ocultas. He ahí el porqué de la potencia de los modelos del Deep Learning.

Se podría pensar que la definición anterior de Deep Learning es laxa, pues tiene diversos grados de libertad que no encierran el concepto a plenitud; sin embargo, lo importante es que en la práctica todo modelo de red neuronal acotado al Deep Learning puede definirse por su número de capas ocultas (LeCun et al., 2015). Esta categoría apoya a los iniciados en las redes neuronales artificiales a identificar cuando un modelo es de un tipo en particular. Esto es muy importante, porque a pesar de tener una capacidad alta de predicción, los modelos del Deep Learning generalmente consumen más recursos y tiempo para su entrenamiento.

En efecto, las arquitecturas de Deep Learning impulsan numerosas aplicaciones y servicios de inteligencia artificial que se han desarrollado y explotado desde el año 2010, llevando a cabo tareas analíticas y físicas en las cuales la intervención humana es mínima o inexistente (Pierson y Gashler, 2017). Estas arquitecturas se encuentran detrás de productos y servicios cotidianos, así como de tecnologías emergentes, como la conducción autónoma de vehículos (Huang y Chen, 2020). De esta forma, se podría afirmar que en los últimos años, el Deep Learning ha sido un agente transformador clave para avanzar en el desempeño de los sistemas de visión por computadora.

De hecho, las aplicaciones de *visión por computadora* más avanzadas son casi inseparables del Deep Learning, porque la *clasificación*, la *detección* y la *segmentación de objetos*, siendo aplicaciones avanzadas de redes neuronales, están íntimamente ligadas a arquitecturas sofisticadas que poseen múltiples capas ocultas y configuraciones ciertamente complejas. En la siguiente sección se mencionarán algunas de estas aplicaciones y se hace referencia a los modelos fundacionales de las mismas.

8.2. Visión por computadora

El reconocimiento y la localización de objetos en imágenes representaba desde los años setenta uno de los problemas complejos dentro del área conocida como **visión por computadora** (Szeliski, 2011). Actualmente existen diferentes enfoques para abordar este problema por medio del uso e implementación de redes neuronales convolucionales circunscritas a la categoría del Deep Learning.

La visión por computadora[83], adopta un enfoque en que el objetivo es desarrollar modelos del Machine Learning, incluidas las redes neuronales artificiales, para analizar información y entornos dinámicos y realistas. Las tareas que realizan los modelos y algoritmos más comunes al interior de esta rama son las siguientes:

(i) *Clasificación de objetos.*

(ii) *Detección de objetos.*

(iii) *Segmentación de objetos.*

[83] También conocida en la literatura como *visión por ordenador*.

Estas tareas pueden combinarse para ser usadas, por ejemplo, en las áreas de la conducción autónoma (Huang y Chen, 2020), la robótica (Pierson y Gashler, 2017; Zhang y Mo, 2021), el diagnóstico médico (Yang et al., 2021; Shehab et al., 2022; Egger et al., 2022), astronomía (Baron, 2019) o los videojuegos (Skinner y Walmsley, 2019; Justesen et al., 2020; Shao et al., 2019). Muchas de estas aplicaciones basan su funcionamiento en estos tres tipos de objetivos, para los cuales se menciona su definición y se da un poco de contexto sobre su funcionamiento en las siguientes secciones.

8.2.1. Detección de objetos

La **detección de objetos** es una tarea que ejecuta un modelo, en la cual éste detecta diferentes objetos en una imagen y luego da respuesta de su localización mediante un indicador o marcador, como lo puede ser un recuadro en la imagen. Así, dada una imagen o fotogramas de un vídeo, un modelo de detección de objetos puede identificar cuál de un conjunto conocido de objetos podría estar presente para subsecuentemente proporcionar información sobre su posición.

Un ejemplo claro de detección de objetos se muestra en la Figura 8.1, donde en una fotografía se muestran diferentes objetos, entre los que se destacan automóviles. En este ejemplo, el modelo es capaz de generar una *caja delimitadora*[84] que encierra los objetos con mayor probabilidad de ser clasificados por la clase de automóvil. En este caso, es crucial destacar la capacidad del mencionado modelo para discriminar otros objetos dentro de la misma fotografía, como arbustos, aceras o personas. De hecho, en la tarea de detección de objetos, se preferirá entrenar un modelo para realizar detecciones selectivas como estas o, en cambio, para llevar a cabo una detección más general.

[84] Traducción directa del término en inglés *bounding box*.

Figura 8.1: Detección de automóviles presentes en una imagen. Se observa que el modelo es capaz de clasificar con diferentes porcentajes de aserción a cada uno de éstos.[85]

Los orígenes de la detección de objetos se pueden remontar al trabajo publicado por Girshick et al. (2013), donde se menciona el modelo capaz de lograr una detección de objetos, al cual los autores nombraron como *Region-based CNN* o *R-CNN*, porque entre sus elementos incorpora un módulo que contiene un algoritmo de búsqueda selectiva para generar propuestas de regiones independientes de una categoría, que representan el conjunto de detecciones candidatas disponibles para el detector de objetos. Tal modelo también incorpora clasificadores como redes del tipo VGG. Por ejemplo, la Figura 8.2 muestra la arquitectura principal de una red R-CNN para el caso hipotético de detección del tipo de piezas en una tarjeta electrónica.

[85] «*City Street with Traffic in Barcelona*». Imagen CC0. Adaptada y procesada por modelos de detección de su original. `flic.kr/p/tf1t5a`.

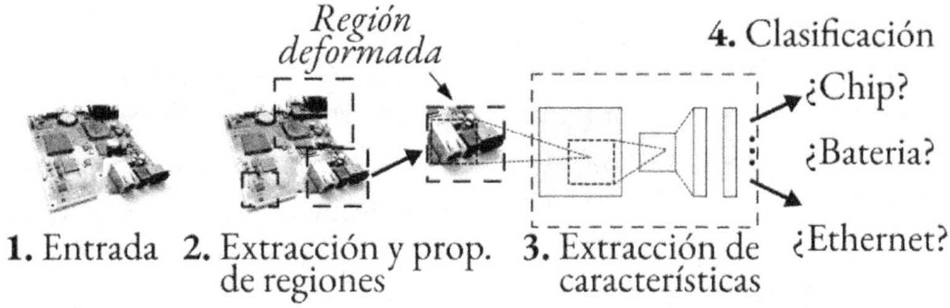

Figura 8.2: Ejemplo de arquitectura R-CNN.

Otros modelos que se pueden considerar básicos y primigenios para la detección de objetos son los siguientes:

- Fast R-CNN (Girshick et al., 2013; Girshick, 2015).
- Faster R-CNN (Ren et al., 2015).

Tanto Fast R-CNN como Faster R-CNN son evoluciones directas del trabajo propuesto por Girshick et al. (2013), y forman parte de los primeros trabajos en los que se automatizó la detección de objetos por medio de redes neuronales artificiales. Naturalmente, después de estas arquitecturas siguieron otras, y a inicios de la década del 2020, el desarrollo de modelos más eficientes y con mejor precisión ha sido continúa, actualmente hay mucha información sobre modelos que desarrollan y ejecutan tareas de detección de objetos. Ejemplos más recientes de modelos y arquitecturas destinados para la detección de objetos son las variantes YOLO (Redmon et al., 2015; Jiang et al., 2022), EfficientDet (Tan et al., 2019), o Transformadores SWIN (Liu et al., 2021). Todos estos últimos modelos son avanzados y tienen arquitecturas especializadas, por lo que se recomienda revisar las referencias de los mismos.

8.2.2. Segmentación de imágenes

La **segmentación de imágenes** es una tarea que consiste en dividir imágenes, o fotogramas de un vídeo, en múltiples segmentos, objetos y regiones, bien por la clase a la que pertenecen o por el número de las instancias de una clase del mismo objeto. Es decir, la tarea principal de la segmentación es descubrir los objetos presentes en una imagen al separarla en pixeles (Chowdhary et al., 2021). Por ejemplo, la Figura 8.3 presenta una fotografía que al ser alimentada en un modelo de segmentación se obtienen de ella algunos de los objetos que contiene, pues se segmentan los automóviles, los edificios, la carretera, el cielo y un árbol en regiones distintas. Además, la segmentación de objetos en una imagen puede dividirse principalmente en dos sub-tareas: segmentación semántica (Thoma, 2016), y segmentación de instancias (Hafiz y Bhat, 2020).

Figura 8.3: Segmentación objetos.[86]

[86] «*Segmentácia obrázku*» (Palac, 2020).Imagen CC BY-SA 4.0.

La **segmentación semántica** puede entenderse como la clasificación de los píxeles de una imagen, los cuales previamente se han etiquetado por indicadores llamados *etiquetas semánticas* y permiten identificar todos los objetos de una misma clase. Por ejemplo, la Figura 8.4 muestra la imagen de la segmentación semántica de gatos (parte derecha) que se muestra en una fotografía real (izquierda). Como se observa, todos los gatos, pertenecientes a una misma clase, son segmentados y reconocidos en la fotografía. Esto provee la ventaja de separar objetos que sean de particular interés en muchos sistemas de reconocimiento, como lo es en la robótica.

Figura 8.4: Ejemplo de segmentación semántica. Foto original a la izquierda y resultados de segmentación de la clase 'gato' a la derecha.

Por otra parte, la **segmentación por instancias** es una extensión de la segmentación semántica, pues detecta y delinea cada objeto de interés en una imagen. En la Figura 8.4 se muestra la misma imagen de los gatos, pero esta vez, cada uno de ellos es segmentado en un color diferente. Esto provee la capacidad no sólo de detectar y segmentar una clase de objetos en particular, sino dividirlos a cada uno de ellos.

[86]Fotografía de Dietmar Ludmann (2020). Licencia Unsplash. Adaptada de original. `unsplash.com/es/fotos/qs4j-39TaBQ`.

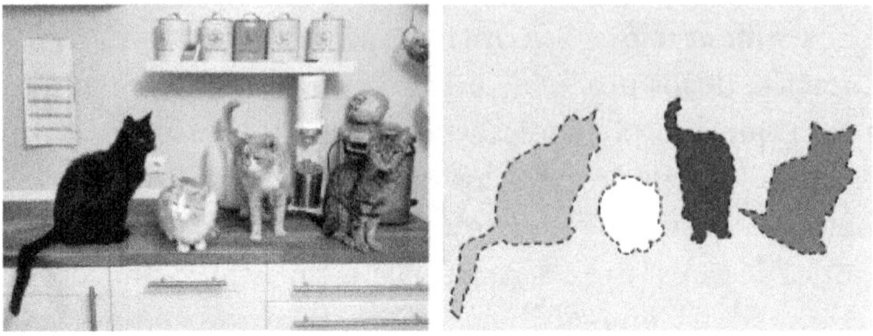

Figura 8.5: Ejemplo de segmentación de instancias. Foto original a la izquierda y resultados de segmentación de cada uno de los gatos a la derecha. Foto original por Ludmann (2020).

En años recientes, el Deep Learning ha jugado un rol muy importante en modelos de segmentación, pues éstos se construyen a partir de arquitecturas basadas en redes neuronales profundas. Se enlistan los modelos que se podrían considerar como fundacionales para este tipo de tareas:

- FCN (Long et al., 2014).
- SegNet (Badrinarayanan et al., 2015).
- U-Net (Ronneberger et al., 2015).
- Pyramid Scene Parsing Network, PSPNet (Zhao et al., 2016).
- Mask R-CNN (He et al., 2017).

Es importante mencionar que estos modelos entrañan arquitecturas no vistas en este libro, como lo son los *Autoencoders* (Bank et al., 2020) y los *Transformers* (Géron, 2017).

La clasificación, detección y segmentación de objetos son tareas que pueden usarse en combinación para potenciar aplicaciones relacionadas con la visión por computadora y su uso no está restringido a un área del conocimiento y tecnología específica, pues es posible encontrar tecnología en muchos campos, como la medicina, la exploración espacial o la robótica. Es probable, pues, que en el futuro con el desarrollo tecnológico y científico, estos modelos se conviertan ya no sólo en el fundamento, sino en parte del plan de estudio de programas de carreras relacionadas con el Machine Learning, la Inteligencia Artificial y la Ciencia de Datos. Por esta razón merecen ser disectados y examinados a profundidad en una obra aparte. Por la naturaleza breve de este capítulo, su mención aquí es suficiente y se recomienda a los lectores interesados seguir las fuentes y referencias que se mencionan en la última sección de este capítulo.

8.3. Redes neuronales recurrentes

Los conjuntos de datos usados en las aplicaciones de la regresión y la clasificación consistieron simplemente en pares ordenados del tipo $\{(\mathbf{x}^{(i)}, \mathbf{y}^{(i)})\}$ donde $\mathbf{x}^{(i)}$ representa las variables independientes que dan lugar a representar las observaciones $y^{(i)}$ de un fenómeno: objetivos de valor real continuos (caso de regresión), o clases a la que pertenecen el valor de las características en los datos (caso de clasificación). Más aún, para estas dos clases de observaciones se asumió que todas las i-ésimas $\mathbf{x}^{(i)}$ son independientes, y en las que no hay en realidad una relación que las defina. Sin embargo, no todo en la naturaleza y en los fenómenos cotidianos se puede adoptar a través de esta consideración, puesto que también existen otra clase de datos en los que, por el contrario, sí existe una dependencia y relación entre las características $\mathbf{x}$ de un conjunto de datos que entraña un orden y secuencia entre éstas. Cuando esto sucede se dice que tales los datos son *secuenciales*.

Los **datos secuenciales** se refieren a conjuntos de datos que contienen elementos ordenados en un dominio por lo que un par actual t, digamos $(x_t^{(i)} y_t^{(i)})$, tienen dependencia directa con pares de datos anteriores (por ejemplo $x_{t-1}^{(i)}, y_{t-1}^{(i)}$). En este caso se denomina a t como *timestep*, o paso de tiempo, pues generalmente el *orden secuencial* de esta clase de datos es equidistante y se asigna al dominio del tiempo (véase, por ejemplo, los datos de la Figura 8.6).

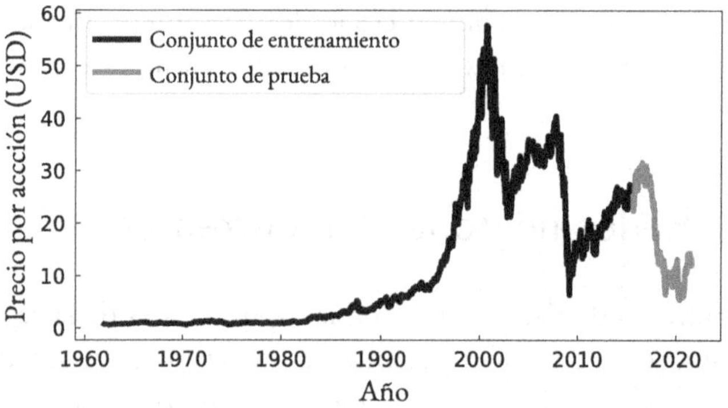

Figura 8.6: Ejemplo de datos secuenciales: precio por acción al cierre de una empresa indizada en el Dow Jones.

El modelado de datos secuenciales se hace a través de **redes neuronales recurrentes** (RNN). Las RNN son redes neuronales que se centran en el modelado del dominio secuencial de un conjunto de datos y su característica distintiva es que poseen la capacidad de enviar información a través de bucles y pasos temporales para captar toda la información almacenada en la secuencia de un par de datos anterior al actual. En otras palabras, una RNN aprovecha la información de una secuencia relativamente larga, ya que realizan las mismas tareas para cada elemento de la secuencia, con una salida que depende de todos los cálculos anteriores (de ahí el nombre de *recurrente*). Además, estas redes son capaces de recordar entradas anteriores y utilizar esta información para procesar entradas futuras. Como tal, esto les da la capacidad de *recordar* un estado o contexto previos, que se actualizan en cada dato futuro a medida que se procesan nuevas entradas.

La Figura 8.7 muestra un diagrama muy simple de una RNN. De hecho, y por lo descrito arriba, la unidad recurrente puede considerarse como una célula de memoria que guarda información de entradas anteriores. Luego, esta información se utiliza para procesar las entradas actuales y actualizar la red.

Figura 8.7: Diagrama de una red neuronal recurrente de una sola unidad recurrente.

Entre las aplicaciones más comunes de las RNN se encuentran las siguientes:

- Análisis de series en el tiempo para pronóstico (por ejemplo, el precio de una acción).
- Procesado de lenguaje natural (también conocido como NLP por sus siglas en inglés).
- Análisis de sentimiento en texto y audio.
- Generación y predicción de cadenas de texto.
- Traducción automática.
- Reconocimiento de voz.
- Composición musical.

Los datos que se muestran en la Figura 8.6, pueden usarse para trabajar modelos RNN. Por ejemplo, para la predicción del valor de la acción de una empresa industrial listada en el índice bursátil norteamericano Dow Jones. En este caso, a tal predicción se le conocería como *forecasting*, o pronóstico de valor,[87] pues tal precio varía en el tiempo y la relación que se pretende modelar con una red de este tipo es la que guardan los datos en un punto del tiempo con respecto a sus predecesores, para luego, tratar de pronosticar los del futuro.

Por otra parte, existen diversas clases de RNN, pero el modelo de memoria a corto plazo, LSTM por sus siglas del inglés (Van Houdt et al., 2020), y la unidad recurrente cerrada, GRU por sus siglas del inglés (Dey y Salem, 2017), son las variantes más populares de los métodos de aprendizaje basadas en redes recurrentes. Sin embargo, cabe señalar que en las aplicaciones reales estos modelos RNN tienen ciertas limitaciones en el sentido de que sólo pueden mirar unos pocos pasos hacia adelante o hacía atrás. Pero aun cuando los usos y aplicaciones de las RNN mencionados en la lista anterior parecen excitantes y emocionantes, estas redes y sus variantes entrañan múltiples técnicas, retos y enfoques para modelar datos. Una sección no es suficiente para describirlas a plenitud, por eso se sugiere revisar la última parte de este capítulo, donde se refiere a la literatura que considero más idónea para acercarse al tema.

---

[87] Llegados a este punto, vale la pena hacer una distinción —y también traducción al español— entre las diferentes adopciones del término *predicción* como es entendido en el Machine Learning y en las redes neuronales artificiales: (i) para la regresión, se *predice* un valor real; (ii) para la clasificación, se *estima* la clase a la que pertenecen ciertas características; y (iii) en series temporales, y también en datos secuenciales, se pueden *pronosticar* tanto valores reales o clases de un conjunto de datos (como el caso del valor de una acción). Los términos para estas aplicaciones del inglés son bien conocidos en la literatura y no deben confundirse entre sí: *prediction*, *estimation* y *forecasting*.

8.4. Literatura recomendada

Hay diversos tipos de arquitecturas y redes neuronales ausentes de mención en este libro y que además son parte esencial de modelos que cumplen tareas complejas como la segmentación de objetos o el procesado de lenguaje natural. Así, y por la naturaleza y el objetivo de la presente obra, considero que su estudio y examen requiere —y merece— una investigación y análisis que les revise a profundidad. Afortunadamente hay literatura que hace esto último dependiendo del modelo que se trate y esto da lugar precisamente a la razón de esta última sección.

La siguiente lista contiene las referencias que a mi juicio pueden servir a los lectores interesados en continuar su estudio en aplicaciones que van más allá de la clasificación y la regresión; aun cuando no existe un compendio de todas ellas, dependiendo del interés y la aplicación, vale la pena revisar su contenido, especialmente si se persigue rédito al aplicar un modelo en un campo específico:

1. Para Deep Learning, el libro de Goodfellow et al. (2016) es una excelente referencia que contiene la información necesaria sobre redes neuronales profundas y sus algoritmos en lo que refiere a su formalidad. Además, para el caso práctico se sugiere revisar el trabajo de Géron (2017).

2. En el caso de visión por computadora, la obra de Chowdhary et al. (2021) está dedicada al uso de Machine Learning y Deep Learning para aplicaciones específicas de la misma. En ello se mencionan las tareas vistas en este capítulo.

3. La literatura de las redes neuronales recurrentes es muy variada, atomizada y particular a ciertas aplicaciones, pero en lo general, para el caso de las matemáticas que las describen, se recomiendan la obra de Aggarwal (2022, caps. 7,8), y para el

caso práctico, la obra de Chollet (2017, caps. 10,11).

4. En general, se recomienda también desarrollar los tutoriales contenidos en la documentación oficial de TensorFlow: `tensorflow.org/tutorials`.

Con lo visto en este libro, le será posible abordar con mayor *comodidad* y facilidad los temas que presentan los trabajos de los autores mencionados en la lista anterior.

8.5. Problemas

8.1. En el contexto de los modelos de redes neuronales artificiales, ¿cuáles son las diferencias entre *predecir*, *estimar* y *pronosticar*?

8.2. Mencione un ejemplo de tipo de modelo de red neuronal artificial usado para pronosticar.

8.3. ¿Qué característica fundamental define las redes neuronales del tipo profundas?

8.4. Explique cuál es la diferencia entre *clasificación*, *detección* y *segmentación* en el contexto de la visión por computadora.

8.5. Explique cuál es la diferencia entre *segmentación de instancias* y *segmentación semántica* en el contexto de la visión por computadora.

8.6. Haga una búsqueda en internet y liste ejemplos, por su nombre, de modelos que sirvan para *clasificación*, *detección* y *segmentación*.

8.7. Si se pretendiera estimar la temperatura para dentro de cinco años en el futuro, y se contara con un conjunto de datos del comportamiento de la superficie del Sol, ¿a qué tipo de modelo basado en redes neuronales artificiales se recurriría y por qué?

Posfacio

«Lo que sabemos es una gota de agua. Lo que ignoramos es el océano».

Sir Isaac Newton (1643 - 1727).

A lo largo del tiempo dedicado al estudio y aplicación de las redes neuronales artificiales, he comprendido que es prácticamente imposible que una única obra abarque todos los tópicos y aplicaciones concernientes a estos modelos. De hecho, la bibliografía en el ámbito de las redes neuronales artificiales es vasta y extensa, existiendo incluso obras particularmente enfocadas en describir en profundidad segmentos especializados de conocimiento relacionados con estos modelos. Además, dados los avances observados en la década de 2020, esta tendencia podría mantenerse o incluso crecer de manera exponencial. En este sentido, la presente obra no se diferencia de tal panorama, pues su enfoque es específico y se circunscribe describir los aspectos más elementales de las redes neuronales contemporáneas.

En vista de que, día tras día, emergen nuevos estudios y técnicas concernientes a las redes neuronales artificiales, sostengo que es fundamental comprender la formalidad y las descripciones matemáticas que delinean los principios básicos de las mismas. Tal entendimiento posibilita el abordaje y análisis de los avances recientes en este campo. En otras palabras, la matemática subyacente a las redes neuronales artificiales constituye un pilar esencial para descifrar el universo que las envuelve, así como para captar el dinamismo inherente a su evolución. En este contexto, un paso crucial para disipar incertidumbres radica en la comprensión de la matemática y los algoritmos que caracterizan a estos modelos.

Esta obra tuvo el propósito de presentar a los lectores lo que considero es conocimiento clave para comprender las redes neuronales artificiales básicas desde una perspectiva formal y práctica. Desde luego existen temas y tópicos no vistos en el libro, como lo son, por ejemplo, las arquitecturas de los codificadores automáticos *Autoencoders*, las *Redes Generativas Antagónicas* (GAN), o el *Aprendizaje por Refuerzo*. También me parece oportuno reconocer el esfuerzo y dedicación de los lectores que han llegado hasta este punto, dado que abordar el estudio de las redes neuronales artificiales desde cero representa un desafío considerable. Como se ha evidenciado a lo largo de los capítulos, estos modelos engloban y amalgaman múltiples y variados aspectos del conocimiento humano, requiriendo de una sólida comprensión y perseverancia para su dominio.

Como comentario final, me gustaría expresar a Usted mi más sincera gratitud por el tiempo que reservó para leer y estudiar mi trabajo. Le extiendo una invitación a que sí así lo considera, y sí tiene dudas, comentarios o sugerencias, me escriba a la siguiente dirección: `alejandro@neuronal.red`. Estaré encantado de saber de Usted.

■

Apéndice A

Instalación de Python en Windows

De acuerdo con su sitio web oficial *"Python es un lenguaje de programación que permite trabajar más rápidamente e integrar sus sistemas de manera más efectiva"*. El poder del lenguaje tiene su lugar al permitir a programadores recién iniciados llevar a cabo desarrollo de programas de manera más rápida.

Para instalar Python en sistemas de Windows, diríjase al sitio web https://www.python.org/, y en la sección de **Downloads**, seleccione **Windows**. Luego dé clic en el botón indicado para descargar el paquete de instalación que contiene a Python. Una vez que haya descargado el instalador, ejecútelo el mismo para abrir su interfaz de instalación (véase Figura A.1.).

En este caso, asegúrese de seleccionar las dos casillas que se muestran en la primera ventana del instalador (`Install launcher for all users'` y *`Add Python 3.8 to Path`*). Después de ello se recomienda seguir las opciones predeterminadas que sugiere la interfaz.

Toda vez que Python se haya instalado, si siguió las instrucciones anteriores, será capaz de correr este desde una ventana de *símbolo del sistema* en Windows. Puede utilizar el buscador de Windows y

Figura A.1. Ejemplo de una interfaz de instalación de Python.

escribir directamente en ello la palabra `cmd` tal como se muestra en la Figura A.2. (esto funciona para Windows 10, sin embargo, en otras versiones, Usted puede utilizar la aplicación de `Ejecutar` y escribir el mismo comando ahí).

Una vez dentro de la ventana del `cmd`, ingrese la palabra `python` en minúsculas para poder acceder al **prompt** como >>>. Esto indica qué versión de Python ha instalado en su computadora.

Desde el **prompt**, ejecute la siguiente línea `print("Hola mundo")`. Sí Usted puede obtener esa frase, ha instalado `Python` en su sistema operativo.

Instalación de Python en MacOS

En el sistema operativo macOS, Python se encuentra instalado de manera predeterminada. Sin embargo, probablemente le interese actualizar la versión del mismo. Esto se lleva a cabo al descargar el archivo de instalación de este en el sitio web https://www.python.org/ siguiendo los pasos de instalación predeterminados.

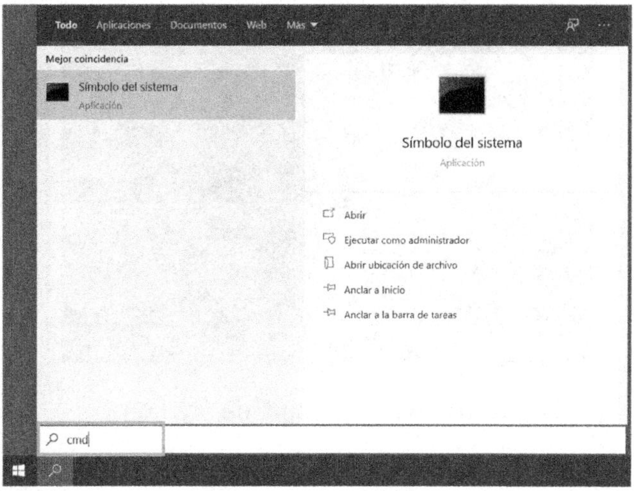

Figura A.2. Cómo abrir `cmd.exe` en Windows.

Instalación de NumPy, Pandas y Matplotlib

En esta sección se explica como instalar las bibliotecas NumPy y Matplotlib, las cuales se usan a lo largo del libro.

Instalación de NumPy

NumPy (de Numerical Python) es una biblioteca para el lenguaje de programación Python que añade soporte para la creación de matrices y estructuras de datos multidimensionales (como los tensores), junto con una gran colección de funciones matemáticas de alto nivel para operar sobre estos.

Para instalar NumPy, debe ir a `símbolo del sistema` a través de `cmd.exe` en Windows, o bien, usar la terminal de macOS por medio de: `Aplicaciones` ▷ `Utilidades` ▷ `Terminal`.

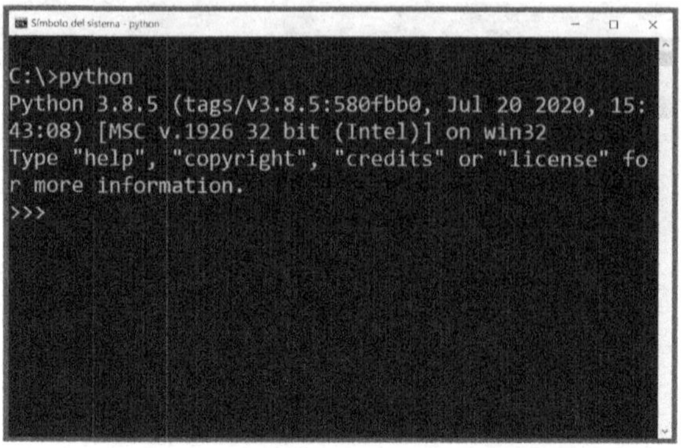

Figura A.3. Prompt de Python.

Una vez al interior de dicho entorno, deberá correr alguna de las siguientes líneas:

```
conda install numpy
```

o

```
pip install numpy
```

Tanto `conda` como `pip` se refieren a sistemas administradores de paquetes de Python, por lo que es esencial contar con alguno de ellos para instalar NumPy.

Instalación de Pandas

Pandas (de datos de panel) es una herramienta de análisis y manipulación de datos de código abierto rápida, potente, flexible y fácil de usar, construida sobre el lenguaje de programación Python.

Para instalar Pandas, debe ir a `símbolo del sistema` a través de `cmd.exe` en Windows, o bien, usar la terminal de macOS por medio de: `Aplicaciones` ▷ `Utilidades` ▷ `Terminal`. Una vez al interior de dicho entorno, deberá correr alguna de las siguientes líneas:

```
conda install pandas
```

o

```
pip install pandas
```

Instalación de Matplotlib

En el caso de la Matplotlib, ésta es una librería de graficado para el lenguaje de programación Python.

Para instalar Matplotlib, se require ir a un `símbolo del sistema` a través de `cmd.exe` en Windows, o bien, usar la terminal de macOS por medio de: `Aplicaciones` ▷ `Utilidades` ▷ `Terminal`. Una vez al interior, deberá correr alguna de las siguientes lineas:

```
conda install matplotlib
```

o

```
pip install matplotlib
```

Instalación de TensorFlow

En el contexto que se ha explicado en esta sección, para instalar TensorFlow, se require ir a un `símbolo del sistema` a través de `cmd.exe` en Windows, o bien, usar la terminal de macOS por medio de: `Aplicaciones` ▷ `Utilidades` ▷ `Terminal`. Una vez al interior, deberá correr alguna de las siguientes lineas:

```
conda install tensorflow
```

o

```
pip install tensorflow
```

TensorFlow se introduce y describe a detalle partir del Capítulo 2. La información de tal librería, así como su uso, puede consultarse a partir de dicho capítulo.

Recomendación para trabajar en Python

Aunque Python es un lenguaje muy versátil, trabajar mediante una terminal puede llegar a ser agotador, y el tiempo de desarrollo de algún programa terminaría por extenderse más de lo habitual. Por esta razón se sugiere trabajar con cuadernos de Google Colab,[88] o bien, un entorno de desarrollo de programación. Para este último existen muchos de muchos tipos y se sugiere al lector investigar cómo instalar el que más le sea útil.

Por otra parte, se pueden instalar tantos paquetes, librerías y módulos, como NumPy, que Usted requiera, siempre y cuando se

[88] Véase colab.google.com

tenga memoria suficiente y siguiendo los pasos que se presentaron en las secciones precedentes.

Apéndice B

Programación Orientada a Objetos con Python

Python es un lenguaje de *programación orientado a objetos* (POO), lo que significa que permite *modelar* cosas del mundo real utilizando *clases* y *objetos*. En este apéndice, se exploran los conceptos básicos de las clases y los objetos en Python, y se proporciona un ejemplo simple para ilustrar cómo funcionan.

Clases y objetos en Python

Las clases en Python son como moldes o plantillas que definen cómo se deben crear y comportar los objetos. Un objeto es una instancia de una clase, es decir, un ejemplo concreto de la clase. Cada objeto puede tener atributos y métodos.

Los atributos son variables asociadas a un objeto, y representan las características o propiedades de este. Los métodos son funciones asociadas a un objeto y representan el comportamiento o las acciones que puede realiza.

Para definir una clase en Python, se utiliza la palabra reservada `class`, seguida del nombre de la clase y dos puntos. A continuación, se definen los atributos y métodos de la clase, indentados con respecto a la declaración de la clase.

Ejemplo simple

```
class Automovil:
    def __init__(self, marca, modelo, color):
        self.marca = marca
        self.modelo = modelo
        self.color = color

    def encender(self):
        print("El automovil está encendido")

    def apagar(self):
        print("El automovil está apagado")
```

En este ejemplo, definimos una clase llamada `Automovil`. La clase tiene un método especial llamado `__init__`, que es el constructor de la clase. Este método se llama automáticamente cuando se crea un objeto de la clase. El constructor toma tres argumentos (aparte de `self`, que es una referencia al objeto que se está creando): `marca`, `modelo` y `color`. Estos argumentos se convierten en atributos del objeto.

La clase `Automovil` también tiene dos métodos: `encender` y `apagar`. Estos métodos representan acciones que un coche puede realizar. Para crear un objeto de la clase `Automovil` e interactuar con él, podemos hacer lo siguiente:

```
mi_auto = Automovil("Delorean", "DMC", "plata")
print(mi_auto.marca)  # Salida: Delorean
print(mi_auto.modelo)  # Salida: DMC
print(mi_auto.color)  # Salida: plata

mi_auto.encender()  # Salida: El coche está encendido
mi_auto.apagar()  # Salida: El coche está apagado
```

Las clases y objetos en Python son fundamentales para la programación orientada a objetos. Permiten modelar elementos del mundo real y encapsular datos y comportamientos en una única entidad. A medida que se profundiza en Python, se apreciará aún más la flexibilidad y potencia que ofrecen las clases y objetos.

Al dominar el uso de clases y objetos en Python, se pueden crear aplicaciones más modulares, escalables y fácilmente mantenibles. El acceso a atributos y métodos mediante el operador punto facilita el código. Por lo tanto, es esencial familiarizarse con las clases y objetos en Python para convertirse en un desarrollador eficiente y versátil.

Bibliografía

Abadi, M., Agarwal, A., Barham, P., Brevdo, E., Chen, Z., Citro, C., (...), G. S. C., Yu, Y., y Zheng, X. (2015). Tensorflow: Large-scale machine learning on heterogeneous systems. Software disponible en tensorflow.org.

Aggarwal, C. C. (2022). *Machine Learning for Text, Second Edition*. Springer.

Akiyama, K., Alberdi, A., Alef, W., Asada, K., Azulay, R., Baczko, A.-K., (...), y Yamaguchi, P. (2019). First M87 Event Horizon Telescope Results. IV. Imaging the Central Supermassive Black Hole. *Astrophys.J.Lett.*, 875(1):L4.

Alpaydin, E. (2010). *Introduction to Machine Learning*. The MIT Press, 2nd edition.

Alzubaidi, L., Zhang, J., Humaidi, A. J., Al-dujaili, A., Duan, Y., Al-Shamma, O., Santamaría, J., Fadhel, M. A., Al-Amidie, M., y Farhan, L. (2021). Review of deep learning: concepts, cnn architectures, challenges, applications, future directions. *Journal of Big Data*, 8.

Axler, S. J. (1997). *Linear Algebra Done Right*. Undergraduate Texts in Mathematics. Springer, New York.

Badrinarayanan, V., Kendall, A., y Cipolla, R. (2015). Segnet: A deep convolutional encoder-decoder architecture for image segmentation. *CoRR*, abs/1511.00561.

Bailer-Jones, D., Bovens, L., Hoefer, C., y Hartmann, S. (2008). *Standing Up Against Tradition: Models and Theories in Nancy Cartwright's Philosophy of Science*, page 17–37. Routledge, 1st edition edition.

Bank, D., Koenigstein, N., y Giryes, R. (2020). Autoencoders. *CoRR*, abs/2003.05991.

Baron, D. (2019). Machine learning in astronomy: a practical overview.

Bartolozzi, C., Indiveri, G., y Donati, E. (2022). Embodied neuromorphic intelligence. *Nature Communications*, 13:1024.

Canziani, A., Paszke, A., y Culurciello, E. (2016). An analysis of deep neural network models for practical applications. *ArXiv*, abs/1605.07678.

Chollet, F. (2017). *Deep Learning with Python*. Manning Publications Co., USA, 1st edition.

Chowdhary, C., Alazab, M., Chaudhary, A., Hakak, S., y Gadekallu, T. (2021). *Computer Vision and Recognition Systems Using Machine and Deep Learning Approaches: Fundamentals, Technologies and Applications*. Computing and Networks. Institution of Engineering & Technology.

Cortez, P., Cerdeira, A., Almeida, F., Matos, T., y Reis, J. (2009). Modeling wine preferences by data mining from physicochemical properties.

Cortez, P. y Morais, A. d. J. R. (2007). A data mining approach to predict forest fires using meteorological data.

Dey, R. y Salem, F. M. (2017). Gate-variants of gated recurrent unit (gru) neural networks. In *2017 IEEE 60th International Midwest Symposium on Circuits and Systems (MWSCAS)*, pages 1597–1600.

Diáz, J. L. (2005). *El modelo en la ciencia y la cultura*. Editorial Siglo XXI, Universidad Autónoma de México, México, D.F.

Dozat, T. (2016). Incorporating nesterov momentum into adam. In *Proceedings of the 4th International Conference on Learning Representations*, pages 1–4.

Duchi, J., Hazan, E., y Singer, Y. (2011). Adaptive subgradient methods for online learning and stochastic optimization. *J. Mach. Learn. Res.*, 12:2121–2159.

Egger, J., Gsaxner, C., Pepe, A., Pomykala, K. L., Jonske, F., Kurz, M., Li, J., y Kleesiek, J. (2022). Medical deep learning—a systematic meta-review. *Computer Methods and Programs in Biomedicine*, 221:106874.

Elgendy, M. (2020). *Deep Learning for Vision Systems*. Manning Publications.

Emmert-Streib, F., Yang, Z., Feng, H., Tripathi, S., y Dehmer, M. (2020). An introductory review of deep learning for prediction models with big data. *Frontiers in Artificial Intelligence*, 3.

Frigg, R. y Hartmann, S. (2007). Models in science. In Zalta, E. N., editor, *The Stanford Encyclopedia of Philosophy*.

Gibson, W. (1984). *Neuromancer*. Ace Science Fiction Books, New York.

Girshick, R. (2015). Fast r-cnn.

Girshick, R., Donahue, J., Darrell, T., y Malik, J. (2013). Rich feature hierarchies for accurate object detection and semantic segmentation.

Goodfellow, I., Bengio, Y., y Courville, A. (2016). *Deep Learning*. MIT Press.

Géron, A. (2017). *Hands-On Machine Learning with Scikit-Learn and TensorFlow: Concepts, Tools, and Techniques to Build Intelligent Systems*. O'Reilly Media, Inc., 1st edition.

Grossman, S. I. (1992). *Algebra lineal*. McGraw Hill, México, D.F., 3a. ed. edition.

Gujarati, D. N. (2010). *Econometría*. McGraw Hill, México, D.F., quinta edición. edition.

Gutiérrez-Pulido, H. (2012). *Análisis y diseño de experimentos*. McGraw Hill, México, D.F., tercera edición. edition.

Hafiz, A. M. y Bhat, G. M. (2020). A survey on instance segmentation: State of the art. *CoRR*, abs/2007.00047.

Harrell, F. y Cason, T. (2017). Titanic dataset.

He, K., Gkioxari, G., Dollár, P., y Girshick, R. B. (2017). Mask R-CNN. *CoRR*, abs/1703.06870.

Hebb, D. O. (1949). *The organization of behavior; a neuropsychological theory*. Wiley.

Himmelblau, D. M. (1972). *Applied Nonlinear Programming*. McGraw-Hill.

Huang, Y. y Chen, Y. (2020). Autonomous driving with deep learning: A survey of state-of-art technologies.

Jiang, P., Ergu, D., Liu, F., Cai, Y., y Ma, B. (2022). A review of yolo algorithm developments. *Procedia Computer Science*, 199:1066–1073. The 8th International Conference on Information Technology and Quantitative Management (ITQM 2020 and 2021): Developing Global Digital Economy after COVID-19.

Justesen, N., Bontrager, P., Togelius, J., y Risi, S. (2020). Deep learning for video game playing. *IEEE Transactions on Games*, 12(1):1–20.

Kandel, E., Koester, J., Mack, S., y Siegelbaum, S. (2021). *Principles of Neural Science, Sixth Edition*. McGraw-Hill Education.

Kavlakoglu, E. (2020). Ai vs. machine learning vs. deep learning vs. neural networks: What's the difference? Accesado el 03 de enero, 2023.

Kelley, H. J. (1960). Gradient theory of optimal flight paths. *ARS Journal*, 30:947–954.

Kingma, D. P. y Ba, J. (2015). Adam: A method for stochastic optimization. In *International Conference on Learning Representations (ICLR)*.

Krizhevsky, A. (2009). Learning multiple layers of features from tiny images. Technical report, University of Toronto.

Krizhevsky, A., Sutskever, I., y Hinton, G. E. (2012). Imagenet classification with deep convolutional neural networks. In Pereira, F., Burges, C., Bottou, L., y Weinberger, K., editors, *Advances in Neural Information Processing Systems*, volume 25. Curran Associates, Inc.

Kurenkov, A. (2020). A brief history of neural nets and deep learning. *Skynet Today*.

LeCun, Y., Bengio, Y., y Hinton, G. (2015). Deep learning. *Nature*, 521(7553):436–444.

Lecun, Y., Bottou, L., Bengio, Y., y Haffner, P. (1998). Gradient-based learning applied to document recognition. *Proceedings of the IEEE*, 86(11):2278–2324.

LeCun, Y., Cortes, C., y Burges, C. (2010). MNIST handwritten digit database. *ATT Labs [Online]. Available: http://yann.lecun.com/exdb/mnist*, 2.

Leithold, L. (1973). *El Cálculo :.* Harla, México, D.F., 2a. ed. edition. Título original: The calculus with analitic goemetry. Incluye Indice.

Liu, Z., Lin, Y., Cao, Y., Hu, H., Wei, Y., Zhang, Z., Lin, S., y Guo, B. (2021). Swin transformer: Hierarchical vision transformer using shifted windows.

Long, J., Shelhamer, E., y Darrell, T. (2014). Fully convolutional networks for semantic segmentation. *CoRR*, abs/1411.4038.

Ludmann, D. (2020). Cats picture. Accesado el 16 de enero de 2023 a través de Unsplash: `https://unsplash.com/es/fotos/qs4j-39TaBQ`.

McCulloch, W. S. y Pitts, W. (1943). A logical calculus of the ideas immanent in nervous activity. *The bulletin of mathematical biophysics*, 5:115–133.

Montgomery, D. (2008). *Design and Analysis of Experiments*. John Wiley & Sons.

Moreno, E., Lomonte, B., y Gutiérrez, J.-M. (2008). Computational biology in costa rica: The role of a small country in the global context of bioinformatics. *PLOS Computational Biology*, 4(3):1–4.

Murphy, K. P. (2012). *Machine Learning: A Probabilistic Perspective*. The MIT Press.

Palac, B. (2020). Image segmentation. Accesado el 16 de enero de 2023 a través de Wikipedia: `https://upload.wikimedia.org/wikipedia/commons/d/d4/Image_segmentation.png`.

Pierson, H. A. y Gashler, M. S. (2017). Deep learning in robotics: a review of recent research. *Advanced Robotics*, 31(16):821–835.

Ramón y Cajal, S. (1899). ibujo de las células de purkinje y de las células granulares del cerebelo de la paloma. Instituto Cajal, Madrid, España.

Redmon, J., Divvala, S., Girshick, R., y Farhadi, A. (2015). You only look once: Unified, real-time object detection.

Ren, S., He, K., Girshick, R., y Sun, J. (2015). Faster r-cnn: Towards real-time object detection with region proposal networks.

Rezvy, S., Luo, Y., Petridis, M., Lasebae, A., y Zebin, T. (2019). An efficient deep learning model for intrusion classification and prediction in 5g and iot networks. In *2019 53rd Annual Conference on Information Sciences and Systems (CISS)*, pages 1–6.

Ronneberger, O., Fischer, P., y Brox, T. (2015). U-net: Convolutional networks for biomedical image segmentation. *CoRR*, abs/1505.04597.

Rosenblatt, F. (1957). The perceptron - a perceiving and recognizing automaton. Technical Report 85-460-1, Cornell Aeronautical Laboratory, Ithaca, New York.

Rosenblatt, F. (1963). Principles of neurodynamics. perceptrons and the theory of brain mechanisms. *American Journal of Psychology*, 76:705.

Rumelhart, D. E., Hinton, G. E., y Williams, R. J. (1986). Learning representations by back-propagating errors. *Nature*, 323.

Schmidt, R. M., Schneider, F., y Hennig, P. (2020). Descending through a crowded valley - benchmarking deep learning optimizers. *CoRR*, abs/2007.01547.

Shalev-Shwartz, S. y Ben-David, S. (2014). *Understanding Machine Learning: From Theory to Algorithms*. Cambridge University Press.

Shao, K., Tang, Z., Zhu, Y., Li, N., y Zhao, D. (2019). A survey of deep reinforcement learning in video games. *ArXiv*, abs/1912.10944.

Shehab, M., Abualigah, L., Shambour, Q., Abu-Hashem, M. A., Shambour, M. K. Y., Alsalibi, A. I., y Gandomi, A. H. (2022). Machine learning in medical applications: A review of state-of-the-art methods. *Computers in Biology and Medicine*, 145:105458.

Shilov, G. (2012). *Linear Algebra*. Dover Books on Mathematics. Dover Publications.

Simonyan, K. y Zisserman, A. (2014). Very deep convolutional networks for large-scale image recognition. *CoRR*, abs/1409.1556.

Simundza, J., Palmer, M., Settele, J., Jacobus, L., Hughes, D., Mazzi, D., y Blanchet, S. (2016). Moesm13 of bmc ecology image competition 2016: the winning images.

Skansi, S. (2018). *Introduction to Deep Learning: From Logical Calculus to Artificial Intelligence*. Springer Publishing Company, Incorporated, 1st edition.

Skinner, G. y Walmsley, T. (2019). Artificial intelligence and deep learning in video games a brief review. In *2019 IEEE 4th International Conference on Computer and Communication Systems (ICCCS)*, pages 404–408.

Srivastava, N., Hinton, G., Krizhevsky, A., Sutskever, I., y Salakhutdinov, R. (2014). Dropout: A simple way to prevent neural networks from overfitting. *Journal of Machine Learning Research*, 15(56):1929–1958.

Stewart, J. (2015). *Calculus*. Cengage Learning.

Stillman, N. y Neu, Z. (2022). Designing neural network collectives. In *From Cells to Societies: Collective Learning across Scales*.

Szeliski, R. (2011). Computer vision algorithms and applications.

Tan, M., Pang, R., y Le, Q. V. (2019). Efficientdet: Scalable and efficient object detection.

TensorFlow (2023a). Tensorflow. `https://www.tensorflow.org/`, Accesado el 03 de enero, 2023.

TensorFlow (2023b). TensorFlow API Documentation, Module: tf.keras.optimizers. `https://www.tensorflow.org/api_docs/python/tf/keras/optimizers`, Accesado el 03 de enero, 2023.

Thoma, M. (2016). A survey of semantic segmentation. *CoRR*, abs/1602.06541.

Tieleman, T. y Hinton, G. (2012). Divide the gradient by a running average of its recent magnitude. *COURSERA: Neural networks for machine learning*, 4(2):26–31.

UCLA Statistics Online Computational Resource (2010). SOCR data - 25,000 records of human heights (in) and weights (lbs). datos originales obtenidos de: `http://socr.ucla.edu/docs/resources/SOCR_Data/SOCR_Data_Dinov_020108_HeightsWeights.html`.

Van Houdt, G., Mosquera, C., y Nápoles, G. (2020). A review on the long short-term memory model. *Artif. Intell. Rev.*, 53(8):5929–5955.

Van Rossum, G. y Drake Jr, F. L. (1995). *Python reference manual*. Centrum voor Wiskunde en Informatica Amsterdam.

Wang, Z. J., Turko, R., Shaikh, O., Park, H., Das, N., Hohman, F., Kahng, M., y Chau, D. P. (2021). Cnn explainer: Learning convolutional neural networks with interactive visualization. *IEEE Transactions on Visualization & Computer Graphics*, 27(02):1396–1406.

Werbos, P. J. (1975). *Beyond Regression: New Tools for Prediction and Analysis in the Behavioral Sciences*. Harvard University.

Wickham, H. (2016). *ggplot2: Elegant Graphics for Data Analysis*. Springer-Verlag New York.

Wu, H., Wang, F., y Pan, C. (2017). Who will win practical artificial intelligence? AI engineerings in china. *CoRR*, abs/1702.02461.

Xu, X., Ding, Y., Hu, S., Niemier, M. T., Cong, J., Hu, Y., y Shi, Y. (2018). Scaling for edge inference of deep neural networks. *Nature Electronics*, 1:216–222.

Yang, S., Zhu, F., Ling, X., Liu, Q., y Zhao, P. (2021). Intelligent health care: Applications of deep learning in computational medicine. *Frontiers in Genetics*, 12.

Yao, K., Yu, D., Seide, F., Su, H., Deng, L., y Gong, Y. (2012). Adaptation of context-dependent deep neural networks for automatic speech recognition. In *2012 IEEE Spoken Language Technology Workshop (SLT)*, pages 366–369.

YehI-Cheng (2007). Modeling slump flow of concrete using second-order regressions and artificial neural networks. *Cement and Concrete Composites*, 29:474–480.

Zeiler, M. D. (2012). Adadelta: An adaptive learning rate method. *CoRR*, abs/1212.5701.

Zhang, T. y Mo, H. (2021). Reinforcement learning for robot research: A comprehensive review and open issues. *International Journal of Advanced Robotic Systems*, 18(3):17298814211007305.

Zhao, H., Shi, J., Qi, X., Wang, X., y Jia, J. (2016). Pyramid scene parsing network. *CoRR*, abs/1612.01105.

Índice analítico

Made in the USA
Monee, IL
04 November 2026

67384051R00236